As Fases e as Faces
do Direito do Trabalho

Para Daise, *minha mãe, que se foi,*
e para Victor *(filho da minha grande*
amiga Cristina*) que acabou de chegar.*

WANISE CABRAL SILVA

Advogada. Graduada em Direito pela UFES. Mestre em Direito pela UFSC. Doutora em Direito pela UGF. Atualmente pesquisadora da Fundação de Apoio à Ciência e Tecnologia do Espírito Santo (FAPES), CNPq e UFES. Bolsa PródDoc-DCR com projeto: "Os impactos da Terceira Etapa da Reforma Processual Civil sobre o Processo do Trabalho". Endereço eletrônico: wanisecabral@hotmail.com

AS FASES E AS FACES DO DIREITO DO TRABALHO

Dados Internacionais de Catalogação na Publicação (CIP)
(Câmara Brasileira do Livro, SP, Brasil)

Silva, Wanise Cabral
As fases e as faces do direito do trabalho /
Wanise Cabral Silva . — São Paulo : LTr, 2007.

Bibliografia.
ISBN 978-85-361-0986-2

1. Direito do trabalho 2. Direito do trabalho —
Brasil 3. Ideologia 4. Ideologia — História
I. Título

07-3163   CDU-34:331.75

Índice para catálogo sistemático:
1. Direito do trabalho e ideologia 34:331.75

(Cód. 3444.9)

© Todos os direitos reservados

EDITORA LTDA.

Rua Apa, 165 - CEP 01201-904 - Fone (11) 3826-2788 - Fax (11) 3826-9180
São Paulo, SP - Brasil - www.ltr.com.br

Setembro, 2007

AGRADECIMENTOS

Ao agradecer corremos, basicamente, dois riscos: o esquecimento e a pieguice. Mas como, em algumas linhas, citarmos todos aqueles que, de alguma forma, ou ainda são, importantes em nossa vida? E ainda, como falar destas pessoas sem uma "sentimentalidade excessiva? Vamos correr esse duplo risco.

Quero começar agradecendo a todos aqueles responsáveis por minha educação formal: primeiro aos meus pais, que nunca deixaram faltar nem o pão nem o livro; aos professores da Escola Pública, onde sempre estudei. Penso, como John Rawls, em *Uma Teoria da Justiça*, que para se alcançar a eqüidade faz-se necessário garantir iguais oportunidades para todos. Para tanto, o sistema escolar deveria destinar-se a eliminar as barreiras de classe. Neste sentido, agradeço a todos aqueles que acreditam e trabalham para que o ensino não só seja público, mas que também tenha qualidade. Certamente não fosse pelo amor e dedicação aos Mestres não teria eu chegado até aqui.

Especialmente quero agradecer aos queridos Professores: Arion Sayão Romita, além da orientação na tese de doutorado, que resultou nesta obra, pelo prefácio deste livro; Carlos Henrique Bezerra Leite, meu Mestre desde os tempos de graduação na UFES, pela apresentação e por todo apoio na vida acadêmica; José Ribas Vieira, Coordenador e meu Professor no PPGD da UGF e, ainda, a Roberto Fragale Filho, pelas generosas palavras. Agradeço ainda aos meus gentis "algozes", os Professores: Alexandre Agra Belmonte, Zoraide Amaral de Souza e Sérgio Pinto Martins, especialmente a este por ter enviado a esta tão importante Editora, a LTr, cópia da minha tese.

Trilhar os caminhos acadêmicos, como bem notou o Professor Roberto Fragale, na contracapa deste livro, não é de fato uma escolha fácil, mas em contrapartida nos dá grande prazer pela simples possibilidade que tem o professor em compartilhar o conhecimento. Acredito que ser professor é antes de tudo um ato de generosidade e amor, por isso faço questão de chamar todos estes Doutores de Professores, porque tenho a convicção de ser este um dos mais altos títulos que o ser humano pode alcançar, mesmo que muitos ainda insistam em não reconhecer o grande valor deste ofício.

Agradeço aos amigos-irmãos: Edson Fernando (BR), Cristiane, Cristina e Goretti, sempre presentes. E a todos os amigos que embora não citados não foram esquecidos. E ainda, aos meus irmãos Wanda e Romolo e aos sobrinhos: Juliana, Vitor, Caio e Ludmila.

À FAPES, Fundação de Pesquisa do Estado do Espírito Santos pela oportunidade de voltar à terra natal, na qualidade de pesquisadora do Programa de Pós-Graduação de Direito da UFES.

Longo é o caminho (essa é nossa esperança), que tenhamos força, alegria, saúde e fé para percorrê-lo.

ÍNDICE

Apresentação – Carlos Henrique Bezerra Leite 11

Prefácio – Arion Sayão Romita 13

Introdução 19

1. Concepções e alcance do termo ideologia. Evolução do seu conceito 23
   1.1. Ideologia: surgimento e significado do termo 23
   1.2. Ideologia: O significado "fraco" e "forte" 25
   1.3. Ideologia em Marx 27
      1.3.1. O conceito de ideologia em *A Ideologia Alemã* 28
      1.3.2. O conceito de ideologia em *O Capital* 30
   1.4. Ideologia em Gramsci 33
   1.5. Ideologia e Direito 34
   1.6. A importância da ideologia para o mundo do trabalho: atualizando o debate 36
      1.6.1. As lacunas na teoria de Marx 38

2. A ideologia e a sua influência no surgimento e evolução das normas trabalhistas 41
   2.1. O surgimento e evolução do Direito do Trabalho: sob o ponto de vista econômico 42
   2.2. Política, ideologia e Direito do Trabalho 45
   2.3. A encíclica *rerum novarum* e o Direito do Trabalho 51
   2.4. Do corporativismo ao liberalismo; do liberalismo ao neo-corporativismo; do neo-corporativismo ao neoliberalismo 53
      2.4.1. Do corporativismo ao liberalismo 54
      2.4.2. Liberalismo: conceito e influência no Direito do Trabalho 55
      2.4.3. O liberalismo clássico e suas principais teses 56
      2.4.4. Liberalismo X liberismo: uma distinção necessária 57
      2.4.5. A passagem do estado liberal ao estado social de Direito e a sua influência na transformação da teoria geral dos contratos 58

2.5. Corporativismo e Direito do Trabalho 60

    2.5.1. Considerações gerais 60

    2.5.2. Corporativismo tradicional e corporativismo dirigista (corporativismo fascista): uma distinção necessária 62

        2.5.2.1. O discurso corporativista e sua influência sobre o Direito do Trabalho italiano 64

2.6. O renascimento liberal no segundo pós-guerra: o neoliberalismo e as relações de trabalho 66

3. A face corporativista de Jano: um olhar para o passado e sua manutenção no presente 68

    3.1. Ideologia e Direito do Trabalho no Brasil: origens................................. 69

    3.2. Os efeitos da crise de 29: o impasse do liberalismo 71

    3.3. Revolução ou luta entre as elites? 73

    3.4. O governo provisório (1930-1934): a derrocada do liberalismo e a construção do estado corporativista 75

        3.4.1. A função mítica do discurso do trabalhismo 80

        3.4.2. Um corporativismo à brasileira 82

            3.4.2.1. As duas faces do corporativismo brasileiro 84

    3.5. 1934-1937: o breve retorno do liberalismo 86

    3.6. O golpe de 37 e o Estado Novo 88

    3.7. O populismo varguista e a CLT: o auge da ideologia do trabalhismo 91

    3.8. O fim da guerra e o declínio do corporativismo 93

    3.9. O corporativismo na Constituição Federal de 1988 94

        3.9.1. Sindicato único 94

            3.9.1.1. Em busca de identidade 94

            3.9.1.2. Trabalhadores e sindicato único no Brasil 96

        3.9.2. Receitas do sindicato 100

            3.9.2.1. Contribuição Sindical (Imposto Sindical): o calcanhar de Aquiles dos sindicatos dos trabalhadores 101

            3.9.2.2. Sindicato único: as contradições na construção e os conflitos no exercício da estrutura sindical brasileira 105

            3.9.2.3. Imposto Sindical, militantes e ideologia: discurso x prática 106

3.9.3. Poder normativo da Justiça do Trabalho: de *Oliveira Viana* à EC n. 45 112

    3.9.3.1. *Oliveira Viana* e a Justiça do Trabalho 112

    3.9.3.2. Breve evolução histórica do Poder Normativo da Justiça do Trabalho no Brasil 114

    3.9.3.3. Poder Normativo da Justiça do Trabalho e seus limites ... 115

    3.9.3.4. Emenda Constitucional n. 45 e ampliação da competêcia da Justiça do Trabalho 117

4. A face neoliberal de Jano: o outro lado da mesma moeda 121

4.1. As transformações nos modos de produção e a sua relação com a crise do capitalismo e do trabalho 122

    4.1.1. A crise econômica e seus efeitos 122

    4.1.2. As novas tecnologias e seus impactos 123

        4.1.2.1. O novo modo de produção enxuta 124

        4.1.2.2. O impacto das novas tecnologias nas relações de trabalho . 126

4.2. A flexibilização nas relações de trabalho no Brasil 130

    4.2.1. O discurso econômico como ideologia 131

        4.2.1.1. Ideologia e FGTS: um abalo na estrutura corporativista .. 133

        4.2.1.2. A crise econômica e seus reflexos no Brasil 134

        4.2.1.3. A década de 1990 no Brasil: recessão e desemprego 135

4.3. Sindicatos e neoliberalismo 138

    4.3.1. O neoliberalismo e as negociações coletivas no Brasil 139

        4.3.1.2. Os sindicatos e a possibilidade de flexibilização da jornada de trabalho 142

        4.3.1.3. Os sindicatos e o trabalho a tempo parcial 143

4.4. A falta de consenso e a dificuldade na mudança da estrutura sindical no Brasil 144

Conclusão 149

Referências bibliográficas 153

APRESENTAÇÃO

Um dos temas mais importantes que vem ganhando espaço nos cursos jurídicos em nosso País é o que diz respeito às estreitas relações entre o Direito, a Filosofia e a Política. A promulgação da Constituição de 1988, ao inserir o Brasil na "Era dos Direitos", na feliz expressão do jus-filósofo *Norberto Bobbio*, passou a exigir dos juristas e operadores jurídicos em geral o estudo transdisciplinar dos direitos humanos e o papel dos princípios, mormente os chamados princípios fundamentais, na realização do projeto axiológico constitucional, que repousa na realização da justiça social e na construção de uma sociedade mais livre, justa e solidária, sem discriminação por motivos de raça, cor, sexo, orientação sexual, idade ou quaisquer outras formas de discriminação.

Sendo o Direito um objeto cultural calcado nos fatos, nos valores e nas normas, a compreensão holística do fenômeno jurídico, pois, requer uma investigação acerca das suas relações com a ideologia, mormente em tempos de globalização da economia que tende a universalizar comportamentos, gostos, padrões estéticos e necessidades.

Ora, se vivemos numa sociedade de massa, onde há degradação ambiental de massa, produção em massa, distribuição e consumo de massa de bens e serviços, avulta a necessidade de se pesquisar as relações entre o Direito e a ideologia, especialmente nos sítios do Direito do Trabalho, porquanto neste setor do edifício jurídico se observa, com muita intensidade, a presença do capital e do trabalho como propulsores dessa sociedade de massa (degradação, produção, distribuição e consumo).

A construção do Direito do Trabalho brasileiro, diversamente do que ocorreu no Velho Continente, baseou-se em um movimento descendente (de cima para baixo), pois os direitos sociais trabalhistas foram "dados de presente" pelo Estado, por meio de um discurso ideológico camuflado na dogmática jurídica que, a rigor, implicou a exclusão de grande parcela da população. Como se sabe, a Consolidação das Leis do Trabalho, embora proclamasse a igualdade entre homens e mulheres, estabelecia, na verdade, uma discriminação odiosa em relação aos trabalhadores (homens e mulheres) rurais e domésticos, na medida em que estes foram expressamente excluídos da proteção trabalhista (CLT, art. 7º). Além disso, Getúlio Vargas instituiu o modelo corporativista, fascista e categorial de organização sindical, com sindicatos assistencialistas atuando como *longa manus* do Estado, inclusive com privilégios da Fazenda Pública para cobrança de contribuições compulsórias (CLT, art. 606, § 2º), sendo a greve considerada conduta anti-social e contrária aos superiores interesses nacionais, o que impediu a natural organização e o essencial poder reivindicatório da classe trabalhadora.

Neste livro, o leitor encontrará pesquisa exauriente e reflexiva não apenas sobre a relação histórico-evolutiva da ideologia corporativista embutida nas normas trabalhistas, mas também sobre a manutenção parcial de tal ideologia na Constituição brasileira de 1988 e a introdução de uma nova ideologia, chamada de neoliberal, que prestigia a flexibilização *in pejus* de direitos sociais trabalhistas. Nas palavras da autora, tal como *Jano*, "a ideologia trabalhista apresenta duas faces: uma a olhar para o passado, quando insiste em manter o corporativismo, e a outra a mirar o neoliberalismo".

Tudo isso recomenda a leitura desta obra que, com maestria e proficiência, é agora ofertada ao público leitor pela professora *Wanise Cabral*, minha dileta e brilhante ex-aluna da Graduação em Direito da Universidade Federal do Espírito Santo. Trata-se de uma tese de doutoramento defendida na Gama Filho, sob orientação segura e criteriosa do meu grande amigo, professor *Arion Sayão Romita*.

Com muita alegria, portanto, tenho a honra de apresentar este livro, pois dele constam linhas que, além de revelarem a veia de pesquisadora da autora e a sua experiência profissional no magistério, têm em mira o despertar para uma nova cultura jurídica que descortine a verdadeira ideologia que está por trás do discurso e da prática jurídicas em nosso País.

Estão de parabéns a autora, por nos brindar com esta excelente obra, a LTr Editora, pela sua notória contribuição na divulgação do conhecimento jurídico em nosso País, e, principalmente, o público leitor — advogados, membros da magistratura e Ministério Público, professores e estudantes — destinatário final desta magnífica obra, pela força transformadora da pesquisa na operacionalização do Direito, especialmente no campo das relações de trabalho.

Carlos Henrique Bezerra Leite

Professor Adjunto de Direito Processual do Trabalho e Direitos Humanos da Universidade Federal do Espírito Santo (UFES).
Professor de Direitos Metaindividuais do Mestrado em Direitos e Garantias Fundamentais (FDV).
Mestre e Doutor em Direito das Relações Sociais (PUC/SP).
Procurador Regional do Trabalho.
Membro da Academia Nacional de Direito do Trabalho

PREFÁCIO

Ao prefaciar a segunda edição de *Droit du Travail*, de André Brin e Henri Galland (Paris: Sirey, 2 vols., 1978), Jean Laroque, presidente da Câmara Social da Corte de Cassação, observou, de início, que, se o conjunto das normas jurídicas é função da estrutura econômica e social do país, é certamente no campo do Direito do Trabalho que esta característica mais vivamente se faz notar.

Wanise Cabral Silva, na tese de doutoramento que deu origem a este livro de pura e boa doutrina, parte do exame não da influência exercida pela economia e pela organização social sobre o Direito do Trabalho, mas da influência sobre ele exercida pela ideologia política, posição teórica plenamente válida, porque apta a desvendar aspectos de difícil compreensão, cifrados na ambivalência (as duas faces de *Jano*) da disciplina, que "garante os direitos dos trabalhadores, por um lado, sem deixar de proteger o direito de propriedade do empregador, por outro lado". Vale dizer, a Autora penetra no âmago deste ramo do direito, que lida diretamente com os dois fatores de produção, a saber, o trabalho e o capital.

A influência da ideologia é esmerilhada sob a ótica da produção da norma jurídica, mas também no momento de sua aplicação. O valor do trabalho humano assim como a utilidade econômica do lucro empresarial constituem os dois pilares em que se estréia a exposição, sempre lastreada em ampla, autorizada e atualizada bibliografia, o que confere ao livro inegável valor didático e editorial.

As normas de Direito do Trabalho, como instrumentos da política social com que o moderno Estado industrial intervém no campo das relações econômicas e do trabalho, não podem postergar o valor da elevação do trabalho humano, o qual, no regime capitalista, contrapõe-se ao lucro e o limita; todavia, não podem deixar de considerar que o reconhecimento do lucro está implícito na consagração da propriedade privada dos meios de produção e, conseqüentemente, da iniciativa econômica privada.

A visão do Direito do Trabalho como um direito progressista, sistematicamente favorável aos trabalhadores, resultante de uma benévola intervenção do Estado "acima das classes" mostra-se, no regime capitalista de produção, evidentemente deformada. No regime capitalista, o Direito do Trabalho não tem caráter protecionista, ou não tem somente este caráter. Já em 1922, *Georges Scelle* percebeu esse fato, ao afirmar que o direito operário era um direito de classe porque duplamente destinado à classe operária: conquistado por ela e para ela, mas também destinado a preservar a ordem social contra suas reivindicações ("Le Droit Ouvrier", 1922, p. 02). Não há dúvida de que a legislação protege ostensivamente as classes trabalhadoras contra a exploração desenfreada, mas sub-repticiamente organiza essa mesma exploração e a perpetua.

O caráter "bondoso" da legislação do trabalho para com as classes trabalhadoras, a função oficialmente protecionista dessa legislação e a feição unilateral e de "favor" pelos assalariados são desmentidos pela lógica produtiva da economia de lucro... A preservação do direito potestativo de despedir e as medidas de contenção salarial a pretexto de combate à inflação contribuem ativa e objetivamente para a salvaguarda da dominação capitalista.

A preocupação da Autora está centrada no Direito do Trabalho clássico, que se ocupa exclusivamente da relação de trabalho formal. Não se dirige — é óbvio — à situação daqueles que não tem emprego ou que palmilham as trilhas da informalidade.

As instituições jurídicas que integram a estrutura do Direito do Trabalho, no Brasil, infelizmente, viram as costas aos trabalhadores informais.

Nesta afirmação encontra-se o calcanhar de Aquiles do Direito do Trabalho, um ramo da ciência jurídica que identifica o pressuposto de sua existência na relação de trabalho formal. O Direito do Trabalho vem se preocupando, ao longo de sua existência, com aqueles que têm um emprego e com a necessidade de ampliar os direitos daqueles que já têm direitos. Preocupa-se demais com quem tem emprego e desconhece a sorte daqueles que não o têm.

Boa parte da população não tem emprego. Muitos nunca obtiveram o primeiro, e outros tantos são desempregados ou subempregados. O setor informal da economia cresce assustadoramente, dia a dia.

O pleno emprego é o maior desafio do nosso tempo. Uma sociedade que não garante o pleno emprego de seus membros não somente deixa ao abandono quase todo o seu potencial produtivo como ainda se converte em terreno propício para a marginalização e a exclusão social.

Fomentar a justiça social, a democracia e a paz — eis o objetivo maior que qualquer jurista, digno deste nome, deve perseguir na vida. A esta preocupação não pode estar alheio o cultor do Direito do Trabalho, exatamente aquele que lida com a matéria prima mais preciosa no meio social: a dignidade do homem que trabalha. O trabalho é o único meio que permite às pessoas aumentar seu próprio bem-estar e contribuir para a prosperidade geral, livrar-se da pobreza e integrar-se na vida social, econômica, política e cultural da comunidade.

Fala-se hoje, no Brasil, em mudar as relações capital x trabalho. Sem dúvida, a solução do problema não se encontra no interior das fronteiras de nosso País. Há que cogitar, isto sim, de um contrato social mundial para tentar melhorar as expectativas, a médio e longo prazo, dos grupos menos favorecidos da sociedade mundial.

Surgem, a cada novo instante, novos exemplos de contratos sociais, como a Carta Social da União Européia e do Conselho da Europa. Existe uma carta social dos países integrantes do Mercosul. Um grande passo, entretanto, entre nós, seria se se desse efetivo cumprimento ao Pacto Internacional aprovado pela ONU em 1966, sobre direitos sociais, econômicos e culturais, que de resto já constitui lei vigente no País, promulgado pelo Decreto n. 591, de 6 de julho de 1992. As pessoas não devem impressionar-se pelo aparente desencontro das palavras e das mentes. No fundo, todos desejamos o mesmo: a realização do bem comum. Mas este desiderato não é fácil de alcançar. Como cantou o poeta

> Tem o tempo sua ordem já sabida;
> O mundo, não; mas anda tão confuso,
> que parece que dele Deus se esquece.
> Casos, opiniões, natura e uso
> Fazem que nos pareça desta vida
> Que não há nela mais que o que parece.

A visão platônica do mundo comoniano não deve, porém, afastar-nos da convicção de que, mercê do estudo e do saber, os alvos vão sendo alcançados, ao longo da vida, a despeito dos eventuais percalços e passageiros instantes de desânimo. Como preleciona *Goethe*, a poesia e o discurso da paixão são as únicas fontes das quais brota esta vida e, na sua ansiosa impulsão, têm de arrastar consigo um pouco de cascalho. Este assenta no fundo e a onda pura flui por cima dele.

Que cada um de nós possa transformar-se em um carregador das tochas que iluminam os caminhos do futuro.

Arion Sayão Romita
Membro da Academia Nacional
de Direito do Trabalho

As idéias são importantes não apenas por si mesmas, mas também para explicar ou interpretar o comportamento social. As idéias predominantes da época são aquelas que tanto o povo como os governos seguem. Dessa forma, elas ajudam a moldar a própria história. Aquilo que os homens acreditam acerca do poder do mercado ou dos perigos do Estado tem muita influência sobre as leis que eles promulgam ou deixam de promulgar.

John Kenneth Galbraith

INTRODUÇÃO

O Direito tem um papel fundamental em todos os fenômenos da vida social contemporânea. Não podemos pensar o controle social, a conformação dos valores, a regulação dos comportamentos, sem salientarmos o poder da norma jurídica. O Direito, enquanto norma jurídica é fruto do contexto social no qual se encontra inserido; desta forma, os aspectos econômicos, sociais, ideológicos, culturais têm grande influência na exteriorização do Direito-norma, desde as escolas do historicismo, de *Savigny*, e da teleologia de *Ihering*, já se percebia que o Direito deve ser visto como fruto das transformações históricas; transformações estas que, muitas vezes, representam a luta e a imposição da ideologia dominante.[1] Assim, a forma como as leis são produzidas, o jogo de interesses políticos e econômicos dominantes reforçam a idéia de que existe um discurso ideológico embutido na legislação. Portanto, ao invés de analisarmos a lei trabalhista apenas sob o ponto de vista dogmático, o objetivo será investigar o valor implícito embutido nas regras legais, para tanto é indispensável uma prévia reflexão sobre as relações entre ideologia e Direito.

Embora o conceito de ideologia pareça estar um pouco em desuso, tendo em vista a sua amplitude e os seus inúmeros significados, o que leva ao esvaziamento do termo, podemos argumentar que a insistência na dimensão atual do termo se justifica, pois nunca fomos tão aprisionados pelo poder ideológico, uma vez que:

"é inegável a existência de um discurso dominante, que tende a universalizar os padrões de gosto, estética, comportamento, etc;

a dominação ideológica tomou novos contornos muito mais profundos e invisíveis;

é exatamente quando deixamos de questionar a existência do poder ideológico que ele se torna cada vez mais atuante;

não se pode negligenciar a existência da ideologia *qua* matriz geradora que regula a relação entre o visível e invisível, o imaginável e o inimaginável, bem como as mudanças nessa relação".[2]

O liame entre os elementos simbólicos contidos em uma mensagem jurídica, a produção, distribuição e a recepção destes para os atores sociais, leva a uma discussão sobre o papel e a importância da ideologia para o Direito. Não se pretende esgotar o debate sobre ideologia, mas a sua relação com o Direito levanta algumas questões que devem ser discutidas.

---

(1) HERKENHOFF, João Batista. *Como aplicar o Direito*. 3ª ed. Rio de Janeiro: Forense, 1994, pp. 21-27.
(2) ŽIŽEK, Slavoj. "O espectro da ideologia". *In:* ŽIŽEK, Slavoj. (Org.). *Um Mapa da Ideologia*. Rio de Janeiro: Contraponto, 1999, p. 07.

Sem negar a existência da ideologia presente nas leis produzidas pelo Poder Legislativo, podemos argumentar que nem sempre esses discursos chegam com a mesma intensidade de quem os produziu. Ainda que possamos pensar que não exista, a *priori*, uma intencionalidade na criação dessa mensagem, o poder da ideologia está no fato dela existir, mesmo quando a sua intencionalidade não é racionalmente, ou conscientemente, produzida. Se houvesse uma clara intencionalidade na produção desse discurso seria fácil perceber o seu "verdadeiro" objetivo. Mas como nem sempre existe uma "real" intenção, o discurso ideológico fica, muitas vezes, camuflado, quase imperceptível, dando a impressão de que não existe.

Assim, esta obra tem a pretensão de traçar algumas considerações sobre a relação entre a ideologia e o Direito do Trabalho, mais especificamente entre ideologia e a regulamentação das relações de trabalho no Brasil, a partir da Era Vargas. O objetivo, portanto, é verificar o discurso ideológico, embutido na dogmática jurídica, como fonte material para a produção da norma posta pelo Estado.

Quando se fala sobre a ideologia nas relações de trabalho[3] no Brasil, em regra, os autores mencionam a ideologia do corporativismo da Era Vargas. Não há como negar a importância e a influência do discurso do trabalhismo (leia-se populismo) sobre as normas trabalhistas, seja no âmbito individual seja no coletivo. Esta influência se faz sentir ainda hoje, sendo assim, a Consolidação das Leis do Trabalho é criticada por ser "vetusta" e por "engessar" as relações de trabalho; enquanto a Constituição Federal de 1988 por manter o corporativismo autoritário da Era Vargas.

Tendo em vista que as normas que regem as relações de trabalho no Brasil subdividem-se em normas de caráter individual e coletivo, perguntamos: a ideologia do corporativismo apresenta-se, hoje, com a mesma intensidade apresentada durante o governo Vargas tanto no plano individual quanto no coletivo? E, ainda, o que significa o corporativismo hoje no Brasil?

Veremos que, dentre as muitas classificações, o corporativismo na América Latina, incluindo-se o Brasil, é tido como *bifronte e segmentário,* por manifestar-se de forma diferente quanto às organizações de empregados e empregadores. Assim, a ideologia embutida nas normas trabalhistas não tem uma única feição; tal qual *Jano*[4], deus da

---

(3) Para fins deste trabalho relações de trabalho serão definidas como: o conjunto de organizações, leis e normas sociais que regulam a compra e venda da força de trabalho e os conflitos resultantes dessa relação. Neste sentido acompanhamos *Noronha* ao notar que esta definição procura superar a dicotomia das análises de Ciência Política que olham os conflitos do trabalho e dos economistas que analisam os mercados de trabalho. Cf. NORONHA, Eduardo Garuti. *O Modelo Legislado de Relações de Trabalho e seus Espaços Normativos*. São Paulo: Universidade de São Paulo. (Tese de Doutorado)

(4) *Jano* é um deus da mitologia romana, era o porteiro do céu. Era ele que abria o ano, e o seu primeiro mês até hoje o relembra. Como divindade guardiã das portas, era geralmente apresentado com duas cabeças, cada uma voltada para uma direção oposta, pois todas as portas se voltam para dois lados. Seus templos em Roma eram numerosos. Em tempo de guerra suas portas principais permaneciam abertas. Em tempo de paz, eram fechadas. Só foram fechadas, porém, uma vez no reinado de Numa e outra no reinado de Augusto. Jano é o deus das mudanças e das transições, dos momentos em que se passa o umbral que separa o passado e o futuro. Sua proteção, portanto, se estende àqueles que desejam mudar a ordem das coisas. Cf. BULFINCH, Thomas. *O Livro de Ouro da Mitologia: histórias de deuses e heróis*. Rio de Janeiro: Ediouro, 2002, p. 17.

mitologia romana, ela é *bifronte*. Desta forma, ainda que se classifiquem as relações de trabalho como corporativas, mesmo assim, estas não apresentariam só um lado. Como *Jano*, o corporativismo brasileiro pode ser apresentado com duas faces na mesma moeda, tendo em vista a sua dualidade.

Porém, quanto à regulamentação das relações individuais de trabalho um outro discurso está se tornando hegemônico no Brasil, qual seja: de que é necessária a desregulamentação contra a "rigidez" da legislação trabalhista. Argumento que é fruto da mistificação operada pela *rationale* econômica. Argumenta-se também que diante da nova realidade econômica (ou seja, do mercado) o trabalhador deveria ser capaz de negociar, de pactuar com o empregador em igualdade de condições, via negociação coletiva, sem a tutela do Estado e das suas leis. Neste sentido, a Constituição Federal de 1988, ao permitir a "flexibilização" da jornada de trabalho e dos salários, via acordo ou convenção coletiva, acaba por aderir a um outro tipo de discurso. Logo, ao menos no plano individual, parece reinar, hoje, a ideologia neoliberal, que apresenta como instrumento para a concretização do seu discurso a "flexibilização" das relações de trabalho.

Ainda que se mantenha, na Constituição Federal de 1988, um resquício do corporativismo quando se trata de unicidade e imposto sindical, por exemplo, parece que o discurso corporativista não é o único a influenciar as relações de trabalho no Brasil. Assim, tal como Jano, a ideologia trabalhista apresenta duas faces: uma a olhar para o passado, quando insiste em manter o corporativismo, e a outra a mirar o neoliberalismo. Deste modo, o Direito do Trabalho segue "transformando" o sistema e conservando-o; continua a se preocupar em garantir os direitos dos trabalhadores, por um lado, sem deixar de proteger o direito de propriedade do empregador, por outro lado.[5] E nesta onda de ciclos, re-ciclos e ambigüidades não se sabe para qual ideologia olhará no futuro, só o tempo nos dirá.

Para que possamos alcançar o fim pretendido, o trabalho será dividido em quatro partes:

Inicialmente, antes de se pensar sobre o aspecto ideológico contido nas formas simbólicas apresentadas nas normas jurídicas, consideraremos sobre as concepções e alcance do termo ideologia e, ainda, sobre a transformação deste conceito ao longo do tempo. Assim, vamos analisar o vocábulo tanto na sua acepção positiva quanto no seu sentido negativo e, respectivamente, no seu conteúdo fraco e forte. Verificaremos, ainda, como o conceito de ideologia se relaciona com a ciência jurídica;

---

(5) Neste sentido *Romita* adverte que a "reforma" trabalhista no Brasil se procede sob o *signo do leopardo*, em uma alusão ao romance *O Leopardo*, de *Lampedusa*, que neste afirmava que: "é preciso mudar alguma coisa para que tudo permaneça como está". Assim, quanto às leis trabalhistas, *Romita* é da opinião que se muda a legislação aqui e ali para que o essencial não se altere. Cf. ROMITA, Arion Sayão. "O Princípio da Proteção em Xeque". In: _____. *O Princípio da Proteção em Xeque e outros ensaios*. São Paulo: LTr, 2003, p. 41. CF. LAMPEDUSA, Tomasi di. *O Leopardo*. Tradução: Leonardo Codignoto. São Paulo: Abril Cultural, 2002.

Na segunda parte, observaremos como o termo ideologia se relaciona com o Direito do Trabalho. Para tal, a análise sobre o surgimento e a evolução histórica das normas trabalhistas e, mais especificamente, a influência, por um lado, do liberalismo e, por outro lado, do discurso ideológico corporativo sobre este ramo do Direito será de grande importância;

No terceiro capítulo, com Jano, e a princípio com um olhar para o passado, vamos verificar as origens da ideologia do trabalhismo no Brasil. E, ainda, a influência deste discurso para a construção do modelo corporativo sindical e sobre as relações de trabalho em geral, tendo como ponto de partida o momento da produção da lei, a partir da sua vigência.

Finalmente, no último capítulo verificaremos em que medida o discurso corporativista se mantém presente na Constituição Federal de 1988, não só do ponto de vista da vigência jurídica, mas também sob a ótica da eficácia, no sentido da recepção e aplicação da norma trabalhista pelos atores sociais. Assim, verificaremos o que significa hoje o corporativismo para as relações de trabalho no Brasil, sob dois aspectos, quais sejam: *onde* se definem os direitos e *como* esses são representados por meio da atuação sindical.

Desta maneira, buscaremos concluir que existe um discurso ideológico na norma jurídica, ainda que de forma subliminar; fato que reforça a relação entre ideologia e poder, na medida em que se constata que o Estado faz uso daquela ao impor a força por meio da lei. E ainda, que este discurso ideológico se manifesta em dois momentos distintos, quais sejam: na produção da norma jurídica trabalhista, a partir da sua vigência, e na transformação e aplicação desta no momento de seu reconhecimento e aplicação pelos atores sociais. Fato que pode ser demonstrado a partir da observação da existência de um discurso ideológico, não só no momento da produção da norma jurídica (vigência), mas também no instante em que esta se transforma pela ação daqueles para os quais é dirigida (eficácia). Assim, comprovaremos que a despeito das escolhas políticas feitas pelos ideólogos, a serviço do Estado para a produção da lei, os atores sociais podem, a partir de sua ação (consciente ou não), conferir a esta um significado e alcance muitas vezes inimaginado. O que comprova que o Direito tem "vida" e esta pode ser encontrada além da lei.

Capítulo 1

CONCEPÇÕES E ALCANCE DO TERMO IDEOLOGIA. EVOLUÇÃO DO SEU CONCEITO

Inicialmente traçaremos algumas considerações sobre o surgimento e a evolução do termo ideologia e os seus significados, porém, o faremos de forma breve tendo em vista que o nosso objetivo não será a elaboração de um tratado sobre ideologia, mas verificar a sua relação com o Direito e, mais especificamente, com o Direito do Trabalho. Desta forma, a nossa meta será a análise sobre a dicotomia no discurso ideológico na norma trabalhista, principalmente em relação a dois aspectos específicos deste discurso, quais sejam: por um lado, quanto à regulamentação das normas de caráter coletivo e, por outro lado, quanto ao seu caráter individual, tendo em vista dois momentos, o de produção da lei e o da transformação desta pelos atores sociais receptores da norma jurídica.

1.1. Ideologia: surgimento e significado do termo

O conceito de ideologia sofreu modificações em seu significado ao longo da história. A princípio, com o seu criador *Antoine Destutt de Tracy*, ideologia significava a ciência das idéias, idéias estas que sustentam a vida social. Em 1801, no livro *Eléments d'Idéologie*, *De Tracy* pretendia elaborar uma ciência da gênese das idéias, tratando-as como fenômenos naturais que exprimem a relação do corpo humano com o meio ambiente.[1] *Karl Mannheim* destaca o significado inicial da palavra ideologia trazendo o conceito de *Destutt de Tracy* para quem:

> "A ciência pode ser chamada ideologia, caso se considere apenas seu objeto; gramática geral, caso se considere apenas seus métodos; e lógica, caso se considere apenas seu objetivo. Qualquer que seja o nome contém necessariamente três subdivisões, já que não se pode tratar adequadamente de uma sem tratar igualmente das duas outras. Ideologia me parece ser o termo genérico porque a ciência das idéias compreende tanto a de sua expressão quanto a de sua derivação".[2]

Os ideólogos eram os membros de um grupo filosófico na França que rejeitavam a metafísica e buscavam basear as Ciências Culturais em fundamentos antropológicos e

---
(1) TRACY, A.L.C. Destutt de. *Projet d´élémentes d´idéologie (1801)*. Introdução de Serge Nicolas. Paris: L'Harmattan, 2004.
(2) MANNHEIM, Karl. *Ideologia e Utopia*. 4ª ed. Rio de Janeiro: Editora Guanabara, 1986, p. 97.

psicológicos. *De Tracy* fazia parte de um grupo de materialistas, isto é, admitia apenas causas naturais físicas (ou materiais) para as idéias e as ações humanas e só aceitava conhecimentos científicos baseados na observação dos fatos e na experimentação. A monarquia era vista por ele como maquinação entre o poder político e o poder religioso, uma vez que se dizia que o rei recebia o poder diretamente de Deus.[3]

Os ideólogos foram partidários de Napoleão e apoiaram o golpe do 18 Brumário (quando Napoleão toma o poder, instituindo o período conhecido como Consulado). Eles o julgavam um liberal continuador dos ideais da Revolução Francesa. Porém, logo se decepcionaram com Bonaparte, vendo nele o restaurador do Antigo Regime, da monarquia que tanto havia criticado.

Segundo *Mannheim*, em *Ideologia e Utopia*, "a concepção moderna de ideologia nasceu quando Napoleão opôs-se ao grupo de *De Tracy* achando que este grupo se opunha a suas ambições imperialistas, rotulando-os desdenhosamente de 'ideólogos'".[4] Napoleão declarou em um discurso, ao Conselho de Estado em 1812, que:

"Todas as desgraças que afligem nossa bela França devem ser atribuídas à ideologia, essa tenebrosa metafísica que, buscando com sutilezas as causas primeiras, quer fundar sobre suas bases a legislação dos povos, em vez de adaptar as leis ao conhecimento do coração humano e às lições da história".[5]

Assim, a ideologia, que inicialmente designava uma ciência natural da aquisição, pelo homem, das idéias calcadas sobre o próprio real, passa a designar, daí por diante, um sistema de idéias condenadas a desconhecer sua relação com a realidade.

De Napoleão até chegar ao marxismo, o conceito de ideologia sofreu algumas modificações. Acrescentou-se à abordagem puramente política (Napoleão) uma abordagem

---

(3) CHAUÍ, Marilena. *O que é Ideologia?* São Paulo: Brasiliense, 2003, p. 26.
O Direito Natural é tido como aquele que *"independe de qualquer legislador, destinado a satisfazer exigências naturais do homem"*. Cf. GUSMÃO, Paulo Dourado. *Introdução ao Estudo do Direito.* Rio de Janeiro: Forense, 2004, p.55. Neste sentido é apresentado como algo neutro, sem qualquer conteúdo ideológico, no entanto Lyra Filho observa que: o Direito Natural apresenta-se sob três formas:
a) O Direito Natural cosmológico — liga-se ao cosmo, ao universo físico;
b) O Direito Natural teológico — volta-se para Deus;
c) O Direito Natural antropológico — gira em torno do homem.
Quanto ao Direito Natural teológico notava que a teologia pretendia deduzir o Direito Natural da lei divina. Esta iria descendo, como por uma escada: Deus manda; o sacerdote abençoa o soberano; o soberano dita a "particularização" dos preceitos divinos, em suas leis humanas [...] e o povo? A este só cumpriria aceitar, crer e obedecer. Em caso de contradição entre a "vontade divina" e a aplicação humana, observava que esta deve ser *minimizada* como determina a tradição em *São Tomás de Aquino* e em *Santo Agostinho*. Assim, frisava que em nosso tempo, o filósofo católico *Maritain* demonstra bem a tendência a *minimizar* o conflito entre lei divina e lei humana, recomendando ao oprimido a "coragem de sofrer", a "paciência" diante da dominação interna ou externa. Desta forma, de maneira irônica *Lyra Filho* observava que: o Direito Natural Teológico, prevalecendo na Idade Média, servia muito bem à estrutura aristocrático-feudal, geralmente fazendo de Deus uma espécie de político situacionista. Cf. LYRA FILHO, Roberto. *O Que é Direito?* São Paulo: Brasiliense, 2003. Coleção Primeiros Passos. pp. 40-41.
(4) MANNHEIM. *Op. cit.,* p. 98.
(5) CHAUÍ, *Op. cit.,* p. 27.

econômica (*Marx*). Em outras palavras, a característica mais difundida desse conceito, a que o associa à idéia de negação, tem início com Napoleão e chega até *Karl Marx*, quando este último aprimora o sentido de negação para o sentido de "falsa consciência". O termo ideologia, com a conotação de falsidade, será empregado no Direito do Trabalho em vários momentos.

1.2. Ideologia: o significado "fraco" e "forte"

Mario Stoppino, no *Dicionário de Política* organizado por *Norberto Bobbio*[6], observa que tanto na linguagem política prática, como na linguagem filosófica, sociológica e político-científica, não existe talvez nenhuma outra palavra que possa ser comparada à ideologia pela freqüência com a qual é empregada e, sobretudo, pela gama de significados diferentes que lhe são atribuídos.[7]

Na multiplicidade do uso do termo, podemos delinear, porém, duas tendências gerais de significados que *Mario Stoppino* se propôs a chamar de "significado fraco" e de "significado forte" da ideologia. No seu significado fraco, ideologia é a espécie diversamente definida, dos sistemas de crenças políticas: "um conjunto de idéias e de

---

(6) STOPPINO, Mario. Ideologia. *In* BOBBIO, Norberto *et al. Dicionário de Política.* Brasília: Editora Universidade de Brasília, 12. ed., 1999, p. 585.

(7) O termo ideologia é mais um daqueles sobre o qual não paira consenso, pois, como nota *Eagleton*, este tem uma série de significados convenientes, mas nem todos eles são compatíveis entre si. Neste sentido, aponta para 16 significados diferentes do termo ideologia, quais sejam:
 a) *o processo de produção de significados, signos e valores da vida social;*
 b) *um corpo de idéias característico de um determinado grupo ou classe social;*
 c) *idéias que ajudam a legitimar um poder político dominante;*
 d) *idéias falsas que ajudam a legitimar um poder político dominante;*
 e) *comunicação sistematicamente distorcida;*
 f) *aquilo que confere certa posição a um sujeito;*
 g) *formas de pensamento motivadas por interesses sociais;*
 h) *pensamento de identidade;*
 i) *ilusão socialmente necessária;*
 j) *a conjuntura de discurso e poder;*
 k) *o veículo pelo qual atores sociais conscientes entendem o seu mundo;*
 l) *conjunto de crenças orientadas para a ação;*
 m) *a confusão entre realidade lingüística e realidade fenomenal;*
 n) *oclusão semiótica;*
 o) *o meio pelo qual os indivíduos vivenciam suas relações com uma estrutura social;*
 p) *o processo pelo qual a vida social é convertida em uma realidade natural.*
 Diante desta diversidade de significados, algumas observações devem ser feitas. Em primeiro lugar, nem todos eles são compatíveis entre si; em segundo lugar, alguns têm uma conotação pejorativa e outros não; assim, *Eagleton* nota que: *considerando-se várias dessas definições, ninguém gostaria de afirmar que seu próprio pensamento é ideológico (...) A ideologia, como o mau hálito, é, nesse sentido, algo que a outra pessoa tem.* Em terceiro lugar, algumas dessas formulações envolvem questões epistemológicas — questões relacionadas com o nosso conhecimento do mundo — enquanto outras não. Cf. EAGLETON, Terry. *Ideologia.* São Paulo: Boitempo, 1997, pp. 15/16.

valores respeitantes à ordem pública e tendo como função orientar os comportamentos políticos coletivos".[8] Por outro lado, *Mario Stoppino* observa que o significado forte tem origem no conceito de ideologia de *Marx*. Neste sentido, ideologia é entendida como "falsa consciência das relações de domínio entre as classes, e se diferencia claramente do primeiro porque mantém, no próprio centro, a noção da falsidade: a ideologia é uma crença falsa".[9]

Segundo *Mário Stoppino*, na ciência e na Sociologia Política contemporânea, predomina nitidamente o significado fraco de ideologia, tanto na acepção geral quanto na particular. A acepção geral é encontrada nas tentativas mais acreditadas da teoria geral, tradicionais e inovadoras; na interpretação dos vários sistemas políticos; e, na investigação empírica dirigida à averiguação dos sistemas de crenças políticas. Por outro lado, o autor observa que na acepção particular, aquilo que é "ideológico" é normalmente contraposto, de modo explícito ou implícito, ao que é "pragmático". Assim, a ideologia é atribuída a uma crença, a uma ação ou a um estilo político pela presença, neles, de certos elementos típicos, como o doutrinarismo, o dogmatismo, um forte componente passional, etc., que foram diversamente definidos e organizados por vários autores.

Em outro sentido, destacamos a evolução do significado forte de ideologia. Observamos que em *Marx*, o termo significava "idéias e teorias que são socialmente determinadas pelas relações de denominação entre as classes e que determinam tais relações, dando-lhes uma falsa consciência".[10] Porém, a relação entre ideologia e poder torna-se enfraquecida na medida em que o uso deste termo evolui. Notamos, ainda, que ao perder o requisito da falsidade, a ideologia se dissolveu no conceito geral da Sociologia do Conhecimento. Por outro lado, manteve-se, generalizou-se e reinterpretou-se o requisito da falsidade com a crítica neopositivista da ideologia.

Inicialmente *Eagleton* atenta também para o significado do termo ideologia para duas correntes intelectuais: de um lado os marxistas, que se preocupavam com a idéia de verdadeira e falsa cognição e para quem a ideologia era vista como ilusão, distorção e mistificação. E por outro lado, uma outra corrente de intelectuais que se voltou mais para a função das idéias na vida social do que para o seu caráter real ou irreal. *Eagleton*, ao se questionar sobre a percepção das pessoas em geral sobre o significado do termo ideologia, percebe que para o senso comum se "alguém está falando ideologicamente é considerar que se está avaliando uma determinada questão segundo uma estrutura rígida de idéias preconcebidas que distorce a compreensão". Neste sentido, o pensamento ideológico seria sempre o do outro, pois "vejo as coisas como elas realmente são; você as vê de maneira tendenciosa, através de um filtro imposto por algum sistema doutrinário externo".[11]

---

(8) STOPPINO, Mario. *Op. cit.*, p. 586.
(9) *Idem. Ibidem*, p. 586.
(10) *Idem. Ibidem*, p. 585.
(11) EAGLETON. *Op. cit.*, p. 17

A partir da concepção que *Heidegger* chama de pré-entendimento, *Eagleton* observa que, considerando que não existe pensamento livre de pressupostos, qualquer idéia nossa poderia ser tida como ideológica. E, mais uma vez, destaca que o pensamento ideológico é sempre o do outro. Assim, observa que "a rigidez de uma pessoa é o espírito aberto de outra. O pensamento dele é tacanho, o seu é doutrinário e, o meu, deliciosamente flexível".[12] Neste sentido, quanto ao Direito do Trabalho, ocorre o fenômeno denominado por *Romita* de "simplificação do debate ideológico pelo reducionismo à oposição entre nós e os neoliberais".[13] E é justamente sobre esse debate de idéias (ou de ideologias) que pretendemos nos debruçar. Assim, mais adiante verificaremos como os discursos ideológicos influenciaram e continuam a influenciar na construção e aplicação das relações de trabalho no Brasil.[14]

1.3. Ideologia em Marx

Apesar de o conceito de ideologia não se encontrar sistematizado nas obras de *Marx* e *Engels*, é no materialismo histórico[15] que se encontram os fundamentos para a análise e crítica das ideologias nas sociedades capitalistas. Se freqüentemente, nos textos de *Marx* e *Engels*, a ideologia aparece com uma conotação negativa (*falsa consciência*) é, no entanto, a partir deste marco que outros enveredaram o caminho na busca por uma teoria consistente da ideologia.

O ponto de partida, para a análise do termo, será *A Ideologia Alemã*. Esta obra, escrita em conjunto por *Marx* e *Engels*, em 1845, assinalou o nascimento do materialismo histórico. E, segundo *Louis Althusser*, foi o corte epistemológico que separa a fase pré-marxista do pensamento de *Marx* e *Engels* da fase propriamente marxista.

As transformações no pensamento de *Marx* se iniciam com o rompimento com o sistema de *Hegel* e com os jovens hegelianos. Os fundamentos de sua crítica são: o humanismo naturalista de *Feuerbach* e a dialética de *Hegel*. A partir destes conceitos, formula o materialismo histórico, ou dialético, que trouxe um novo projeto de lutas sociais com vistas à transformação radical da sociedade existente.

---

(12) *Idem, ibidem.*
(13) ROMITA. *Op. cit.*, 2003, p. 15.
(14) Da mesma forma que Teseu, ao enfrentar o Minotauro, para não se perder no labirinto seguiu o caminho indicado pelo fio do novelo dado por Ariadne, vamos ter como fio condutor do nosso trabalho as relações de trabalho no Brasil. Assim, para que não percamos o foco, o conceito de ideologia estará ligado, sempre que possível, às relações de trabalho.
(15) O materialismo histórico, de *Marx* e *Engels*, se contrapõe ao materialismo contemplativo de *Ludwing Feuerbach*, autor de *A Essência do Cristianismo*. Para o materialismo contemplativo o homem é um conceito abstrato, é o homem biológico, puro ser da natureza. As supremas relações humanas são de amor e da amizade. Relações idealizadas, que nada têm a ver com as relações sociais históricas. Para este, o mundo era percebido como objeto ou intuição, e era contemplado em sua imutabilidade. Por outro lado, o materialismo histórico, como pode ser visto nas *Teses sobre Feurbach,* percebe que: a essência do homem não é uma abstração inerente ao indivíduo isolado. Na sua realidade, ela é o conjunto das relações sociais. [...] Toda vida social é essencialmente prática. [...] Os filósofos só interpretam o mundo de diferentes maneiras; do que se trata é de transformá-lo.

1.3.1. O conceito de ideologia em A Ideologia Alemã

A Ideologia Alemã se divide em três partes dedicadas à análise do pensamento de *Ludwig Feuerbach, Bruno Bauer* e *Max Stirner*. A obra foi concluída no final de 1846, porém, só teve publicação em 1933. Também em 1846 foram esboçadas as *Teses Sobre Feuerbach* que são, na realidade, uma síntese dos fundamentos epistemológicos do materialismo histórico.

A palavra ideologia remonta à corrente sensualista do pensamento francês. Como vimos anteriormente, para *Destutt de Tracy*, em seu livro *Elementos de Ideologia,* 1801, a ideologia seria o estudo da origem e da formação das idéias, constituindo-se numa ciência propedêutica das demais.

Para os jovens hegelianos, grupo ao qual *Marx* se opôs, as idéias eram consideradas como "verdadeiros grilhões da humanidade". Assim, esses filósofos não se preocupavam em estabelecer uma relação entre as idéias e a realidade. No entanto, *Marx* afirmava que os indivíduos dependem das condições materiais da sua produção, na medida em que "ao produzirem seus meios de existência, os homens produzem indiretamente sua própria vida material".[16]

Em *A Ideologia Alemã, Marx* criticava a incapacidade do sujeito de ver as coisas como se apresentavam.

> "Ao contrário da filosofia alemã [crítica aos hegelianos que defendiam o idealismo] que desce do céu para a terra, aqui é da terra que sobe ao céu. Em outras palavras, não partimos do que os homens dizem, imaginam e representam, tampouco do que eles são nas palavras, no pensamento, na imaginação e na representação dos outros, para depois se chegar aos homens de carne e osso; mas partimos dos homens em sua atividade real, é a partir do seu processo de vida real que representamos também o desenvolvimento dos reflexos e das repercussões ideológicas desse processo vital. [...] *Assim, a moral, a religião, a metafísica e todo o restante da ideologia, bem como as formas de consciência a elas correspondentes, perdem logo toda a aparência de autonomia.* [...] Não é a consciência que determina a vida, mas sim a vida que determina a consciência".[17] (Grifo nosso)

Do ponto de vista materialista, ao contrário da filosofia de *Hegel*, as idéias não se desenvolviam por si mesmas.[18]; as idéias se sistematizavam na ideologia — compêndio das ilusões por meio das quais os homens pensavam sua própria realidade de maneira enviesada, deformada, fantasmagórica. Assim, para *Marx* e *Engels*:

> "Se, em toda a ideologia, os homens e suas relações nos aparecem de cabeça para baixo como em uma câmera escura, esse fenômeno decorre de seu processo de

---
(16) MARX, Karl e ENGELS, Friedrich. *A Ideologia Alemã.* Tradução: Luis Cláudio de Castro e Costa. São Paulo: Martins Fontes, 1988, p. 11.
(17) *Idem. Ibidem*, pp. 19-20.
(18) *Idem. Ibidem*, p. 9.

vida histórico, exatamente como a inversão dos objetos na retina decorre de seu processo de vida diretamente físico".[19]

Marx chega a este conceito de ideologia como "falsa consciência" a partir da análise da evolução da propriedade e da influência desta sobre o fenômeno da divisão do trabalho. Os autores de *A Ideologia Alemã* mostram que a divisão do trabalho gera "a separação entre trabalho industrial e comercial, de um lado, e trabalho agrícola, de outro; e, com isso, a separação ente a cidade e o campo e a oposição de seus interesses".[20] Assim, partindo dos homens em sua atividade real, *Marx* e *Engels* representam o desenvolvimento dos reflexos e das repercussões ideológicas desse processo vital.

A partir desta análise da formação social das ideologias, o Estado deixou de ser conceituado como entidade representativa dos interesses gerais e comuns da sociedade. *Marx* e *Engels* indicaram a vinculação do Estado aos interesses de determinada classe social, isto é, aos interesses da classe dominante. Para eles: "os indivíduos que constituem a classe dominante possuem, entre outras coisas, também uma consciência, e conseqüentemente pensam; [...] suas idéias são, portanto, as idéias dominantes de sua época".[21] Assim, por exemplo, afirmam que a luta pelo poder entre Aristocracia e Burguesia deu origem à idéia da divisão dos poderes, que, no entanto, era enunciada como uma "lei eterna".

Com a divisão do trabalho, o interesse particular ficaria separado do interesse comum. E, percebem que não é o Estado que cria a sociedade civil, conforme pretendia *Hegel*. Ao contrário, é a sociedade civil que cria o Estado.

Como o Estado é o Estado da classe dominante, as idéias da classe dominante são as idéias dominantes em cada época. As idéias dominantes parecem ter validade para toda a sociedade, isto é, também para as classes submetidas e dominadas. Forja-se a ilusão histórica de que cada época da vida social resulta não de determinados interesses materiais de uma classe, mas de idéias abstratas como as de honra e lealdade (na sociedade aristocrática) e as de liberdade e igualdade (na sociedade burguesa).

Porém, o termo ideologia apresentou outros significados na história do marxismo. *Lênin* se referiu à ideologia socialista como sinônimo de marxismo, ou seja, da teoria científica revolucionária. Desta forma, a ideologia não era percebida como falsa consciência. O conceito de ideologia adquiriu novos significados ao longo do tempo. No entanto, a importância de *A Ideologia Alemã* reside no fato de ter sido a obra germinativa dessa discussão fecunda no campo do pensamento social.[22]

Na obra de *Karl Marx*, observamos uma mudança no sentido da localização da negatividade. Em um primeiro momento, na *Ideologia Alemã*, é pensada em relação ao sujeito, que se afasta das suas condições reais de existência, para, no segundo momento, em *O Capital*, ser analisada em relação às contradições entre as classes.

---

(19) *Idem. Ibidem,* p. 19.
(20) MARX, Karl e ENGELS, Friedrich. *Op. cit.,* 1988, p. 12.
(21) *Ibidem,* p. 49.
(22) GORENDER, Jacob. Introdução da obra *A Ideologia Alemã.* P. XXIII.

1.3.2. O conceito de ideologia em O Capital

Acreditamos que a noção de ideologia encontra-se também na teoria de *Marx* sobre o fetichismo da mercadoria, em *O Capital*, 1867. Apesar de não ser expresso de forma clara, o termo ideologia encontra-se, a nosso ver, embutido naquele que *Marx* denominou de *fetichismo da mercadoria*.

A partir da análise do caráter misterioso que o produto do trabalho apresenta ao assumir a forma de mercadoria, *Marx* conclui que:

> "A mercadoria é misteriosa simplesmente por *encobrir* as características sociais do próprio trabalho dos homens, apresentando-as como características materiais e propriedades sociais inerentes aos produtos do trabalho; *por ocultar*, portanto, a relação social entre os trabalhos individuais dos produtores e o trabalho total, ao refleti-la como relação social existente, à margem deles, entre os produtos do seu próprio trabalho. Através dessa *dissimulação*, os produtos do trabalho se tornam mercadorias".[23] (Grifo nosso)

"Encobrir, ocultar, dissimular", expressões que, a nosso ver, podem ser traduzidas pelo que *Marx*, outrora, chamava de "falsa consciência"; com essa afirmação, *Marx* pretendia demonstrar, ao contrário do que acreditavam os economistas da época, que o valor de uso não é um atributo material da mercadoria, o que determina o valor de uso é o valor de troca da mercadoria. Ou seja, o valor de uso se encontra por meio do valor na relação que uma mercadoria estabelece com outra.

Em *O Fetichismo da Mercadoria*, no primeiro volume de *O Capital*, a crítica de *Marx* direciona-se para a realidade capitalista, que é dupla e enganadora. A ideologia, assim, não pode ser atribuída ao sujeito, já que esse processo histórico exibe um conjunto de aparências, de certa maneira estruturais, que inclui a sua falsidade na sua verdade, em suas palavras:

> "Os homens não estabelecem relações entre os produtos do seu trabalho como valores por considerá-los simples aparência de trabalho humano de igual natureza. Ao contrário. *Ao igualar, na permuta, como valores, seus diferentes produtos, igualam seus trabalhos diferentes, de acordo com sua qualidade comum de trabalho humano. Fazem isto sem o saber. O valor não traz escrito na fronte o que ele é.* Longe disso, o valor transforma cada produto do trabalho num hieróglifo social. Mais tarde, os homens procuram decifrar o significado do hieróglifo, descobrir o segredo de sua própria criação social, pois a conversão dos objetos úteis em valores é, como na linguagem, um produto social dos homens. A descoberta científica ulterior, de os produtos do trabalho, como valores, serem meras expressões materiais do trabalho humano despendido em sua produção é importante na história do desenvolvimento da humanidade, mas não dissipa, de nenhum modo a fantasmagoria

---

(23) MARX, Karl. *O Capital: crítica da economia política*. Livro I. Tradução: Reginaldo Sant'Anna. 20ª ed. Rio de Janeiro: Civilização Brasileira, 2002, p. 94.

que apresenta, como qualidade material dos produtos, o caráter social do trabalho".[24] (Grifo nosso).

A noção de "falsa aparência" (ou ideologia), pode, também, ser encontrada no Capítulo XVI de *O Capital*, quando *Marx* trata das diversas fórmulas da taxa de mais-valia. Para *Marx* a taxa de mais-valia significava o grau de exploração de trabalho e era traduzido pela seguinte fórmula:

$$\frac{\text{Mais-valia}}{\text{Valor da força de trabalho}} = \frac{\text{trabalho excedente}}{\text{trabalho necessário}} = \frac{\text{trabalho não-pago}}{\text{trabalho pago}}$$

Assim, percebe que o lucro obtido no sistema capitalista advém da exploração da mão-de-obra não paga que decorre do trabalho excedente. Desta forma, observa que:

"... no período de trabalho excedente, a força de trabalho que o capitalista utiliza produz para ele um valor que não lhe custa nenhuma contrapartida. Explora gratuitamente a força de trabalho. Nesse sentido, pode-se chamar trabalho excedente de trabalho não-pago."[25]

Por outro lado, *Marx* observa que o conceito de trabalho excedente não se encontrava claramente expresso na economia política burguesa. Para *Marx* a *falsa lei* do capitalismo consistia em afirmar que o trabalho excedente ou a mais-valia nunca pode atingir 100%; desta forma, o conceito de *falsa realidade* encontra-se embutido no hábito de se considerar a mais-valia e o valor da força de trabalho frações do valor criado. Segundo *Marx*, esse hábito, que tem origem no próprio modo de produção capitalista:

"... *dissimula*, a operação especificamente capitalista, a troca de capital variável por força de trabalho e a correspondente exclusão do trabalhador de qualquer direito ao produto. *Doura-se* a realidade com a *falsa aparência* de uma associação em que trabalhador e capitalista repartem o produto na proporção dos elementos com que contribuem para sua formação."[26] (Grifo nosso).

As idéias de *Marx*, sobre a dissimulação da verdade no sistema capitalista, foram afastadas pelos seus opositores (defensores do capitalismo) de forma veemente. Essa oposição pode ser ilustrada pelo seguinte trecho das cartas de *Rodbertus* a *Rud. Meyer*, conforme aponta *Engels*, ao comentar a quarta edição de *O Capital*:

"Temos de salvar o capital não só do trabalho, mas de si mesmo. E o melhor meio de fazê-lo é considerar a atividade do empresário capitalista como uma função econômica e social que lhe foi delegada pela propriedade do capital, e seu lucro, como uma forma de recompensa, pois até agora não dispomos de outra organização social. [...] Desse modo, temos de rebater a irrupção de Marx contra a sociedade, pois este é o sentido do seu livro".[27]

---
(24) MARX, Karl. *O Capital*, pp. 95-96.
(25) *Idem.Ibidem*, p. 609.
(26) MARX, Karl. *O Capital*, p. 608.
(27) F. ENGELS *apud* MARX, Karl. *O Capital*. Nota 17, pp. 606/607.

O conceito de ideologia deslocou-se da superestrutura para a base, ou, pelo menos, sinaliza alguma relação, particularmente próxima, entre elas, como afirma *Terry Eagleton*[28]. Enquanto esse conceito localizava-se na superestrutura, parecia ser resultado de repressões, limitações inerentes aos indivíduos. Na medida em que é relacionado à análise da própria realidade do sistema capitalista, ficam mais claros os seus efeitos reais sobre toda a sociedade. Assim, muitas coisas mudaram durante esse trânsito.

Para começar, essa curiosa inversão entre sujeitos humanos e suas condições de existência é agora inerente à própria realidade social. Não é simplesmente uma questão da percepção distorcida dos seres humanos, que invertem o mundo real em sua consciência e, assim, imaginam que as mercadorias controlam suas vidas. *Marx* não está afirmando que sob o capitalismo as mercadorias parecem exercer um domínio tirânico sobre as relações sociais; está argumentando que elas efetivamente o fazem. A ideologia é agora menos uma questão de a realidade tornar-se invertida na mente do que de a mente refletir uma inversão real.[29] Na verdade, não é mais primariamente uma questão de consciência, mas está ancorada nas operações econômicas cotidianas do sistema capitalista.[30]

Apesar do deslocamento do campo subjetivo para o coletivo, o sentido negativo do termo ideologia permanece em todo o trabalho de *Marx*. E ainda hoje, quando se fala em ideologia, a negatividade do termo se apresenta quando, por exemplo, se interpreta o corporativismo e a legislação social, institucionalizadas na Era Vargas, como meios de subordinação da classe trabalhadora, de dissimulação dos conflitos entre as classes e de realização do industrialismo no Brasil.

---

(28) EAGLEATON, Terry. *Op. cit.*, p. 83
(29) SMITH observa que para *Marx*: na produção social de sua existência os homens entram em relações determinadas, necessárias, independentes de sua vontade. Estas relações de produção correspondem, em linhas gerais, a um determinado grau de desenvolvimento de suas forças produtivas materiais. E o conjunto de tais relações constitui a estrutura econômica de uma sociedade (a base real sobre a qual se levanta uma superestrutura de formas jurídicas, políticas, religiosas, artísticas e filosóficas, que são, em definitivo, as formas ideológicas com auxílio das quais os homens chegam a adquirir conhecimento da realidade social e de suas oposições). Neste sentido, observa que segundo a sociologia marxista, todo poder da vida social aparece condicionado pela vida material e, especialmente, por feitos e necessidades econômicas. Assim, as manifestações espirituais do homem social não são senão um fenômeno da matéria mesma. Desta maneira, critica a tese materialista por entender que esta desembocaria em um franco determinismo dos fenômenos sociais. Cf. SMITH, Elisa A. Mendez de. *Las Ideologias y el Derecho*. Buenos Aires: Astrea, 1982, p. 22.
No mesmo sentido, cita *Rodolfo Stammler* que, em sua obra *A Economia e o Direito* segundo uma concepção materialista da história, realiza uma aguda crítica à concepção materialista da realidade social. Segundo Stammler não existe um vínculo genético essencial entre a Economia e o Direito de modo tal que os fenômenos econômicos determinem, por conseqüência, os conteúdos jurídicos. Pelo contrário, todo fenômeno econômico, toda divisão de trabalho social e das riquezas, adquirem significações à mercê de uma forma ou estrutura jurídica que funciona condicionando logicamente a possibilidade daqueles. Fora do marco de uma ordem jurídica não cabe representar nenhum fenômeno econômico. Assim, a relação entre Direito e Economia pode caracterizar-se como a mediação entre a forma condicionante e a matéria condicionada, é, desta maneira, uma relação de determinação lógica e não de dependência causal.
(30) EAGLETON, Terry. *Op. cit.*, p.83.

1.4. Ideologia em Gramsci

Para o marxista *Antonio Gramsci*, o conceito de ideologia permanece com o seu caráter de falsa consciência, mas acrescenta outros elementos na abordagem. *Antonio Gramsci* critica, em *Marx*, o lugar que a ideologia ocupa na vida social:

"Um elemento de erro na consideração sobre o valor das ideologias, ao que me parece, é devido ao fato (fato que, ademais, não é casual) de que se dê o nome de ideologia tanto à superestrutura necessária de uma determinada estrutura, como as elucubrações arbitrárias de determinados indivíduos. O sentido pejorativo da palavra tornou-se exclusivo, o que modificou e desnaturou a análise teórica do conceito de ideologia".[31]

Este erro ocorreu devido a três fatores: 1) separou-se ideologia da estrutura econômica e afirmou-se que não é a ideologia que modifica a estrutura, mas o oposto; 2) "afirma-se que uma determinada solução política é 'ideológica', isto é, insuficiente para modificar a estrutura, mesmo que se acredite poder modificá-la; 3) passa-se a afirmar que toda ideologia é 'pura' aparência, inútil, estúpida etc".[32]

A partir dessa crítica *Gramsci* argumenta que se deve estabelecer uma distinção entre as "ideologias historicamente orgânicas", ou seja, as que estão estritamente vinculadas a uma estrutura são os elementos de sua existência e organizam as massas humanas; das "ideologias arbitrárias", as que estão ligadas a uma ordem mais individual, sem força material; porém, acrescenta que ambas as formas de ideologia não devem ser negligenciadas.

Essas duas formas de ideologia, tanto a que se refere ao nível mais complexo de compreensão (na ideologia do Estado, na esfera política principalmente), quanto nos níveis mais simples (nas formas particulares de entendimento do mundo, nas culturas populares), operam na sociedade de forma a fazer com que as massas participem do projeto hegemônico do bloco dominante. Por meio desse conceito conclui que as "forças materiais são o conteúdo, e as ideologias a forma", apostando numa interdependência entre ambos. Esse fenômeno de manutenção das idéias dominantes, mesmo quando se está lutando contra a classe dominante, é o aspecto fundamental daquilo que *Gramsci* chama de *hegemonia*[33], ou o poder espiritual da classe dominante.

"O exercício 'normal' da hegemonia [...] é caracterizado pela combinação da força e do consenso que se equilibram de vários modos, sem que a força esmague demasiado o consentimento, pelo contrário procurando obter que a força apareça apoiada sobre o consenso da maioria, expresso pelos chamados órgãos de opinião

---

(31) GRAMSCI, Antonio. *Concepção Dialética da História*. Rio de Janeiro: Editora Civilização Brasileira, 1964, p. 62.
(32) *Idem.Ibidem.*, p. 62.
(33) O conceito de hegemonia e sua relação com a construção do modelo corporativo de sindicato no Brasil é analisado por ARAUJO, Ângela Maria Carneiro. *A construção do consentimento: corporativismo e trabalhadores nos anos trinta*. São Paulo: Edições Sociais, 1998.

pública — jornais e associações — os quais, por isso, em certas situações, são multiplicados artificiosamente".[34]

Embora considere o conceito negativo de ideologia, *Gramsci* pensa a ideologia menos como um conjunto de idéias do que como prática política, e é nesse sentido que se deve incluir a noção de hegemonia. Embora não se possa confundir os dois conceitos, é necessário que se estabeleça os seus limites. Hegemonia está vinculada à forma como um poder do Estado consegue o consentimento e a aquiescência do indivíduo. O conceito de ideologia, para *Gramsci*, está vinculado à separação entre idéias e condições materiais de existência, e é por isso que ele vai considerar o conceito de hegemonia mais abrangente.

E como suplantar a hegemonia (poder da classe dominante)? Para *Gramsci*, a maneira de se superar as idéias da classe dominante é buscar idéias que possam contrapor às primeiras. Assim, por exemplo,

"... se num determinado momento os trabalhadores de um país precisam lutar usando a bandeira do nacionalismo, a primeira coisa a fazer é redefinir toda a idéia de nação, desfazer-se da idéia burguesa de nacionalidade e elaborar uma idéia do nacional que seja idêntica à de popular."[35]

Embora não se possa trabalhar com todos os autores marxistas, a visão de *Gramsci* permite concluir que as bases do pensamento marxista estão alicerçadas em dois pressupostos que interagem: a existência da luta de classes e a sustentação da ideologia (hegemonia) associada à dominação de uma classe sobre a outra, por meio da apropriação dos meios de produção e da mais-valia.

1.5. Ideologia e Direito

Tendo considerado a respeito do conceito e do significado do termo ideologia, resta-nos indagar qual a sua relação com o Direito, em geral, e, mais especificamente, com o Direito do Trabalho. Antes de verificarmos esta relação cabe lembrarmos que: uma instituição jurídica é um sistema de relações jurídicas estruturadas segundo certos princípios de organização e tendo em vista determinadas finalidades práticas. Tais relações só têm uma "existência" especificamente jurídica caso se encontrem estabelecidas e organizadas por normas jurídicas válidas e vigentes[36] dentro do marco de uma ordem jurídica.[37]

---

(34) GRAMSCI, Antonio. *Obras Escolhidas*, vol. 1. Lisboa: Estampa, 1974, pp. 392-393.
(35) CHAUÍ. *Op. cit.*, p. 88.
(36) Para a maioria dos juristas uma norma jurídica é valida quando pertence a um ordenamento jurídico por haver sido produzida pelo órgão competente e de acordo com o procedimento regular. Após alcançar a validade formal a norma estará apta a se tornar vigente, ou seja estará pronta para a sua efetiva aplicação e obrigatoriedade. Neste sentido, a Lei de Introdução ao Código Civil determina que a lei entrará em vigor na data disposta expressamente pelo legislador. Cf. Lei de Introdução ao Código Civil.
(37) SMITH. *Op. cit.*, p. 95.

Porém, essas mesmas normas são o produto histórico da polarização de distintos regimes de interesses e preferências. Deste modo, *Ihering*, em *A Luta pelo Direito*, afirmava que: "todo o direito no mundo foi adquirido pela luta"[38]; nesta encontra-se envolvida uma gama de conflitos ideológicos, no entanto, cada um desses conflitos representa um momento de confrontação de atitudes políticas, que tendem a fazer prevalecer determinados conteúdos de Direito Positivo. Tais conteúdos representam a vontade unificada da força social dominante, conceito denominado por *Gramsci* de *hegemonia*, como vimos anteriormente.

Apesar do entendimento de que resulta de uma conjuntura de forças políticas, a norma jurídica ainda é vista, por muitos, como uma mera imposição do Estado com o objetivo de "ocultar" a realidade e, assim, continuar sendo mais um instrumento de manipulação das classes oprimidas. Desta forma, permanece presente o uso do termo com uma conotação negativa, e, neste sentido, *Lyra Filho* afirmava que a maior dificuldade, em uma apresentação do Direito, não será mostrar o que ele é, mas dissolver as imagens falsas ou distorcidas que muita gente aceita como retrato fiel.[39]

Para os marxistas, a lei sempre emana do Estado e permanece ligada à classe dominante, pois o Estado, como sistema de órgãos que regem a sociedade politicamente organizada, fica sob o controle daqueles que comandam o processo econômico, na qualidade de proprietários dos meios de produção.[40] Desta forma, um dos objetivos da lei é convencer o povo de que as contradições não mais existem, assim a dominação do Estado passará imperceptível. Logo, procura-se afirmar que o poder atende ao povo em geral e tudo o que vem da lei é indiscutivelmente jurídico; por outro lado, tendo em vista que legalidade não coincide, sem mais, com legitimidade[41], a identificação entre Direito e lei pertence, desta

---

(38) IHERING, Rudolf Von. *A Luta pelo Direito* (1872). Rio de Janeiro: Lúmen Júris, 2003.
(39) LYRA FILHO, Roberto. *O que é Direito?* São Paulo: Brasiliense, 1995, p. 07.
(40) Em sentido contrário *Eagleton* observa que: aqueles que se opõem à idéia de ideologia como *falsa consciência* estão certos ao observar que a ideologia não é uma ilusão infundada, mas uma *sólida realidade*, uma força material ativa que deve ter, pelo menos, suficiente conteúdo cognitivo para ajudar a organizar a vida prática dos seres humanos. Nem toda linguagem necessariamente envolve falsidade. É bem provável que uma ordem dominante faça pronunciamentos que sejam ideológicos no sentido de reforçar seu próprio poder, mas que de modo algum sejam falsos. [...] Isso não quer dizer que tais movimentos não possam também envolver-se com distorções e mistificações. Assim, por exemplo, *"trabalhadores do mundo, uni-vos; não tendes nada a perder além de vossos grilhões"* é, em certo sentido, obviamente falso; os trabalhadores têm muito a perder com a militância política — em alguns casos, nada menos do que a própria vida. Cf. EAGLETON. *Op. cit.*, p.37. No entanto, cabe lembrar que o discurso de *Marx*, dentro do contexto histórico em que foi proferido, tinha como objetivo não só mostrar a "ocultação da realidade", mas também o de insuflar a massa trabalhadora.
(41) Neste sentido, observa WOLKMER, Antonio Carlos. *Ideología, Estado e Direito*. São Paulo: Revista dos Tribunais, 2003, p. 80/81 que: "legalidade reflete fundamentalmente o acatamento a uma estrutura normativa posta, vigente e positiva. Compreende a existência de leis, formal e tecnicamente impostas, que são obedecidas por condutas sociais presentes em determinadas situação institucional". E citando *Bonavides*, lembra que: "a legalidade refere-se ao procedimento da autoridade em consonância estrita com o Direito estabelecido (...) movendo-se em consonância com os preceitos jurídicos vigentes ou respeitando rigorosamente a hierarquia das normas, que vão dos regulamentos, decretos e leis ordinárias até a lei máxima e superior, que é a Constituição. (...) Já a legitimidade incide na esfera da consensualidade dos ideais, dos fundamentos e crenças, dos valores e dos princípios ideológicos. A legitimidade é comprovada quando

maneira, ao repertório ideológico do Estado. Pode-se relacionar, assim, Direito e ideologia e, mais especificamente, Direito do Trabalho e ideologia.

1.6. A importância da ideologia para o mundo do trabalho: atualizando o debate

Vimos que na multiplicidade do termo ideologia duas tendências estão presentes, quais sejam: a de "significado fraco" e aquela de "significado forte". O significado de ideologia como "uma crença falsa", foi atribuído por *Marx*. No entanto, na ciência e na Sociologia Política contemporânea, predomina nitidamente o significado fraco de ideologia. Porém, aquilo que é "ideológico" é normalmente contraposto, de modo explícito ou implícito, ao que é "pragmático". Tendo em vista tal separação, muitas vezes, não se percebe a importância do conceito de ideologia para as práticas cotidianas. Diante desta consideração perguntamos: qual a importância da ideologia para o mundo do trabalho, ou qual a influência que este conceito apresenta hoje na regulamentação das relações de trabalho?

Quando se considera a respeito da ideologia e do poder desta, é comum escutarmos que "este é um debate ultrapassado" na medida em que não se compreende a dimensão e a importância deste conceito para as práticas sociais. No entanto, o poder da ideologia não pode ser subestimado, pois ele afeta tanto os que negam sua existência quanto os que reconhecem os interesses e os valores intrínsecos às várias ideologias.[42]

Apesar da concepção de ideologia como uma "falsa concepção da realidade", é mister notar que, na verdade:

> "... a ideologia não é ilusão nem superstição religiosa de indivíduos mal-orientados, mas uma forma específica de consciência social, materialmente ancorada e sustentada [...] sua persistência se deve ao fato de ela ser constituída objetivamente como *consciência prática inevitável das sociedades de classe* [...] Os interesses sociais que se desenvolvem ao longo da história e se entrelaçam conflituosamente manifestam-se, no plano da consciência social, na grande diversidade de discursos ideológicos [...] que exercem forte influência sobre os processos materiais mais tangíveis do metabolismo social."[43]

Desta forma, acreditar em ideologia como "uma crença falsa" já não é possível, no entanto, diante disto, perguntamos: Que conclusão devemos extrair deste fato? Deveremos dizer que estamos vivendo numa sociedade pós-ideológica? Nesta direção, resta-nos a indagação feita por *Slavoj Zizek*: "Será que esse conceito da ideologia como consciência ingênua ainda se aplica ao mundo de hoje? Ainda será atuante hoje em

---

ocorre a adequação entre o comando nela consubstanciado e o sentido admitido e consentido pelo todo social, a partir da realidade coletada como justificadora do preceito normatizado"..
(42) MÉSKÁROS, István. *O poder da Ideologia*. São Paulo: Boitempo, 2004, p. 64.
(43) *Idem, ibidem*, p. 65.

dia?".⁽⁴⁴⁾ A fim de responder tal questionamento *Slavoj Zizek* nota que, na *Crítica da Razão Cínica, Peter Sloterdijk* propõe a tese de que o modo dominante de funcionamento da ideologia é cínico, o que torna impossível o clássico método crítico-ideológico. Assim, diante da clássica fórmula proposta por *Marx*: "isso eles não sabem, mas o fazem", *Sloterdijk* propõe outra: "eles sabem muito bem o que estão fazendo, mas mesmo assim o fazem". Com esta proposição pretende afirmar que: "o sujeito cínico tem perfeita ciência da distância entre a máscara ideológica e a realidade social, mas, apesar disso, continua a insistir na máscara". Desta forma conclui que: "a razão cínica já não é ingênua, mas é o paradoxo de uma falsa consciência esclarecida: sabe-se muito bem da falsidade, tem-se plena ciência de um determinado interesse oculto por trás de uma universalidade ideológica, mas, ainda assim, não se renuncia a ela".⁽⁴⁵⁾

A partir da noção de "razão cínica", *Zizek* observa que a crítica tradicional da ideologia não funciona mais. Nesse caso, volta à antiga questão: "será que a única saída que nos resta é afirmar que, com o império da razão cínica, achamo-nos no chamado mundo pós-ideológico?". Com o intuito de responder a tal questão, observa que a distinção entre *sintoma* e *fantasia* deve ser introduzida a fim de mostrar que "a idéia de estarmos vivendo numa sociedade pós-ideológica é um pouco apressada demais".⁽⁴⁶⁾

A fim de captar a dimensão da *fantasia, Slavoj Zizek* volta à fórmula marxista do "disso eles não sabem, mas o fazem" para propor a seguinte indagação: onde se situa a ilusão ideológica, no "saber" ou no "fazer" na própria realidade? Assim, conclui que a pergunta a fazer é: "onde está a ilusão?".⁽⁴⁷⁾ Diante de tal questionamento, conclui que:

> "... a ilusão não está no saber, mas já está do lado da própria realidade, daquilo que as pessoas fazem. O que elas não sabem é que sua própria realidade social [...] é guiada por uma ilusão, por uma inversão fetichista. O que desconsideram [...] não é a realidade, mas a ilusão que estrutura sua realidade, sua atividade social. Eles sabem muito bem como as coisas realmente são, mas continuam a agir como se não soubessem. A ilusão, portanto, é dupla: consiste em passar por cima da ilusão que estrutura nossa relação real e efetiva com a realidade. E essa ilusão desconsiderada e inconsciente é o que se pode chamar de *fantasia ideológica*."⁽⁴⁸⁾

Neste sentido, *Slavoj Zizek* conclui que estamos longe de ser uma sociedade pós-ideológica tendo em vista que a ideologia pode ser encarada como uma "fantasia (inconsciente) que estrutura nossa própria realidade social". Assim, considerando que a ilusão está do lado do fazer, propõe que a fórmula marxista seja lida da seguinte forma:

> "... eles sabem que, em sua atividade, estão seguindo uma ilusão, mas fazem-na assim mesmo. Por exemplo, eles sabem que sua idéia de Liberdade mascara uma

---

(44) ZIZEK, Slavoj. "Como Marx inventou o sintoma?". *In* ZIZEK, Slavoj (org.). *Um mapa da ideologia.* Rio de Janeiro: Contraponto, 1999, p. 312.
(45) *Idem. Ibidem,* p. 313.
(46) ZIZEK. *Op. cit.,* p. 314.
(47) *Idem. Ibidem,* p. 315.
(48) *Idem. Ibidem,* p. 316.

forma particular de exploração, mas, mesmo assim, continuam a seguir essa idéia de Liberdade."[49]

Assim, podemos concluir que o conceito de ideologia ainda se aplica hoje, a despeito dos argumentos no sentido contrário. E ainda, o êxito da ideologia está no fato de não sentirmos nenhuma oposição entre ela e a realidade, ou seja, quando a ideologia consegue determinar o modo de nossa experiência cotidiana da própria realidade. Fato que ocorre com a "naturalização" do discurso da necessidade imperiosa da "flexibilização" das relações de trabalho por meio da lei, por exemplo. Assim, diante da naturalidade de tal discurso não percebemos que este é ideológico. E não só não o percebemos, mas também o reforçamos.

1.6.1. "As lacunas" na teoria de Marx

Ainda hoje, quando se fala em ideologia é comum ligar o termo ao conceito de "uma crença falsa". Talvez pelo fato desta conotação atrelar-se à figura de *Karl Marx* e, ainda, pelo socialismo não ter logrado êxito, parece que o conceito de ideologia caiu em desuso, "caiu de moda". Mas o fato da teoria marxista apresentar lacunas não significa que o termo ideologia deva ser abandonado, nem a sua relação com as práticas sociais deva ser desconsiderada. Resta-nos analisar as falhas na teoria de *Marx* a fim de verificarmos em que medida o conceito de ideologia ainda se aplica nos dias de hoje.

Quanto ao limite lógico-histórico do capitalismo, *Marx* afirmou em *O Capital* que: "o limite do capital é o próprio capital, isto é, o modo de produção capitalista". No entanto, *Slavoj Zizek* observa que a leitura evolucionista da fórmula da capital como sua própria limitação é inadequada, uma vez que:

> "... longe de ser restritivo [...] seu limite é o próprio impulso de seu desenvolvimento. Nisso reside o paradoxo característico do capitalismo, seu último recurso: o capitalismo é capaz de transformar seu limite, sua própria impotência, na fonte de seu poder — quanto mais ele 'apodrece', quanto mais se agrava sua contradição imanente, mais ele tem que se revolucionar para sobreviver."[50]

Neste sentido, *Slavoj Zizek* apresenta uma objeção a *Marx* no seguinte sentido: "e tudo isso, é claro, *Marx* 'sabe perfeitamente, mas...' [...] procede como se não soubesse, descrevendo a própria passagem do capitalismo para o socialismo em termos da já mencionada dialética vulgar das forças produtivas e da relação de produção".[51] Assim, ao ignorar a capacidade de transformação do capitalismo, *Marx* menosprezou também a fragmentação e estratificação do trabalho. Nesse ponto reside, segundo *István Méskáros*, a maior dificuldade teórica de *Marx*, uma vez que este reconhecimento "complicaria muito e abalaria, fundamentalmente, sua concepção da 'forma

---

(49) *Idem, Ibidem*, p. 316.
(50) ZIZEK. *Op. cit.*, p. 329.
(51) *Idem, Ibidem*, p. 330.

política' de transição".⁽⁵²⁾ Assim, *Marx* acaba ignorando uma questão da maior gravidade quanto à fragmentação e à divisão interna do trabalho, qual seja: a escassez das oportunidades de trabalho.

Diante do "desemprego estrutural" que assola o mundo do trabalho hoje é fundamental discutir a fragmentação do trabalho tendo em vista que esta implicará em uma inevitável atuação do Estado. Sendo assim, *István Méskáros* nota que:

> "... o Estado burguês só pode realizar sua função 'protetora' em prol dos grupos de trabalho fragmentados e divididos até o ponto em que o exercício dessa função corresponda objetivamente aos interesses da classe dominante como um todo."⁽⁵³⁾

Uma outra lacuna apontada quanto à teoria de *Marx* reside na dificuldade em se abolir a divisão social tradicional do trabalho por meio do "Estado dos trabalhadores". Mesmo que os trabalhadores conseguissem derrubar o Estado burguês, assumindo o controle dos instrumentos políticos, o "Estado dos trabalhadores não poderá jamais abolir a divisão social tradicional do trabalho, exceto no que se refere diretamente à propriedade dos meios de produção"; tal fato não poderia acontecer, como previu *Marx*, pois estas mudanças envolvem todo o processo de reestruturação, que vai além da intervenção política direta.

Outra grande dificuldade, apontada por *István Méskáros*, da teoria socialista reside no como? Assim, questiona:

> "... como encarar a superação da fragmentação e da divisão interna do trabalho sem reduzir os problemas em jogo a um apelo direto a uma consciência de classe idealizada, defendendo a 'unidade' como a solução desejável, mas negligenciando a base material objetiva da fragmentação existente, inerente à manutenção da divisão do trabalho."⁽⁵⁴⁾

Então, perguntamos: diante do culto ao extremo individualismo, como seria possível a interação coletiva consciente baseada no envolvimento individual autodeterminado, proposto por *Marx*? Se o individualismo reina, como resgatar a noção de empatia e solidariedade de classe? Neste sentido, podemos perceber que o surgimento da "consciência comunista de massa", esperada por *Marx*, tornou-se uma expectativa bastante problemática nos dias atuais. Infelizmente, como bem notou *István Méskáros*:

> "Dado o auxílio que o capital global recebe [...] da fragmentação e do impacto divisivo do 'desenvolvimento desigual' e da divisão internacional do trabalho [...] é improvável que certas condições para a socialização da produção e conseqüente unificação do trabalho previstas por *Marx* se realizem dentro dos limites e das restrições da ordem social capitalista."⁽⁵⁵⁾

---

(52) MÉSKÁROS. *Op. cit.*, p. 349.
(53) *Idem. Ibidem*. p. 354.
(54) *Idem. Ibidem.*, p. 357.
(55) MÉSKÁROS. *Op. cit.*, p. 357.

Porém, mesmo diante dos fatos, não se pode deixar de reconhecer a importância da teoria de *Marx* quanto à noção da importância de uma consciência de massa socialista, no entanto, é preciso resgatar a consciência de classe dentro das mediações materiais reais para a superação da fragmentação do trabalho existente. Diante do quadro atual, concordamos com *István Méskáros* no sentido que a fragmentação do trabalho não pode ser eliminada pela 'socialização da produção' capitalista; e diante das estruturas profundamente arraigadas da divisão global tradicional do trabalho, tal fragmentação não pode ser rapidamente superada, mesmo que houvesse uma revolução política socialista. Eis que a redução das determinações materiais herdadas só poderá ocorrer ao longo de um período histórico de transição. E durante este processo o discurso ideológico continuará, quer queiram, quer não, a existir de forma explícita ou subliminar, influenciando as práticas políticas, econômicas e jurídicas. Neste sentido, não há como negar a importância e a influência do discurso ideológico para o mundo do trabalho. Fato que será destacado ao longo de todo este trabalho.

Capítulo 2

A IDEOLOGIA E A SUA INFLUÊNCIA NO SURGIMENTO E EVOLUÇÃO DAS NORMAS TRABALHISTAS

O discurso ideológico sempre acompanhou o discurso da crise[1] e das supostas exigências de transformação que a mesma provoca na regulamentação das relações de trabalho, tanto no plano individual, quanto no coletivo. Acompanhando este discurso, palavras como liberalismo, corporativismo e neoliberalismo adquirem um conteúdo emotivo, por serem armas ideológicas das lutas pelo poder. Nestas doutrinas, tais palavras desempenham um papel considerável como símbolos e senhas. Desta forma, *Norbert Elias* nota que "assim como as fórmulas mágicas eram outrora utilizadas para curar doenças que ainda não podiam ser satisfatoriamente diagnosticadas, é comum hoje em dia as pessoas usarem doutrinas mágicas como meio de solucionar os problemas humanos e sociais sem se darem ao trabalho de estabelecer um diagnóstico não influenciado pelo desejo e pelo medo". Neste sentido, *Elias* verifica que "a função social das idéias míticas e dos atos mágicos em relação aos eventos naturais também se aplica à sua função na esfera da vida social"[2]. Também aí, modos de pensar e agir carregados de afeto contribuem para uma incapacidade de dominar perigos e temores que supostamente deveriam dissipar, e talvez até os reforcem. Assim, por exemplo, cita as *ideologias nacionais* que, por um lado, ajudam a unir os membros de um Estado, mas por outro, servem para atiçar o fogo do conflito e da tensão entre as nações.[3] No Brasil, a ideologia do trabalhismo criou vários mitos, tais como: "o pai dos pobres", "o mito da doação", etc.

A partir de discursos eivados de caráter emotivo, os debates sobre a necessidade de regulamentação das relações de trabalho ficam, no dizer de *Romita*[4], limitados a

---

(1) *Bobbio* define crise como: um momento de ruptura no funcionamento de um sistema, uma mudança qualitativa em sentido *positivo* ou em sentido *negativo*, uma virada de improviso, algumas vezes até violenta e não prevista no módulo normal segundo o qual se desenvolvem as interações dentro do sistema em exame. As crises são habitualmente caracterizadas por três elementos. Antes de tudo, pelo caráter de subtaneidade e por vezes de imprevisibilidade. Em segundo lugar, pela duração normalmente limitada. E, finalmente, pela sua incidência no funcionamento do sistema. O senso comum parece aliar o termo crise a um conceito negativo, no entanto, partindo-se da definição de *Bobbio*, nota-se que a palavra crise pode ser encarada sob um ponto de vista, também, positivo. E neste sentido, verifica-se que crise pode significar crescimento, pois quando se apresenta um momento de ruptura diante de um paradigma antigo, surge a necessidade de se repensar um modelo novo que atenda às novas demandas sociais. Cf. BOBBIO. *Op. cit.*, p. 303.
(2) ELIAS, Norbert. *A Sociedade dos Indivíduos*. Rio de Janeiro: Jorge Zahar, 1994, p. 73.
(3) *Idem, ibidem*, p. 74.
(4) ROMITA, Arion Sayão. *Op. cit.*, 2003, p. 16.

um reducionismo do tipo "nós contra eles" ("nós", os "conservadores", contra "eles", os "neoliberais"). Neste embate, as partes adotam um maniqueísmo que tende a polarizar as posições em lados diametralmente opostos e separados de forma absoluta. Assim, esta carga emotiva se manifesta quando se afirma, por exemplo, por um lado, "que a Consolidação das Leis Trabalhistas é vetusta", "que engessa as relações de trabalho", ou, por outro lado, que "os governos adotam uma posição neoliberal expondo o trabalhador às forcas ditatoriais da globalização".

Na tentativa de desmistificar tais conteúdos, vamos, a seguir, analisar o significado e o alcance destes termos, com o ideário neles implícito, e sua relação com o Direito do Trabalho. Utilizamos a palavra "tentativa" porque temos a consciência do grau de dificuldade enfrentado pelo pesquisador em manter uma distância não "emotiva" quanto ao objeto do seu estudo. Neste sentido, *Norbert Elias* nota que esta dificuldade é relativamente maior quando se trata de fenômenos sociais humanos, diminuindo quando se trata da reflexão sobre eventos naturais.[5] No entanto, *Fritjof Capra* observa que esta dificuldade também é compartilhada pelos físicos, assim diz:

"... ao transcender a divisão cartesiana, a física moderna não só invalidou o ideal clássico de uma descrição objetiva da natureza, mas também desafiou o mito da ciência isenta de valores. Os modelos que os cientistas observam na natureza estão intimamente relacionados com os modelos de sua mente — com seus conceitos, pensamentos e valores. Assim, os resultados científicos que eles obtêm e as aplicações tecnológicas que investigam serão condicionados por sua estrutura mental."[6]

Finalmente, vamos verificar como estes discursos influenciaram e ainda influenciam as relações de trabalho no Brasil.

2.1. O surgimento e evolução do Direito do Trabalho: sob o ponto de vista econômico

Quando se fala em evolução histórica do Direito do Trabalho, os manuais de Direito do Trabalho, invariavelmente, não se preocupam em tratar sobre a ideologia inserida na norma jurídica; em regra, verificam o tema apenas sob o aspecto econômico.[7] Desta forma, remetem à Revolução Industrial no século XVIII; isso porque esta Revolução é entendida como a fonte das principais alterações no processo de produção,

---

(5) ELIAS, Norbert. *Op. cit.*, p. 79.
(6) CAPRA, Fritjof. *O Ponto de Mutação: a ciência, a sociedade e a cultura emergente.* São Paulo: Cultrix, 1987, p. 81.
(7) Abordar temas sociais sob a ótica das transformações econômicas não é privilégio de especialistas. Neste sentido, *Manoilesco* notava que *Durkheim (Divisão do Trabalho Social)*, apesar de não ser economista, demonstrou ser a divisão do trabalho "o fator essencial do que se chama civilização". Cf. MANOILESCO, Mihail. *O Século do Corporativismo: doutrina do corporativismo integral e puro.* Tradução: Azevedo Amaral. Rio de Janeiro: José Olympio, 1938, p. 06. O Materialismo Histórico, de *Marx*, também defendia a idéia de que a situação econômica de um povo influi decisivamente sobre as suas instituições políticas.

em decorrência do aparecimento da máquina a vapor[8] e sua utilização para produção em grande escala.

A partir da introdução da máquina, à sua volta passaram a ser reunidos os meios de produção e junto a esses o contingente cada vez maior de pessoas, que começaram a trabalhar em função e no ritmo determinado pela máquina. Neste sentido, afirma *Délio Maranhão*:

"A Revolução Industrial, com o surgimento das grandes empresas, das grandes concentrações de capital, trouxe ao cenário da História um novo personagem: o assalariado, cônscio de sua insignificância como indivíduo e de sua realidade social como classe. O Direito do Código de Napoleão — tradução em termos jurídicos, do liberalismo econômico consagrado pelo triunfo da burguesia depois da Revolução Francesa — fundava-se na autonomia da vontade, na liberdade de contratar".[9]

Ainda que o indivíduo continuasse a ser solicitado ao trabalho, não mais importava sua capacidade pessoal e sua habilidade, que eram fundamentais ao artesão, devendo apenas ser capaz de operar a máquina. Assim, temos que o patrão detinha os meios de produção, a máquina, além do poder de dirigir a prestação de serviços. É neste cenário que nasce o Direito do Trabalho, sob a inspiração da Revolução Francesa, na qual imperava a idéia do liberalismo econômico que influenciava a postura jurídica, igualmente liberal, dando-se total ênfase à autonomia da vontade. Neste sentido, *Marx* e *Engels*, no Manifesto Comunista, já apregoavam que:

"A burguesia, em todas as vezes que chegou ao poder, pôs termo a todas as relações feudais, patriarcais e idílicas. Desapiedadamente rompeu os laços feudais heterogêneos que ligavam o homem aos seus 'superiores naturais' e não deixou restar vínculo algum entre um homem e outro além do interesse estéril, além do 'pagamento em dinheiro' desprovido de qualquer sentimento. [...] Converteu

---

(8) *Birmingham Gazette* – 11 de março de 1776.
"Na última sexta-feira, uma máquina a vapor construída segundo novos princípios do Sr. Watt foi posta em funcionamento em Bloomfield Colliery... na presença do alguns homens da ciência cuja curiosidade fora estimulada pela possibilidade de ver os primeiros movimentos de uma máquina tão singular e poderosa... Com esse exemplo, as dúvidas dos inexperientes se dissipam e a importância e utilidade da invenção se firmam decididamente... inventada pelo Sr. Watt, após muitos anos de estudo e grande variedade de experiências custosas e trabalhosas".
A Revolução industrial teve como marco inicial a criação da máquina a vapor descoberta por Thomas Newcomen, em 1712, que foi empregada, com fins industriais, para bombear água das minas de carvão inglesas. Essa máquina, inicialmente grosseira, foi incrementada por James Watt, por volta da segunda metade do século XVIII. No entanto, conforme notava *Mcnall Burns*, "*essa invenção não foi o principal fator da primeira Revolução Industrial, mas, antes, um seu efeito*".Mesmo sendo considerada como mais um efeito da Revolução industrial, a criação da máquina a vapor, e a sua utilização nas minas de carvão, terá grande importância nas transformações advindas na organização do trabalho e no processo de industrialização.
(9) MARANHÃO, Délio (com a colaboração de Luiz Inácio B. Carvalho). *Direito do Trabalho*, 17ª ed. Rio de Janeiro: Fundação Getúlio Vargas, 1993, p. 15.

mérito pessoal em valor de troca. [...] substituiu a exploração velada por ilusões religiosas e políticas, pela exploração aberta, imprudente, direta e brutal"[10].

Diante da superexploração[11] no trabalho começam a surgir movimentos de associação entre os vários trabalhadores, como forma de defesa contra a ação do empregador. Importante é notar que a concentração dos operários em um só local de trabalho, que dá origem a esta mesma exploração, é que cria as condições para esse associacionismo. Neste sentido, *Evaristo de Moraes Filho* observa que quanto à passagem da *fábrica dispersa* para a *fábrica concentrada,* o fato novo que tornara logo indispensável esta aglomeração de operários num mesmo edifício é, e isso é fácil de compreender, a adaptação à multiplicidade dos misteres de um motor fixo não exigia ainda a instalação de vastas oficinas especiais; mas com o *water-frame,* capaz de colocar em movimento todo o 'sortimento' de coisas mecânicas, tudo vai ser diferente. Também, desde 1780, tal fiação de Manchester reúne no mesmo local 600 operários e/ou operárias. A aglomeração dos operários no mesmo local de trabalho, em torno do motor, aglomeração essa que se repetia em outras fábricas no mesmo centro urbano, é uma das grandes causas do fenômeno associativo profissional do século passado.[12] Evidentemente, esses movimentos foram duramente reprimidos, à medida que os empregadores percebem que começa a surgir uma força que os ameaça no seu poder.

---

(10) MARX, Karl e ENGELS, Friedrich. *O Manifesto Comunista.* Rio de Janeiro: Paz e Terra, pp. 12-13.

(11) A mão-de-obra para a nova indústria procedia primordialmente do campo. Na Inglaterra, desde o século XVI, havia desemprego rural. Assim, o desenvolvimento da indústria foi um atrativo para a migração do trabalhador do campo para a cidade. E segundo *Amauri Mascaro Nascimento,* de 1760 a 1830 ocorreu uma grande onda migratória, e os mineiros constituíram a sua vanguarda. *Émile Zola,* em *Germinal,* retrata a vida do trabalhador das minas de carvão, por meio do relato da vida do jovem Etienne. Assim, logo no início de sua obra, ele nos relata o fenômeno da migração da seguinte forma: "O homem partia de Marchiennes lá pelas duas horas. Caminhava a passos largos, tiritando sob o algodão puído de sua jaqueta e da calça de veludo. (...) Uma única idéia lhe ocupava o cérebro vazio de operário sem trabalho e sem teto, a esperança de que o frio se tornasse menos agudo com o romper do dia. Havia uma hora que ele caminhava". Cf. ZOLA, Émile. *Germinal.* Tradução de Francisco Bittencourt. São Paulo: Abril Cultural, 1981. p. 9. O jovem Etienne estava em busca de emprego, e o encontrou em uma mina de carvão. E junto com ele estima-se que, até o ano de 1900, cinco milhões de homens trabalhavam para conquistar as riquezas ocultas da terra. Esses trabalhadores estavam assim distribuídos: 900.000 na Grã-Bretanha, 500.000 na Alemanha, quase outros tantos nos Estados Unidos, 300.000 na França, 230.000 na Rússia e Áustria-Hungria, 160.000 na Bélgica e Índia. Cf. GOMES, Orlando e GOTTSCHALK, Elson. *Curso de Direito do Trabalho.* Rio de Janeiro: Forense, 2004, p. 1. Devido às péssimas condições de trabalho nas minas (presença constante da poeira de carvão e a inexistência das condições mínimas de higiene), surgiram grupos de resistência, que se formaram próximos ao local de trabalho. A conquista do subsolo os expunha a perigos de incêndio, explosões, intoxicação por gases, inundações e outros. Por causa da insalubridade, surgiram doenças como a tuberculose, anemia, asma, etc. Estes fatos contribuíram, entre os mineiros, para a formação de uma consciência comum do seu destino obscuro. No meio desta realidade é que se deve procurar a origem do proletariado. Segundo *Georges Lefranc* o termo *proletário* designava, em Roma, os cidadãos da classe mais baixa. Cabe a *Saint-Simon* utilizar a expressão, no sentido moderno, pela primeira vez. O proletário é um trabalhador que presta serviços em jornadas que variam de 14 a 16 horas, não tem oportunidades de desenvolvimento intelectual, habita em condições subumanas, em geral, nas proximidades do próprio local da atividade, tem prole numerosa e ganha salário (miseráveis) em troca disso tudo. (NASCIMENTO, Amauri Mascaro. *Curso de Direito do Trabalho.* São Paulo: Saraiva, 2001, p. 12)

(12) MORAES FILHO, Evaristo. *O Problema do Sindicato Único no Brasil: seus fundamentos sociológicos.* São Paulo: Alfa-Omega, 1978, pp. 102-103.

No plano jurídico, a repressão acompanha as ideologias dominantes, configurando até um delito a associação dos operários na defesa de seus interesses. Esta é a doutrina do individualismo servindo como fundamento jurídico para a repressão do que, posteriormente passou a ser considerado um direito inalienável dos trabalhadores: a associação para defesa dos seus direitos.

Com a publicação do *Manifesto Comunista*[13], de Marx e Engels, que estimula os trabalhadores à união, inicia-se um novo período na história do Direito do Trabalho: a contestação do liberalismo que tem como marco final o início da Primeira Guerra Mundial em 1914. Então verifica-se uma crescente intervenção do Estado nas relações trabalhistas restringindo, paulatinamente, a autonomia da vontade e reconhecendo alguns direitos aos trabalhadores. Porém, a efetiva intervenção estatal nas relações entre empregados e empregadores dá-se ao final da Primeira Guerra, quando, internacionalmente, é reconhecida a necessidade dessa intervenção, com o objetivo de solucionar a questão social.

"O Tratado de Versalhes prevê a criação da Organização Internacional do Trabalho, em seu Título XIII, como organismo que se ocupa da proteção das relações entre empregados e empregadores, internacionalmente, a partir dos princípios básicos consagrados daquela Carta. Igualmente a Encíclica *Rerum Novarum*, do Papa Leão XIII, datada de 1890, traça diretrizes no sentido da intervenção estatal nas relações patrão-empregado. Relembre-se, ademais, as Constituições do México de 1917, e de *Weimar*, de 1919, que abrigam preceitos de natureza trabalhista."[14]

Somente após a Primeira Grande Guerra e, posteriormente com o advento da Declaração Universal dos Direitos do Homem, em 1948, e com a atuação da Organização Internacional do Trabalho, por meio de suas convenções e recomendações, é que foram as entidades sindicais efetivamente reconhecidas como interlocutoras em nome dos trabalhadores.

2.2. Política, ideologia e Direito do Trabalho

O Direito nas sociedades modernas se desenvolve em dois âmbitos: o da política e o da ideologia. De um lado, a norma jurídica, é política, quando instrumento de controle social, nas mãos do Estado, que com o seu conteúdo normativo procura a perpetuação das situações hegemônicas, no seio da sociedade; por outro lado, a lei

---

(13) *Marx* propôs uma interpretação da história pela luta de classes: o materialismo histórico. *Weber* enxerga as coisas por outro ângulo. Enquanto para *Marx* a história se desenvolve pela superação de uma classe por outra, *Weber* tem outra interpretação. Para ele, a história se desenvolve em espasmos, nos quais a burocracia — no sentido de uma instituição rigidamente hierarquizada — é substituída pelo poder do líder carismático. A seguir, essa liderança tende a burocratizar-se, criando novamente um conjunto de hierarquias bem definidas, características do tipo de dominação "de caráter racional". Cf. WEBER, Max. *Economia y Sociedad: esbozo de sociología comprensiva*. México: Fondo de Cultura Económica, 1997.

(14) MANUS, Pedro Paulo Teixeira. *Direito do Trabalho*. São Paulo: Atlas, 2002, p. 28.

apresenta forte caráter ideológico, quando a forma jurídica de regulação geral e abstrata das relações sociais somente incorpora uma série de ingredientes que contêm o significado real do seu conteúdo normativo: igualdade perante a lei, certeza quanto aos deveres, sanções e possibilidades de atuação, representatividade, pelo mecanismo de sufrágios das instâncias políticas que se encarregam da produção normativa, etc.

A articulação destas duas funções do Direito é bastante complexa e nem sempre se manifesta de forma clara. A grandes traços parece correto afirmar esta articulação em termos de forma e conteúdo. O conteúdo do Direito significa sempre uma opção política, uma eleição entre interesses contrapostos, que reflete a correlação de forças na presença de uma correta estrutura social. A forma jurídica, por sua vez, é que permite o jogo da sua função ideológica de contribuição ao consenso social, o que explica a maior tolerância ou aceitabilidade da dominação econômica ou política quando se exercem por meio do instrumento jurídico.

Em sentido contrário, o papel da ideologia no Direito não se limita à legitimação da ordem social por meio da forma jurídica, mas apresenta a determinação do seu conteúdo normativo. A lei é, assim, um produto semi-elaborado, e são os intérpretes os encarregados de sua conclusão. Neste sentido, *Antonio Martin Valverde* nota que o operador jurídico incorpora seus próprios interesses políticos ao conteúdo normativo de seus preceitos, normalmente com o auxílio da construção ideológica conveniente para dita tarefa; desta forma, afirma que, ao contrário do que imagina o senso comum, a doutrina trabalhista tem sido muito mais propensa a colaborar com ideologias em favor do empresário do que ideologias benéficas ao empregado.[15]

Martin Valverde observa, assim, que o discurso do dever de proteção está eivado de ideologia[16], logo, é pura retórica, pois, na realidade, serve para gerar deveres acessórios de conduta e para delatar a obrigação contratual básica do empregado, que segue sendo a obrigação de trabalhar. Desta forma, os efeitos interpretativos da relação de trabalho refletem-se na transformação da boa-fé contratual em um dever de fidelidade do trabalhador e em um dever de proteção do empregador, revivendo uma retórica paternalista.[17]

A formulação mais externa do dever de fidelidade supõe a eliminação pura e simples da esfera jurídica pessoal do trabalhador. Neste sentido, *Martin Valverde* destaca a desintegração da idéia de interesse individual ou coletivo dos trabalhadores e, ainda, a elevação da empresa a uma posição de domínio absoluto. A fidelidade se traduz, pragmaticamente, na exigência de uma atitude de um comportamento passivo, de docilidade e conformismo.[18]

---

(15) MARTIN VALVERDE, Antonio. "Ideologias Jurídicas y Derecho del Trabajo" in AAVV. *Ideologías Jurídicas y Relaciones de Trabajo*. Sevilha: Universidade de Sevilha, 1977, pp. 77-78. Quanto ao papel da ideologia na interpretação jurídica ver PRIETO SANCHÍS, Luis. *Ideologia y Interpretacion Jurídica*. Madrid: Tecnos, 1993, p. 78.
(16) *Idem, ibidem*, p. 87.
(17) *Idem, ibidem*, pp. 81-84.
(18) *Idem, ibidem*, pp. 86-87.

O Direito do Trabalho se apresentaria como a expressão ideológica da mediação entre o trabalho assalariado e o capital, que se firma em uma sociedade burguesa. Desta forma, as leis trabalhistas surgem da reação ante o conflito capital-trabalho. A transformação da economia agrícola em industrial importará em novo conflito a exigir para a sua solução um novo aparato legislativo com a intervenção estatal (pela primeira vez) nas relações privadas. A realidade diária se encarregava de mostrar o predomínio absoluto do capital, da vontade dos empregadores como única fonte real de conteúdo do contrato de trabalho. Assim, os Estados, buscando a "paz social" e a "harmonia", iniciam a intervenção nas relações de trabalho, dando lugar às primeiras leis trabalhistas.

Quanto à concepção "harmônica" das relações entre capital e trabalho, *Palomeque* nota que a noção de harmonia social é, na verdade, ingrediente próprio da filosofia reformista, e se propõe como questão de ontologia, isto é, a harmonia e o equilíbrio social como ser, ou de deontologia, é como algo a realizar, dever ser. Com todos os desajustes que na prática se produzem deverão ser reduzidos à formula de equilíbrio que reflita a natureza da relação. Com o que já se está aceitando uma perspectiva de harmonia como deve ser. É o Estado quem deve assumir, por meio da legislação, essa missão de ajuste e equilíbrio, procurar a harmonia que substitua o antagonismo nas relações entre capital e trabalho, como por exemplo: o real decreto de 1919 que estabeleceu uma jornada máxima de oito horas para o ramo de construção na Espanha. Desta forma, a ideologia "protecionista" toma como aliado o trabalhador, evitando, assim, a luta de classes. *Palomeque*, ao discorrer sobre o longo caminho das reformas trabalhistas, na Espanha, a fim de se evitar a violência das revoluções, nota que as leis chamadas trabalhistas e sociais são expressões da aspiração, dos desejos de resolver as antíteses existentes entre o poder público e o departamento privado, de empreender o lento caminho das reformas para evitar a violência das revoluções. A burguesia mais consciente havia entendido que a alternativa apresentada pela luta social não era outra senão a reforma-revolução, e que o mais conveniente para a burguesia era afastar as classes trabalhadoras das predisposições revolucionárias, mediante uma política de concessões e reformas. Em termos suficientemente claros, o Estado, em 1886, apresentou a política de reformas como medida protecionista para a própria burguesia: "o que, sem dúvida alguma, incumbe às classes médias, que tão interessadas estão em manter a ordem e o livre desenvolvimento das leis econômicas, a eles incumbe procurar a melhoria das classes trabalhadoras para que estas não se rebelem contra o capitalismo".[19] A opção reformista é, assim, uma medida defensiva de classe frente à fundada ameaça revolucionária que protagonizam as organizações operárias, uma reação com a qual se pretende conter o incêndio social. E o Direito do Trabalho, neste sentido, se mostra como "solução pacificadora". No mesmo sentido, *Palomeque* verifica que: a história da legislação trabalhista na Espanha proporciona um documento excepcional pela coerente amplitude de suas motivações que permite identificar tais fatores. Tal é o

---

(19) PALOMEQUE LOPEZ, Manuel-Carlos. *Derecho del Trabajo e Ideologia: Medio siglo de formación ideológica del Derecho español del trabajo (1873-1923)*. Madrid: Tecnos, 1989, p. 100.

projeto do Real Decreto, que propôs em janeiro de 1855 a criação de uma comissão "para reconhecer e apreciar em seu justo valor as causas e as dificuldades suscitadas entre empregado/empregador e propor ao governo os meios mais oportunos de resolvê-las". Na exposição de motivos aparecem sistematicamente expressos os princípios ideológicos que vão fundamentar nas décadas posteriores as primeiras leis protetoras do trabalho prestado em regime de dependência. Antecipam-se, assim, as noções que haviam de presidir à futura reforma social, quais sejam a unidade e a harmonia dos interesses de empregados e empregadores, a defesa da ordem pública e do processo de produção, a prevenção e ameaça revolucionária das classes trabalhadoras.[20]

Ocorre, assim, uma mudança no papel assumido pelas organizações sindicais. De um sindicalismo de massa dedicado à contestação dos fundamentos de uma sociedade capitalista, a um sindicalismo cada vez mais envolvido em um funcionamento do aparato institucional do Estado. Surge um sindicalismo de concentração social, moderação salarial, etc. e, portanto, envolvido em uma crescente burocratização. Desta forma, como foi observado por *Marx*, a lei, em conjunto com a moralidade e a religião, são preconceitos burgueses atrás dos quais se escondem os interesses da burguesia.[21] Neste sentido, apresenta-se a lei como um instrumento ideológico cujo objetivo final é ocultar a realidade, logo o papel da ideologia, mais uma vez, reveste-se de um caráter negativo.[22]

A despeito do aspecto negativo, não há como esquecer o dado transcendental que explica a razão de ser do Direito do Trabalho como instrumento de mediação e institucionalização do conflito entre trabalho assalariado e capital e que lhe reveste um caráter ambivalente ou contraditório[23]: o equilíbrio entre os interesses antagônicos em jogo (poder de direção do empresário / norma produtiva dos direitos dos trabalhadores). Sob este aspecto, a ideologia apresenta-se como uma via de mão dupla, que pode servir tanto ao empregador quanto ao empregado, na medida de suas respectivas conveniências.

E este papel seguirá sendo o mesmo na medida em que subsista o conflito social de base, e a sociedade de classes que o alimenta, sobre o qual o Direito do Trabalho exerce sua virtualidade integradora. Ao mesmo tempo útil à burguesia e aos trabalhadores, mas por razões opostas. A burguesia tem necessidade de um Direito do Trabalho, porém nunca desejou seu desenvolvimento e o garante por razões políticas como reduzir a intensidade das lutas de classes, no entanto, continua percebendo este direito como obstáculo ao capitalismo.

---

(20) PALOMEQUE LOPEZ, M. Carlos. *Op. cit.*, p. 112.
(21) MARX e ENGELS, *Op. cit., p. 26.*
(22) No que diz respeito ao uso do termo Ideologia em sua conotação negativa, *Eagleton* alerta pra a impopularidade desta como "falsa consciência". A resistência a este sentido se daria na medida em que contraria a "sensibilidade democrática", uma vez que este traz no seu bojo *"a crença de que uma minoria de teóricos monopoliza um conhecimento cientificamente fundamentado de como é a sociedade, ao passo que o resto de nós está mergulhado em uma névoa de falsa consciência".* EAGLETON. *Op. cit.*, p. 23.
(23) Assim como *Jano*, a ideologia apresenta-se bifronte quando diz respeito às relações de trabalho. Desta forma, o Direito do Trabalho serve ao mesmo tempo, de forma contraditória, ao empregado e ao empregador, transformando, por um lado, mas conservando, por outro, o sistema capitalista de produção.

Inversamente, os trabalhadores dele se valem como uma limitação da exploração da qual são objetos. Na verdade, as coisas são mais complexas, posto que o Direito do Trabalho favoreça a concentração capitalista atuando sobre as condições da concorrência e suscita problemas internos da classe dominante. As transformações sociais decorrem justamente do conflito. Neste sentido, *Norbert Elias* nota que delas pode depender a determinação de qual das pessoas ou grupos em confronto, dentro de um sistema particular de tensões, se tornará o executor das transformações para as quais as tensões estão impelindo, e de que lado e em que lugar se localizarão os centros das novas formas de integração rumo às quais se deslocam as mais antigas, em virtude, sempre, de suas tensões[24].

Assim, devemos questionar a respeito da verdadeira motivação do surgimento da legislação trabalhista, as razões objetivas, à margem de resposta puramente subjetiva. Desta maneira, observamos que para alcançar tais respostas é preciso identificar os ingredientes ideológicos que influenciaram a criação do Direito do Trabalho.

Palomeque observa, por um lado, que, por exemplo, na Espanha, a classe trabalhadora nunca constituiu um bloco unitário ou monolítico, e, como ponto de partida, nota que a classe trabalhadora sempre permaneceu fora dos âmbitos geradores das divisões sobre a legislação trabalhista, pois o poder político sempre foi exercido pelas classes dominantes. Mas, por outro lado, nota que o caráter revolucionário das primeiras organizações trabalhistas constituídas em 1870, em Barcelona, questionava a intenção da "redenção" da classe trabalhadora por meio da legislação. O postulado de que "a emancipação dos trabalhadores deve ser obra deles mesmos" erigiu-se como um fundamento ideológico e estratégico para o afastamento da burguesia reformista. Assim, o germe do Partido Socialista Trabalhista Espanhol, introduz na pauta de 1872 um elemento novo, a exigência de melhores condições de trabalho; porém nota que os trabalhadores questionavam: "como pode o Estado ser o defensor do trabalhador, quando fia sua vida na exploração da escravidão que serve para alimentar os parasitas?".[25]

Neste sentido, apresenta-se, mais uma vez, a ideologia sob o aspecto negativo, tendo em vista que o Estado é visto como uma máquina, cujo contínuo movimento não pode exprimir nada mais que o privilégio. *Palomeque López* observa que a defesa da propriedade privada e da ordem econômica, ameaçadas pela miséria e exploração da classe trabalhadora, seriam precisamente os objetivos a salvaguardar pela opção reformista da burguesia. Nota ainda que a noção de que mediante a legislação do trabalho o Estado reprime e previne a desordem social é comum a todos os reformadores. Logo, cada nova lei em favor do trabalhador seria uma satisfação à justiça e um palmo de terreno arrebatado da anarquia, um novo caminho por onde corre canalizada uma aspiração que pode destruir aos que a ela se opuseram. O intervencionismo desempenharia, assim, uma dupla missão: conservadora e de reforma. Com a esperança de atacar as ameaças contra a ordem e paz pública se ditam as leis.

---

(24) ELIAS, Norbert. *Op. cit.*, p. 48.
(25) PALOMEQUE LOPEZ, M. Carlos. *Op. cit.*, pp. 87-89.

O ponto de referência é a manutenção da propriedade privada como direito nuclear do sistema. O Direito do Trabalho se apresenta, neste sentido, como a preocupação do poder público em preservar a ordem burguesa e os interesses das classes dominantes.[26]

Palomeque, ao observar a história, conclui que: as vantagens obtidas da legislação são completamente ilusórias. Logo, estas leis seriam, como as outras, contrárias à revolução. Assim, os trabalhadores questionavam: "O que é uma lei? Um tronco do edifício social burguês que deve destruir-se. É uma obra da maioria, quase sempre uma injustiça. Uma lei é uma arma da tirania".[27]

Palomeque observa que com este entendimento, os filiados ao PSOE, Partido Socialista Obrero Español, queriam o regime do contrato e não sistema legislativo. Pois, segundo a sua concepção, o discurso obreiro conduz à única via para a superação dos males sociais da transformação econômica, e deve ser realizada pelos próprios trabalhadores, por meio das Ações Coletivas. Nesse sentido, questionavam:

"... a comissão parlamentar pensava em abolir o assalariado? Não! Por isso, sua intervenção em benefício do trabalhador é nula. O mal social não se alivia com paliativos, nem as injustiças sociais se reparam com transações ilusórias."[28]

Para eles, só por meio de transformação econômica é que se pode combater e fazer desaparecer as injustiças sociais. Desta forma, o PSOE, contribuindo oficialmente em 1888, vai, quanto ao tema, adotar uma postura pragmática. Por outro lado, o programa mínimo do PSOE vai exigir uma regulamentação mínima defensora das condições de vida e trabalho. Porém, sempre tendo em vista que a legislação: "é uma plataforma ilusória e enganosa dos governos burgueses".[29] Mais uma vez, assim, apresenta-se, tal qual *Jano*, o caráter ambíguo do movimento operário: ao mesmo tempo contrário e favorável à legislação trabalhista, de caráter "protetivo". Neste sentido, o Grupo Krisis em *O Manifesto contra o Trabalho*, afirma que, no mínimo, desde o nazismo, todos os partidos são partidos dos trabalhadores e, ao mesmo tempo, partidos do capital. Nas "sociedades em desenvolvimento" do Leste e do Sul, o movimento dos trabalhadores transformou-se num partido de terrorismo estatal de modernização retardatária; no Ocidente, num sistema de "partidos populares" com programas facilmente substituíveis e figuras representativas na mídia. Se social-democratas, verdes e ex-comunistas destacam-se na administração da crise desenvolvendo programas de repressão especialmente infames, então eles se mostram, com isso, apenas como os legítimos herdeiros do movimento dos trabalhadores, que nunca quis nada além de trabalho a qualquer custo.[30]

Em contrapartida, o Direito do Trabalho não deixa de ser, como um todo, uma primeira concessão arrancada à dura pena do capital. Pois, por meio da pressão e das

---

(26) PALOMEQUE LOPEZ. M. Carlos. *Op. cit.*, p. 114.
(27) *Idem, ibidem*, p. 90.
(28) *Idem, ibidem*, p. 91.
(29) PALOMEQUE LOPEZ, M. Carlos. *Op. cit.*, pp. 90-95.
(30) KRISIS, Grupo. *Manifesto contra o Trabalho*. São Paulo: Conrad Editora do Brasil, 2003 (Coleção Baderna), p. 58.

exigências dos trabalhadores, têm sido arrancadas, progressivamente da burguesia, condições de trabalho e vida cada vez melhores, que se transformaram em normas estatais mínimas.

Porém, *Palomeque* observa que convém não esquecer que se trata de um ordenamento que integra a contestação trabalhista, mas conserva o sistema. Daí, certamente, o elemento contraditório que contém o ordenamento jurídico para a classe trabalhadora: ser ao mesmo tempo positivo para os trabalhadores, pois melhora as suas condições; e negativo, pois de alguma forma é a negação da sua emancipação.[31]

O teor dos juízos apontados entrava em contradição com a efetiva condição de miséria a que a industrialização condenava o trabalhador. Dentro dessa ideologia, a ação direta do Estado se propunha de forma genérica e paternal. Às vezes, tão somente, restava propor a caridade dos benfeitores e a resignação dos miseráveis. Neste sentido, *Palomeque* cita o padre *Coloma* que em 1872 afirmava:

"... para manter o equilíbrio necessário toda sociedade fez Deus os pobres e os ricos. A este deu a riqueza e seus perigos, aqueles a pobreza e suas tentações, porém a uns deu a caridade como salvaguarda e aos outros a resignação como escudo."[32]

Assim, observamos que o discurso ideológico apresenta-se hegemônico quando proferido pelas classes dominantes. Logo, é propagado, não só pelo Estado, por meio das leis, mas também pela Igreja Católica ao se utilizar do discurso da "caridade". Assim, no que diz respeito à atitude moralizante e paternalista em relação à classe dos trabalhadores, *Palomeque* nota que os reformistas vão manter moderadas posições que discorrem entre o fomento da ação caridosa espontânea e o chamamento à consciência dos proprietários. A caridade e o desprendimento pessoal dos homens ricos, assim, não raramente são lembrados; é o que se denomina a "linguagem da caridade" das primeiras leis trabalhistas. Com ocasião de determinar quais deveriam ser os deveres e responsabilidades dos ricos.[33] Fato que aconteceu também no Brasil.

2.3. A encíclica Rerum Novarum e o Direito do Trabalho

A *Rerum Novarum*[34], de 1891, foi e ainda é festejada como a "Carta Magna" da Política Social.[35] Porém, os autores, ao citá-la, omitem (ou não destacam) o fato de que se, por um lado, a Encíclica trata da condição dos operários, por outro lado, defende

---

(31) PALOMEQUE LOPEZ, M. Carlos. *Op. cit.*, p. 96.
(32) *Idem, ibidem,* p. 100.
(33) PALOMEQUE LOPEZ, M. Carlos. *Op. cit.*, p. 116.
(34) Trataremos apenas da *Rerum Novarum* devido a sua notoriedade como "Carta Social" para saber mais sobre o tema conferir CAMACHO, Ildefonso. *Doutrina Social da Igreja: abordagem histórica*. Tradução: J. A. Ceschin. São Paulo: Loyola, 1995.
(35) Só para ilustrar o grande caráter emotivo que acompanha a ideologia dos doutrinadores trabalhistas, citamos os comentários de *Rosado* quanto à *Rerum Novarum:* "Que grandes ensinamentos! Que grandes verdades!" Cf. ROSADO, João de Barros Couto. *O Direito do Trabalho no Corporativismo Italiano*. Lisboa: Livraria Portugalia, 1945.

a proteção e a aquisição da propriedade baseando-as no "Direito Natural"; deste modo não fica claro que a intervenção do Estado em defesa dos trabalhadores, e na estruturação das leis sociais, tem um objetivo, qual seja: evitar o "temível conflito" entre os operários e os proprietários dos meios de produção. Assim, evita-se esclarecer que existe um conteúdo ideológico em tais preceitos; e ainda, esconde-se, por detrás do discurso que conclama a caridade dos ricos, a pregação da resignação dos pobres.

Logo de inicio *Leão XIII* já diz a que veio a *Rerum Novarum:*

> "... a sede de inovações, que há muito tempo se apoderou da sociedade e as tem numa agitação febril [...] deu resultado final a um temível conflito. Assim, graves interesses estão em jogo [...] e não há, presentemente, outra causa que impressione com tanta veemência o espírito humano. Desta forma, nos pareceu oportuno [...] falar-vos da Condição Operária."[36]

Neste sentido, *Leão XIII* destacava, como uma das causas do conflito, a extinção das corporações de ofício. Desaparecendo estas, foram com elas os princípios e o "sentimento religioso" das leis e das instituições públicas. Assim, a cobiça veio a agravar ainda mais o mal. Logo, tornava-se necessário impingir uma nova retórica a fim de acalmar os ânimos das multidões desordeiras.

Em contraposição à solução socialista, que instiga nos pobres o "ódio invejoso" contra os que possuem, *Leão XIII* defendia a propriedade particular por ser este um princípio do "Direito Natural". Mas perguntamos: se for natural ter propriedade, por que ela não é naturalmente possuída por todos os homens? Não haveria aí uma injustiça divina? Não! Responderia o Papa, pois: "quem não tem a terra e os seus frutos, supre-os pelo trabalho, de maneira que se pode afirmar, com toda a verdade, que o trabalho é o meio universal de prover as necessidades da vida. [...] De tudo isto resulta, mais uma vez, que a propriedade particular é plenamente conforme a natureza".[37]

Tendo em vista que o direito de propriedade decorreria do Direito Natural como um "direito divino", a defesa da acumulação do patrimônio e o direito de herança eram justificados em nome da prole.[38] Mas se, de um lado, uns detêm a propriedade; ao outro lado cabe o trabalho, a solução para o conflito entre as classes seria buscado na concórdia. Neste sentido, pregava *Leão XIII*:

> "... o melhor partido consiste em ver as coisas tais quais são [...] o erro capital é crer que as duas classes são inimigas natas umas das outras. [...] é necessário colocar a verdade numa doutrina contrariamente oposta, porque, assim como no corpo humano os membros [...] se adaptam maravilhosamente uns aos outros, [...] assim também, na sociedade, as duas classes estão destinadas pela natureza a unirem-se harmoniosamente e a conservarem-se mutuamente em perfeito equilíbrio."[39]

---

(36) LEÃO XIII. *Rerum Novarum, Encíclica sobre a condição dos operários*, de 15 de maio de 1891, n. 01.
(37) *Idem, ibidem*, n. 06.
(38) "Em nome da prole" o Direito Civil brasileiro discriminava os filhos havidos fora do seio da sacrossanta família, dando um tratamento diferenciado ao filho "legítimo" em detrimento ao "não-legítimo".
(39) LEÃO XIII. *Op. cit.*, n. 11.

Para se alcançar a "harmonia" desejada a Igreja cumpria a função de reconciliar os ricos e pobres. Assim, ambos deveriam cumprir seus deveres. Quanto aos ricos e aos patrões, dizia *Leão XIII*:

> "... não devem tratar o operário como escravo, mas respeitar nele a dignidade do homem, realçada ainda pela do cristão. [...] Mas, entre os deveres principais do patrão, é necessário colocar, em primeiro lugar, o de dar a cada um o salário que convém".[40]

Por outro lado, caberia aos pobres a resignação uma vez que o próprio Cristo chama os pobres de "bem-aventurados".[41]

Quanto ao Estado, pregava que é dever dos governos assegurar a propriedade particular por meio de "leis sábias": "[...] Intervenha a autoridade do Estado, e, reprimindo os agitadores, preserve os bons operários do perigo da sedução e os legítimos patrões de serem despojados do que é seu". Para se preservar a ordem deveria o Estado impedir as greves, pois estas "causam dano não só aos patrões e aos mesmos operários, mas também ao comércio e aos interesses comuns. [...] O remédio mais eficaz e salutar é prevenir o mal com a autoridade das leis".

Assim, notamos que embutida no discurso de proteção está a preocupação com a defesa da propriedade particular. Neste sentido, a lei seria o instrumento mais eficaz de conformação e controle social. O discurso da "caridade" também foi utilizado no Brasil para justificar a necessidade de "cooperação" entre empregados e empregadores.

2.4. Do corporativismo ao liberalismo; do liberalismo ao neo-corporativismo; do neo-corporativismo ao neoliberalismo

A história não se desenvolve de forma linear. Embora a nossa limitada percepção insista em vê-la como retilínea, os povos antigos já intuíam que, assim como uma onda no mar, a vida é cíclica.[42] Desta forma, o seu movimento se dá por meio de

---

(40) LEÃO XIII. *Op. cit.*, n. 12.

(41) *Idem, ibidem*, n. 15.

(42) Os filósofos chineses viam a realidade, a cuja essência primária chamavam *tao*, como um processo de contínuo fluxo e mudança. A principal característica do *tao* é a natureza cíclica de seu movimento incessante; a natureza, em todos os seus aspectos — tanto os do mundo físico quanto os dos domínios psicológicos e social — exibe padrões cíclicos. Estas mudanças ocorreriam segundo uma contínua flutuação cíclica, por meio da transição entre dois arquétipos — o *yin* (terra) e o *yang* (céu). Porém, ao contrário de *Marx* com seu *materialismo histórico*, os chineses acreditavam que o processo de mudança ocorreria de forma natural, mitigando-se, assim, o papel da luta e do conflito da teoria dialética de *Marx*. Desta forma, *O livro das mutações*, o *I Ching* previa que: "ao término de um período de decadência sobrevém o ponto de mutação. A luz poderosa que fora banida ressurge. Há movimento, mas este não é gerado pela força (...) O movimento é natural, surge espontaneamente. Por essa razão, a transformação do antigo torna-se fácil. O velho é descartado, e o novo é introduzido. Ambas as medidas se harmonizam com o tempo, não resultando daí, portanto, nenhum dano". Cf. CAPRA, Fritjof. *O Ponto de Mutação: a Ciência, a Sociedade e a Cultura emergente.* São Paulo: Cultrix, 1987, p. 32.

fluxos e refluxos. Assim, *Norbert Elias* observa que: "no curso da história, uma alteração do comportamento humano no sentido da civilização veio gradualmente a emergir do fluxo e refluxo dos acontecimentos".[43] Este movimento repercute no plano ideológico, passando o ideário histórico de um plano para outro.

2.4.1. Do corporativismo ao liberalismo

O corporativismo[44] é uma utopia, na medida em que idealiza a comuna medieval italiana; nesta a corporação monopoliza a arte ou o ofício e, conseqüentemente, a produção, vedando-a aos estranhos. Ela não é, assim, apenas uma associação de indivíduos que exercem a mesma atividade profissional.[45] Não só reúne as pessoas em torno de um ofício, mas também detém poderes normativos em matéria de economia (estabelece as normas de comércio e preços) e constitui por vezes um canal obrigatório de representação política. No sistema corporativo medieval a transmissão da atividade profissional ocorre por intermédio da família; nele se estabelece uma relação hierárquica paternalista entre "mestre" (o chefe da empresa) e o aprendiz (o dependente). Este sistema está baseado na imobilidade tecnológica das coletividades medievais, com níveis de produção estáticos e tendentes à auto-suficiência. Correspondendo, assim, a sociedades de tipo tradicional.

Com a Revolução Industrial começa a decadência do corporativismo. Desta forma, a fim de acompanhar o ideário liberal, a lei passou a proibir a associação corporativa. Assim, os sindicatos foram proibidos de existir e de se formar. Na França, aconteceu tal coisa durante quase um século, desde 1791 até 1884, proibição feita pela célebre lei Le Chapelier, nome do deputado que foi seu relator.[46] O autor da lei, ao proibir qualquer profissional de se associar a outros, fosse a que pretexto fosse, agiu conforme a ideologia vigente. Deste modo, imbuído inteiramente do espírito libertário da Revolução Francesa, acabou, por meio da lei, representando a sua mentalidade. Mais uma prova da estreita relação entre ideologia e lei.

Segundo as teses da ciência econômica clássica, reconhece-se no ordenamento corporativo um obstáculo ao adequado funcionamento da economia de mercado. A fim de ilustrar este tipo de pensamento, *Bobbio* cita *Adam Smith* que afirmava: "gente do mesmo ofício raramente se encontra, mesmo que só seja por passatempo e diversão, sem que a conversa acabe em conspiração contra o público ou em qualquer manobra

---

(43) ELIAS, Norbert. *Op. cit.*, p. 58.
(44) Estamos falando aqui do Corporativismo medieval.
(45) A noção da identidade de grupo vai além da mera soma dos indivíduos. Neste sentido, *Norbert Elias* observa que: em nossos dias, a teoria da *Gestalt* descortinou mais a fundo esses fenômenos. Ensinou-nos, primeiramente, que o todo é diferente da soma de suas partes, que ele incorpora leis de um tipo especial, as quais não podem ser elucidadas pelo exame de seus elementos isolados. Da mesma forma, citando um postulado da teoria do Gestalt, aplicado na psicologia social, Moraes Filho nota que: a estrutura psíquica do grupo consiste na relação das partes com o todo. Cf. ELIAS, Norbert. *Op. cit.*, p. 16 e MORAES FILHO, Evaristo de. *Op. cit.*, p. 73.
(46) MORAES FILHO, Evaristo. *Op. cit.*, p. 83.

para aumentar os preços".[47] Assim, ao se considerar que a filosofia corporativista era incompatível com o processo de modernização, tinha-se como objetivo remover todo o interesse intermediário entre o interesse particular do indivíduo e o interesse geral do Estado. Desta forma, entendia-se que a rígida estrutura corporativa era incompatível com a industrialização, tendo em vista o dinamismo produtivo e as inovações tecnológicas desta. Assiste-se, assim, a um momento de transição histórico, de um modelo "antigo e superado" para um novo modelo de sociedade baseado, conseqüentemente, em novas idéias, quais sejam: as liberais, fato que irá repercutir nas relações de trabalho, em que a lei será, mais uma vez, o instrumento formal a serviço das idéias liberais.

2.4.2. Liberalismo: conceito e influência no Direito do Trabalho

Liberalismo é mais um daqueles termos sobre o qual não paira consenso e pode, de forma dúbia, apresentar tanto um sentido positivo quanto negativo (tal qual *Jano*, apresenta também duas faces), dependendo do contexto no qual é empregado, podendo este ser político, econômico ou jurídico. Diante desta diversidade, vamos verificar não só o alcance do termo, mas também e, principalmente, a sua relação com o Direito do Trabalho, objeto do nosso estudo.

Desde o século XVII a sociedade veio se libertando da estrutura corporativista, aumentando-se o espaço individual em contraposição ao Governo, porém, como nota *Luiz Fernando Coelho*, somente a partir da segunda metade do século XIX o capitalismo começa a experimentar grande desenvolvimento e expressão mundial. Neste sentido, *Sternberg* observa que os progressos realizados por este sistema, nos séculos precedentes, parecem irrisórios quando comparados com a sua evolução entre 1850 e a Primeira Guerra Mundial.[48]

No entanto, sob o ponto de vista histórico, os autores observam que o *liberalismo* só alcançará um sentido universal a partir da Carta Magna inglesa, na qual se tornará clara a distinção entre o público e o privado.[49] Um outro fator apontado para o favorecimento da propagação do liberalismo foi a crise religiosa que se instaurou na Europa com a conseqüente separação entre religião e moral e entre Direito e ética, fato que possibilitou a defesa da pluralidade religiosa e a possibilidade do exercício do "livre arbítrio". Tendo em vista o exercício das liberdades, *Ubiratan Borges Macedo* observa que: "basicamente, o liberalismo foi uma atitude de defesa do indivíduo, homem ou cidadão, desafiando atos arbitrários do governo".[50]

---

(47) BOBBIO. *Op. cit.*, p. 287. Sobre as Corporações e as conspirações ver também GALBRAITH, John Kenneth. *A Era da Incerteza*. São Paulo: Pioneira, 1977, p. 14.
(48) COELHO, Luiz Fernando. *Saudade do Futuro: Transmodernidade, Direito e Utopia*. Florianópolis: Fundação Boiteux, 2001, p. 26.
(49) MACEDO, Ubiratan Borges. *Liberalismo e Justiça Social*. São Paulo: IBRASA, 1995, p. 24.
(50) *Idem, ibidem*, p. 25.

Voltando ao conceito de liberalismo, uma outra dificuldade apontada por *Bobbio*, quanto à definição deste, reside no fato de os historiadores confundirem o adjetivo com o substantivo. Assim, a aceitação acrítica do termo liberal pode conduzir a perigosas conseqüências, tendo em vista que enquanto ao liberalismo deve ser atribuído um vasto conjunto de atitudes políticas, o termo liberal define apenas algumas delas, assim, verificamos que, ainda hoje, a palavra liberal assume diferentes conotações conforme os diversos contextos em que é usada.

Hayek, no verbete liberalismo distinguiu dois tipos: um continental e outro clássico. Para fins deste estudo, vamos nos ater ao modelo clássico, pois este foi o dominante nos países de língua inglesa e alemã após a Segunda Guerra Mundial e se propagou por todo o mundo inclusive na América Latina.[51]

2.4.3. O liberalismo clássico e suas principais teses

No plano político, para o liberalismo clássico, a liberdade é um valor que só se assegura com um governo limitado, garantindo-se a participação da oposição, assim, o sistema representativo é a sua principal tese, com a garantia da participação das minorias no processo eleitoral. Desta forma, segundo *Ubiratan Macedo*, as teses políticas podem ser sintetizadas nos seguintes pontos:

"1. Legalidade e direitos humanos. 2. Consentimento como base do governo. 3. Governo representativo, assegurada a presença das minorias. 4. Constitucionalismo que institua um governo limitado de direito. 5. Soberania popular apurada em sufrágio universal. 6. Partidos políticos como meio de institucionalizar e canalizar a vontade política do povo."[52]

As teses filosóficas apresentadas por *Ubiratan Macedo* são: a) concepção da liberdade nos moldes estabelecidos por *Benjamin Constant*[53], com a distinção entre liberdade positiva e negativa, em que a função do governo limita-se à garantia das liberdades em sentido negativo; b) defesa do humanismo antropocêntrico; c) defesa do individualismo, com repudio às leis históricas gerais de evolução da sociedade e da história; d) distinção entre o público e o privado, etc.

No plano social, o liberalismo defende a tolerância civil e a separação entre Igreja e Estado, não sendo, porém, incompatível com crenças religiosas. Defende, ainda, a emancipação da mulher e a liberdade de expressão.

---

(51) MACEDO. *Op. cit.*, p. 26.
(52) *Idem*, p. 29.
(53) Ensina *Lafer* que esta distinção foi celebrizada por *Benjamin Constant* numa conferência de 1819. Nesta, *Constant* afirmou: "O objetivo dos antigos era a partilha do poder entre todos os cidadãos de uma mesma pátria. Era isso o que eles nomeavam liberdade. O objetivo/meta dos modernos é a segurança nos usufrutos privados; e eles nomeiam liberdade as garantias colocadas em acordo pelas instituições àquelas posses". Cf. LAFER, Celso. *Ensaios Sobre a Liberdade*. São Paulo: Perspectiva, 1980, p. 11.

Quanto ao plano jurídico, as leis deveriam ser capazes de determinar a organização do Estado a fim de garantir os direitos do indivíduo. No entanto, a concepção do "individualismo" pode apresentar tanto um sentido positivo quanto negativo. Assim, *Norbert Elias* observa que a palavra "indivíduo" acha-se, também, impregnada de um conteúdo emotivo. No sentido positivo, o termo "indivíduo" pode estar associado ao orgulho por sua posição independente na sociedade. Pelo contrário, pode designar a doutrina do "individualismo", associado "à imagem de indivíduos implacáveis e brutais propensos a oprimir os outros e enriquecer à custa deles".[54] E é justamente diante desta concepção "egoísta" que as críticas serão feitas ao liberalismo, justamente quanto ao seu aspecto econômico e diante da exploração do trabalhador pelo capital, fato este que está diretamente relacionado ao Direito do Trabalho e à regulamentação das relações entre empregado e empregador.

2.4.4. Liberalismo x liberismo: uma distinção necessária

No plano econômico, o liberalismo apresenta as seguintes teses: crença no mercado, revalorização do trabalho como fonte de dignidade e dever para todos e do interesse humano; defesa da propriedade privada como estrutura do sistema econômico e base da liberdade; primazia do contrato sobre o estatuto; admissão da intervenção estatal só em casos definidos e autorizados pela representação popular. Neste âmbito, *Croce*, em *Elementi di Política* (1925), fez uma distinção clássica entre liberalismo (ético e político) e liberismo (capitalismo ou liberalismo econômico).[55] Distinção importante, a nosso ver, principalmente quando se leva em conta que as críticas feitas ao "liberalismo" muitas vezes deveriam ser direcionadas ao liberismo[56], ou seja, a um aspecto específico daquela doutrina. Quanto ao Estado democrático e liberal, *Manoilesco* observa que este, pela sua natureza, não é intervencionista. Assim, "a conseqüência disto é que o livre jogo das forças sociais impõe em seu quadro o direito do mais forte". E conclui que: "enquanto o mais forte for o capital, as democracias soçobram nos braços dos banqueiros".[57] Cabe-nos observar que esta afirmação embora seja "ideológica" não deixa de apresentar um conteúdo verdadeiro.[58]

---

(54) ELIAS, Norbert. *Op. cit.*, p. 74.
(55) MACEDO. *Op. cit.*, pp. 29-31.
(56) *Macedo* nota que: os liberais, durante o período entre guerras, ao verem contestado o liberalismo, não apenas como doutrina política e econômico-social, mas nos seus próprios fundamentos, assumem uma postura defensiva, típica da minoria, defendendo a seguinte tese: a separação desta concepção de vida com o capitalismo, isto é, o liberalismo econômico, unanimemente contestado na época pela propaganda socialista e comunista e pelos católicos, conservadores em geral, além dos nazistas e fascistas. MACEDO. *Op. cit.*, p. 31
(57) MANOILESCO. *Op. cit.*, p. 40.
(58) Neste sentido, *Eagleton* nota que nem toda afirmação ideológica é falsa. Ainda quanto ao sentido de Ideologia como "falsa consciência", *Eagleton* observa que esta idéia parece pouco convincente, pois segundo *Aristóteles* "a maioria das crenças tem um elemento de verdade". Logo, faz distinção entre falso e absurdo quando, por exemplo, afirma que: *é falso acreditar que o Sol se move ao redor da Terra, mas não é absurdo*. Da mesma forma que *não há nada ridículo em se dizer que algumas pessoas são inferiores*

Com a expansão do capitalismo iniciam-se as contestações ideológicas a este sistema com o *Manifesto Comunista*, de *Marx* e *Engels*, de 1848.[59] Neste, os seus autores criticavam a exploração do proletariado pelo capital e em conseqüência a desumanização da humanidade que a partir de então estava sujeita à "mão invisível" do mercado. As críticas ao capitalismo se intensificaram com o final da Segunda Guerra Mundial com o movimento socialista, fato que conduziu à chamada *Guerra Fria*. Assim, as críticas que se fazem ao liberalismo são direcionadas, na realidade, ao liberismo, principalmente quando se trata da superexploração do trabalhador diante do capital. Estas críticas vão repercutir no plano jurídico, fato que culminará na revisão do modelo contratual que privilegiava o *pacta sunt servanda* e conseqüentemente um individualismo extremado[60], com reflexos também na regulação das relações de trabalho.

2.4.5. *A passagem do estado liberal ao estado social de direito e a sua influência na transformação da teoria geral dos contratos*

Inicialmente cumpre notar que a teoria clássica do Direito Contratual estava inserida no contexto da tradição patrimonialista do Direito Civil. Desta forma, observa-se que a função principal dos contratos era privilegiar e defender os interesses privados de maneira a preservar a circulação das riquezas; e, assim, garantir a ordem econômica que se realiza, por meio dos contratos. Neste sentido, *Paulo Luiz Netto Lobo* conceitua a atividade econômica como: "um complexo de atos contratuais direcionados a fins de produção e distribuição dos bens e serviços que atendem às necessidades humanas e sociais".[61] Observa-se que a chamada "ordem econômica" pode consagrar valores de caráter liberal ou social, dependendo do tratamento ideológico estabelecido na legislação. Neste sentido, no Direito Contratual a ideologia dominante, até bem pouco tempo, era de cunho liberal, sendo os códigos civis a fonte jurídica a privilegiar o cidadão dotado de patrimônio.

---

a outras, pois isso é obviamente verdadeiro. Assim, conclui que, na maior parte das vezes, aquilo que as pessoas dizem sobre o mundo deve ser de fato verdadeiro, o período da "falsidade" ocorre quando existe a generalização dos conceitos. Assim, quando se pretende criticar o *liberismo* não se deve criticar o *liberalismo* como um todo, tendo em vista que aquele representa apenas um aspecto deste, qual seja: o caráter econômico. Cf. EAGLETON, Terry. *Op. cit.,* p. 25.

(59) Quantos escravos seriam necessários para a manutenção do regime democrático? Pelas contas de *Manoilesco*, para cada cidadão do Ocidente seriam necessários 10 escravos das outras partes do mundo para a preservação do sistema capitalista. Assim, o *Liberismo,* aspecto econômico do Liberalismo, não só foi criticado apenas pelos materialistas históricos, mas também pelos simpatizantes do fascismo. Cf. MANOILESCO. *Op. cit.,* p. 38.

(60) O excesso de individualismo, ou o egoísmo, é um outro ponto criticado no Liberalismo. Neste sentido, notava *Manoilesco* que: o individualismo tem como ponto inicial da construção do Estado o indivíduo. Este existiu antes da existência do Estado, concluiu com seus semelhantes o "contrato social", com sua infinita liberdade. Este contrato é feito pelo indivíduo e para o indivíduo. Assim, o Estado não é senão um instrumento do indivíduo. Cf. MANOILESCO. *Op. cit.,* pp. 34-35. A dicotomia entre a noção de "sociedade" e "indivíduo" é apresentada por ELIAS, Norbert em *A Sociedade dos Indivíduos.* Rio de Janeiro: Jorge Zahar Editor, 1994.

(61) Jus Navigandi <http://www1.jus.com.br/doutrina/texto>.

A Revolução Francesa, pela sua relevância na defesa dos interesses burgueses, será o ponto de partida desta análise sobre a teoria dos contratos. Desta maneira, a tomaremos como marco na consagração do individualismo que imperou nas codificações, principalmente a partir do Código Napoleão (1804), fonte de inspiração para tantas outras codificações, inclusive a do Código Civil brasileiro editado em 1916.

Segundo *Nicola Matteucci* a definição de liberalismo é difícil, pois vai depender do aspecto a ser adotado. Do ponto de vista histórico, "o liberalismo é um conjunto de ações e pensamentos, ocorridos num determinado momento da história européia e americana".[62] Neste sentido, nota *Nicola Matteucci* que o termo liberalismo aparece de forma primeira na proclamação de Napoleão (18 Brumário). De acordo com a acepção do iluminismo francês, liberalismo significa individualismo e a defesa do cidadão diante do Estado. Porém, se, por um lado, o liberalismo significou a reação da burguesia francesa contra o absolutismo estatal, por outro lado nota-se que a revolução não conseguiu garantir a todos os cidadãos a tão sonhada "liberdade, igualdade e fraternidade". Assim, diante da ausência da efetiva garantia aos direitos individuais, surge a necessidade da intervenção estatal, como forma de equilibrar as desigualdades geradas, a despeito do discurso liberal.

A crise do modelo tradicional dos contratos insere-se neste contexto, de transformação do Estado liberal em Estado social. Se inicialmente, no paradigma liberal, o contrato tinha como função principal garantir a autonomia da vontade, sob o manto do *pacta sunt servanda,* em um segundo momento este teve que ser repensado, tendo em vista que o antigo tratamento jurídico dado aos contratos não mais atendia à nova ordem que surgia.

Historicamente, observa *Nicola Matteucci* que desde a primeira metade do Século XIX se falou, na Europa, em socialismo liberal. Nota ainda que o filósofo inglês *John Stuart Mill* (1806-1873) foi, provavelmente, um dos primeiros teóricos a destacar a influência do socialismo pré-marxista no liberalismo. Nesse sentido, segundo *Nicola Matteucci, Mill* destacava que:

"... a exigência de uma repartição justa da produção entre todos os membros da sociedade, a eliminação dos privilégios de nascimento e a substituição gradual do egoísmo do indivíduo que trabalha e acumula unicamente em benefício próprio por um novo espírito comunitário."

Assim, *Mill* considera que se inaugura uma nova ideologia: a liberal-socialista; e esta nova concepção de mundo teve repercussões não só na política econômica, mas também no universo jurídico, e mais especificamente na forma de se contratar.[63]

Se na ideologia liberal vigia o princípio: "o contrato faz lei entre as partes", privilegiando-se, assim, a autonomia da vontade, no contexto de um liberalismo social vai

---

(62) MATTEUCCI, Nicola. "Liberalismo". *In* BOBBIO, Norberto *et al. Dicionário de Política.* Brasília: Editora Universidade de Brasília, 12ª ed., 1999, pp. 687-704.
(63) *Idem,* p. 705.

se fazer presente o dirigismo contratual, com o intervencionismo estatal, limitando a atuação contratual dentro do campo autorizado pela lei. E, mais especificamente, a crise do modelo contratual clássico é motivada por algumas circunstâncias apontadas por *Claudia Lima Marques*, quais sejam: "a industrialização e a massificação das relações contratuais, especialmente através da conclusão de contratos de adesão".[64]

Observamos, ainda, que, nos contratos de adesão, a autonomia da vontade estava limitada apenas ao plano formal, uma vez que a igualdade substancial dificilmente era alcançada; um exemplo clássico desta desigualdade podia, e ainda pode, ser encontrado nas relações trabalhistas. Com o advento da Revolução Industrial e a, conseqüente, massificação dos contratos de trabalho, percebeu-se um grande desequilíbrio no contratar. Pois, se de um lado se encontrava o empregador, como detentor do capital, de outro se achava o trabalhador, desamparado de qualquer forma de proteção jurídica. No entanto, apesar das "concessões" de direitos por meio de leis "protetivas", nota-se que vigia a tática de se "conservar os dedos e abandonar os anéis". Desta forma, se por um lado, as leis trabalhistas restringiam a autonomia da vontade por meio de um dirigismo contratual, por outro lado, o objetivo final era continuar protegendo os meios de produção contra os movimentos operários de caráter anarquista e comunista. Assim, o discurso da "proteção", que a princípio parecia estar direcionado à classe trabalhadora, era no mínimo conveniente aos empregadores, uma vez que por meio da lei poderiam "mudar" o sistema conservando-o.

2.5. Corporativismo e Direito do Trabalho

2.5.1. Considerações gerais

O "eclipse do liberalismo", fenômeno ocorrido durante o período entre as grandes guerras mundiais, propiciou o retorno da ideologia corporativista.[65] A descrença e o pessimismo, que acompanharam esta fase, implicaram em uma mudança de visão sobre o futuro. Diante do ceticismo e da falta de fé quanto ao modelo liberal, surgiu no inconsciente coletivo[66] a necessidade de se pensar em uma solução, no plano

---

(64) MARQUES, Claudia Lima. *Contratos no Código de Defesa do Consumidor*: o novo regime das relações contratuais. 4ª ed. São Paulo: RT, 2002, p. 150.

(65) MACEDO. *Op. cit.*, p. 30, observa que: o liberalismo no período entre-guerras foi forçado a enfrentar um desafio desproporcional, tudo lhe era contrário. No plano das idéias, no início do século, predomina, pela primeira vez, desde o início da Idade Média, uma descrença na razão, com o predomínio de tendências irracionalistas, na filosofia, teologia, crítica das ciências, história, política e, por fim, nas artes e modos de vida.

(66) *Jung* analisou os *arquétipos* como as imagens humanas universais e originárias produzidas nas camadas mais profundas do inconsciente (onde as fantasias não repousam mais sobre reminiscências pessoais). Notava, assim, que esta descoberta significa mais um passo à frente na interpretação, a saber: *a caracterização de duas camadas no inconsciente*. Temos que distinguir o inconsciente *pessoal* do inconsciente *impessoal* ou *suprapessoal*. Chamamos este último de inconsciente *coletivo*, porque é desligado do inconsciente pessoal e por ser totalmente universal; e também porque seus conteúdos podem ser encontrados em toda parte, o que obviamente não é o caso dos conteúdos pessoais. Cf. JUNG, Carl Gustav. *Psicologia do Inconsciente*. Tradução de Maria Luiza Appy. Petrópolis: Vozes, 1987. pp, 57-58.

econômico, político e jurídico, que fosse adequada. A busca da segurança sempre foi um ideal da humanidade, como se pudéssemos diante das incertezas encontrar um "porto seguro". Assim, diante das microcertezas, ressurge o ideal corporativista, fato que teve enorme repercussão no início do século XX.

A obra *O Século do Corporativismo*, de *Mihail Manoilesco*, é de suma importância para a compreensão do fenômeno denominado corporativismo no mundo contemporâneo. No Brasil, a influência desta obra foi expressiva e refletiu no pensamento dos ideólogos a serviço do governo Vargas. *Francisco Campos*[67] e *Francisco José de Oliveira Vianna*[68] foram seduzidos pela ideologia de *O Século do Corporativismo* e este serviu de inspiração para a construção do ideário corporativista no Brasil.

Manoilesco afirmava que o século XX vai ser o século do corporativismo, tal qual o século XIX o foi do liberalismo. Assim, sem que pudesse prever as conseqüências que a Segunda Guerra Mundial iria trazer para o mundo, o autor afirmava de forma categórica que o liberalismo está morto e o socialismo exausto, antes de ter podido expandir-se. Assim, diante das crises nos campos: social, econômico e ideológico, *Manoilesco* via no corporativismo o ideário adequado para superar as diversidades encontradas no século XX.[69]

Porém, apesar de ser enfático quanto a esta solução, *Manoilesco* observava que o valor do corporativismo não deveria ser apresentado como absoluto e eterno, mas relativo diante do contexto histórico no qual estava inserido. Desta forma, notava que o corporativismo contemporâneo não se confundia com aquele da Idade Média, tendo em vista a sua conjuntura histórica. Partindo desta distinção, *Manoilesco*, logo no prefácio de sua obra, buscou esclarecer que o seu objetivo seria verificar o que é o corporativismo e qual a ideologia que o acompanha.[70] Para tanto, observava que o corporativismo não coincide necessariamente com o fascismo, apesar de ter encontrado neste regime o

---

(67) Seguindo os passos de *Manoilesco*, *Francisco Campos*, o principal redator da Constituição de 1937, no livro *O Estado Nacional e suas Diretrizes*, Rio de Janeiro: Imprensa Nacional, 1937, elabora os fundamentos políticos e ideológicos que justificariam a criação de um Estado totalitário que deveria substituir o Estado liberal-democrático, uma experiência, para o autor, em franco processo de decadência e desintegração. O pressuposto que acompanha essa justificação é o da falência da experiência liberal-democrática, o que resultaria na afirmação de que o totalitarismo seria como que um imperativo dos tempos modernos. O mundo moderno caminharia para regimes de autoridade, ao contrário do século XIX, que abriu com as revoluções uma era de liberdade e de individualismo. Inspirado em *Mihail Manoilesco*, *Campos* argumentava que diante da eclosão das massas era necessária a sua manipulação política por um chefe, que assumisse o papel de líder carismático. Assim, para ele, a educação deveria ser um instrumento para facilitar o processo de adaptação do homem às novas situações, típicas de uma época de transição.

(68) *Oliveira Vianna*, como consultor jurídico do Ministério do Trabalho Indústria e Comércio, foi, ao ver de *Evaristo de Moraes Filho*, o responsável pela "criação de todo o edifício da legislação do trabalho, que lhe leva a marca e a ideologia política". Nas obras *Problemas de Direito Sindical* e *Problemas de Direito Corporativo*, *Vianna*, sob a influência de *Manoilesco*, defende idéias corporativistas que servirão de base para a organização da estrutura sindical e da Justiça do Trabalho.

(69) MANOILESCO. *Op. cit.*, Capítulo III – Os Imperativos do Século XX, pp. 12-31.

(70) A grande dificuldade que encontramos ao tratar do tema ideologia é justamente não cair nas armadilhas do discurso ideológico, perigo este que foi observado por HOBSBAWM, Eric J. em *Mundos do Trabalho: novos estudos sobre história operária*, Rio de Janeiro: Paz e Terra, 2000, p. 22.

ambiente propício para o seu desenvolvimento. Apesar da preocupação de *Manoilesco* em tentar separar o conceito de corporativismo do de fascismo, as críticas a este autor por parte de *Azevedo Amaral*, no prefácio que fez à tradução desta obra para o português em 1938, residem justamente no fato de *Manoilesco* nutrir "profundas e evidentes simpatias pelo regime fascista". Não foi assim, segundo *Azevedo Amaral*, capaz de considerar sobre a "grosseira perversão do conceito corporativista na organização das corporações fascistas", chegando a ser, desta forma, quanto a este ponto, "ilógico e incoerente". Desta forma, *Azevedo Amaral* afirma não saber como *Manoilesco* "concilia coisas tão antinômicas, como o Estado corporativista e o Estado totalitário".

No entanto, apesar das críticas feitas por *Azevedo Amaral* a *Manoilesco*, cumpre ressaltar que, pelo menos em tese, estes conceitos são diferentes. Sendo assim, nem sempre o corporativismo será do tipo autoritário, podendo existir também em ambientes democráticos.

Tal qual *Manoilesco*, não iremos tratar deste fenômeno dentro do contexto histórico da Idade Média, mas a partir do fim da Primeira Guerra Mundial, tendo em vista que o corporativismo renasce com o desenrolar da Revolução Industrial, como protesto contra a empresa capitalista, mas se transforma em protesto contra todo o sistema. Mas é no pós-guerra que este movimento toma corpo e força, principalmente com o corporativismo dirigista, na Itália fascista. No período compreendido entre as guerras mundiais ocorre o que *Ubiratan Borges de Macedo*, em *Liberalismo e Justiça Social*, denomina de "eclipse liberal", este fenômeno irá durar até a década de 40, marcando, assim, um período hostil às idéias liberais.[71] Diante deste "eclipse liberal", o ideário corporativista volta a brilhar e irradiar sua força também no plano jurídico.

2.5.2. *Corporativismo tradicional e corporativismo dirigista (corporativismo fascista): uma distinção necessária*

Segundo *Manoilesco*, com exceção das sociedades democráticas do século XIX, quando a Revolução Francesa "reduziu a sociedade ao pó dos indivíduos", todas as outras foram corporativas, o corporativismo, como o conhecemos hoje, tem raízes históricas nas crises oriundas do século XX, da mesma forma que o fascismo (e a sua versão de corporativismo). Assim, ambos os fenômenos são contemporâneos em nossa sociedade e têm origem a partir das transformações provocadas após a Primeira Guerra.[72]

Apesar da contemporaneidade, as diferenças entre o Corporativismo tradicional e Corporativismo dirigista são muitas, ou pelo menos deveriam sê-lo, se não fosse pelo fato de a forma mais conhecida de organização corporativista contemporânea ter sido a última, que teve sua concretização no corporativismo fascista.[73] Mas, pelo menos

---

(71) MACEDO. *Op. cit.*, p. 30.
(72) MANOILESCO. *Op. cit.*, p. 12.
(73) O termo fascismo apresenta diversas definições contraditórias. Desta forma, torna-se difícil apresentar um conceito unívoco a respeito do tema. *Edda Saccomani*, no *Dicionário de Política* organizado por

em tese, estas diferenças existem e tentaremos, assim, mostrá-las mesmo que de forma esquemática.

O corporativismo "tradicional" é uma doutrina que propugna a organização da coletividade baseada na associação representativa dos interesses e das atividades profissionais (corporações). Propõe, graças à solidariedade orgânica dos interesses concretos e às fórmulas de colaboração que daí podem derivar, a remoção ou a neutralização dos elementos de conflito: a concorrência no plano econômico, a luta de classes no plano social, as diferenças ideológicas no plano político.[74]

Por outro lado, o corporativismo "dirigista" teve sua concretização no corporativismo fascista. Este nasce como exigência das classes dirigentes de uma sociedade que, com o passar de um estágio agrícola a um estágio de maior empenho industrial, sentem necessidade de controlar a marcha da evolução e de juntar em um *fascio* as energias do país. O objetivo era o de alcançar resultados mais eficazes na produção, com menor dispêndio de meios, a fim de poder competir com os mais poderosos organismos produtivos estrangeiros.[75]

O corporativismo fascista teve sua origem na concepção nacionalista elaborada por *Alfredo Rocco*. subordinando o bem-estar das categorias e os próprios interesses concretos ao objetivo geral do desenvolvimento econômico. Em seu relatório à Câmara a 18 de novembro de 1925 o chanceler fascista defende um sindicalismo nacional que faça lembrar que existe, entre as categorias e os grupos sociais da Itália, uma razão de solidariedade. Assim, deveriam ser superados os contrastes, buscando-se uma solidariedade que une todos os grupos, todas as categorias, todas as classes do povo. Logo, este povo pobre, mas exuberante de homens e de vontade, deveria caminhar em direção ao seu futuro como um exército em ordem de batalha. Para *Rocco*, o problema social

---

Norberto Bobbio, inicialmente observa que o uso do termo apresenta três principais significados de acordo com o contexto histórico ao qual está inserido. Assim, o fascismo está ligado aos seguintes significados: ao fascismo italiano; a uma analogia entre o fascismo italiano e o fascismo alemão; e, ainda, a todos os movimentos ou regimes que se identificam com aquele que foi denominado de "Fascismo histórico". Diante da multiplicidade de significados do termo, vem-se acentuando a tendência de restringir seu uso apenas ao Fascismo histórico. E na busca de uma síntese do termo, *Edda* observa que, em geral, se entende por Fascismo um sistema autoritário de dominação que é caracterizado: pela monopolização da representação política por parte de um partido único de massa, hierarquicamente organizado; por uma ideologia fundada no culto ao chefe, na exaltação da coletividade nacional, no desprezo dos valores do individualismo liberal e no ideal da colaboração de classes, em oposição frontal ao socialismo e ao comunismo, dentro de um sistema de tipo corporativo; por objetivos de expansão imperialista, a alcançar em nome da luta das nações pobres contra as potências plutocráticas; pela mobilização das massas e pelo seu enquadramento em organizações tendentes a uma socialização política planificada, funcional ao regime; pelo aniquilamento das oposições, mediante o uso da violência e do terror; por um aparelho de propaganda baseado no controle das informações e dos meios de comunicação de massa; por um crescente dirigismo estatal no âmbito de uma economia que continua a ser, fundamentalmente, de tipo privado; pela tentativa de integrar nas estruturas de controle do partido ou do Estado, de acordo com uma lógica totalitária, a totalidade das relações econômicas, sociais, políticas e culturais. Cf. SACCOMANI, Edda. "Fascismo". *In* BOBBIO. *Op. cit., p. 466.*

(74) INCISA, Ludovico. "Corporativismo". *In* BOBBIO. *Op. cit.,* p. 287.
(75) *Idem, ibidem,* p. 289.

é principalmente um problema de incremento da riqueza e da produção nacional e não tanto o da sua distribuição.

Assim, a partir desta classificação que separa basicamente duas categorias de corporativismo, um denominado de "tradicional" e outro de "dirigista", vamos verificar as suas características. Enquanto o corporativismo tradicional é essencialmente pluralista e tende à difusão do poder, o corporativismo fascista é monístico, tenta reduzir à unidade, àquela unidade dinâmica que é ambição do sistema, todo o complexo produtivo. No corporativismo tradicional, as corporações se contrapõem ao Estado; no corporativismo fascista, as corporações estão subordinadas ao Estado, são órgãos do Estado.[76] Uma outra distinção é que no corporativismo tradicional, chamado por *Manoilesco* de "integral", não há um caráter exclusivamente econômico, ao passo que as organizações fascistas são quase exclusivamente econômicas.[77]

2.5.2.1. O discurso corporativista e sua influência sobre o Direito do Trabalho italiano

Como vimos anteriormente, o corporativismo tradicional pode coexistir com a democracia. Assim, o exercício do corporativismo não é incompatível com sociedades pluralistas. No entanto, iremos nos ater principalmente ao corporativismo fascista tendo em vista a sua influência no Direito do Trabalho brasileiro.[78] Porém, iremos inicialmente considerar o corporativismo italiano.

Os princípios do corporativismo italiano foram fixados em 1922, por meio do uma moção, que fixava as seguintes bases do novo organismo sindical: 1) o trabalho constitui o título soberano que legitima a plena e útil posição do homem no meio social; 2) o trabalho é o resultado dos esforços dirigidos harmonicamente a criar e aperfeiçoar, a acrescentar de todas as formas o bem-estar material e espiritual do homem; 3) consideram-se trabalhadores todos aqueles que indistintamente empenham ou dedicam a sua atividade aos fins acima expressos e, portanto, a organização sindical, tendo em conta as necessárias distinções e variedades de agrupamento, deve propor-se a acolhê-los sem obstrucionismos demagógicos; 4) a Nação, considerada como síntese superior de todos os valores materiais e espirituais da estirpe, está acima dos indivíduos, das categorias e das classes; 5) a organização sindical deve tentar desenvolver

---

(76) MANOILESCO. *Op. cit.*, p. 60.
(77) *Idem, ibidem*, p. 60.
(78) COSTA, Vanda Maria Ribeiro. *A Armadilha do Leviatã: a construção do corporativismo no Brasil*, Rio de Janeiro: Ed. UERJ, 1999, p. 38, nota que o desenvolvimento do estudo dos tipos de corporativismo no Brasil foi liderado por *Philippe Schmiter*, que em sua tipologia aponta para dois tipos de modelos de corporativismos: o Corporativismo Estatal, vindo de cima, que se aplica nas relações de trabalho relativas ao trabalhador e o Corporativismo Societal, também chamado de "Cooperação" por *Manoilesco*, que se aproxima do tipo de relação entre burguesia industrial e Estado. Assim, tal qual *Jano*, o Corporativismo no Brasil apresentou-se com duas faces em relação à mesma moeda, como veremos adiante.

nos trabalhadores o sentido da consciência da atividade sindical na rede das relações sociais, difundindo a noção de que para além da classe há uma Pátria e uma sociedade.[79]

Manoilesco nota que, como postulado, o corporativismo nega a idéia do indivíduo preexistente à sociedade. Assim, para os doutrinadores do corporativismo a sociedade é um fato histórico e psíquico nitidamente ligado à própria estrutura do indivíduo.[80] O ideário do fascismo era o "Nacionalismo" e para transformar o Estado italiano em um Estado forte o regime fascista constituiu, em 1924, uma comissão que iniciou o estudo de uma série de medidas, que mais tarde foram transformadas em leis que ficaram conhecidas como leis de *defesa, criação e construção* do Estado fascista. Assim, as leis foram utilizadas, mais uma vez, como o instrumento de concretização da ideologia vigente. A partir desta, *Mussolini* e os ideólogos do regime fascista passaram a estudar uma solução, no plano jurídico, para o problema social do trabalho. Assim, as leis fascistas terão como base dois institutos, quais sejam: o sindicato fascista e a Justiça do Trabalho.[81]

Segundo *Rosado*, a idéia de que o sindicalismo, mesmo revolucionário, só pode preencher os fins que tem em vista quando é nacional, deve-se a *Henrique Corradini*. A partir desse ideário, começa a transformação de um sindicalismo revolucionário em um sindicalismo nacional. E, posteriormente, graças a *Mussolini*, a passagem deste para o sindicalismo fascista. No entanto, apesar de ter ocorrido tal transformação, *Rosado* lembra que esta foi lenta e difícil.

A fim de concretizar a idéia de que a Nação, o capital e as corporações não eram institutos incompatíveis entre si, mas estavam ligados em uma relação de estreita dependência que necessita de "colaboração", os trabalhadores foram conclamados a levar a bandeira do fascismo. A fim de concretizar tal colaboração, em 14 de abril de 1926, foi publicada a Lei n. 563, denominada de "Disciplina Jurídica das Relações de Trabalho". Sobre esta lei, o grande conselho fascista determinava que:

"1) o fenômeno sindical deve ser controlado pelo Estado; que o reconhecimento deve realizar-se para um só sindicato por cada espécie de emprego ou categoria de trabalhadores e precisamente para um só sindicato fascista;

2) a Magistratura do Trabalho terá todo o poder para fazer observar coletivamente os contratos de trabalho regularmente estipulados pelos sindicatos legalmente reconhecidos. A Magistratura do Trabalho terá, além disso, a função de estabelecer, por sua autoridade, as novas condições de trabalho;

3) Onde existir a jurisdição do magistrado do trabalho, deve ser vedada a autodefesa da classe. Isto é, o *lock-out* e a greve, e que em todos os casos deve ser vedada a greve de funcionários do Estado e dos outros organismos públicos. Portanto, considera que devem ser punidos como crimes o *lock-out* e a greve".

---

(79) ROSADO, João de Barros Couto. *O Direito do Trabalho no Corporativismo Italiano*. Lisboa: Livraria Portugalia, 1945, p. 50.
(80) MANOILESCO. *Op. cit.*, p. 44.
(81) *Idem, ibidem*, p. 48.

A Lei n. 563 dividia-se em três capítulos: do reconhecimento jurídico dos sindicatos e do contrato coletivo de trabalho; da Magistratura do Trabalho; do *lock-out* e da greve. Segundo esta lei, o reconhecimento jurídico de um sindicato, por parte do Estado, tem como principal conseqüência torná-lo uma pessoa jurídica de direito público. O reconhecimento jurídico do sindicato implicava na garantia de várias prerrogativas, desta forma, estes tinham o direito de cobrar cotas sindicais, não só aos seus membros filiados, mas também aos patrões ou trabalhadores não filiados ao sindicato, desde que estes pertencessem à mesma categoria ou classe. Se, por um lado, havia prerrogativas, por outro, os sindicatos poderiam ser fiscalizados e controlados pelo Ministério das Corporações. Uma vez integrados os sindicatos na estrutura do Estado Fascista, foi promulgada a Lei n. 1.399, de 12 de outubro de 1933, com o intuito de regulamentar a administração e principalmente o enquadramento sindical. Com o desenvolvimento do sindicalismo fascista, e a fim de concretizar o ideal corporativista, foi promulgado, em 21 de abril de 1927, um novo diploma conhecido como *Carta del Lavoro*, que teve forte influência sobre a legislação trabalhista no Brasil.[82] A seguir, no próximo tópico, vamos considerar o retorno do ideário liberal, após a Segunda Guerra Mundial, e os reflexos deste refluxo ideológico nas normas trabalhistas.

2.6. O renascimento liberal no segundo pós-guerra: o neoliberalismo e as relações de trabalho

No século XIX as palavras de ordem foram as seguintes: a) no plano político: liberdade; Estado mínimo; individualismo; b) no plano social: tolerância; emancipação da mulher e a liberdade de expressão; c) no plano jurídico: não-intervenção do Estado, autonomia da vontade e *pacta sunt servanda*. No entanto, já no início do século XX, os termos utilizados eram outros, quais sejam: Nação, intervenção Estatal, dirigismo contratual, cooperação, hipossuficiente, proteção. A mudança dos termos acompanhou, na realidade, a transformação das idéias, com a passagem da ideologia liberal para a corporativista. Assim, estas não são meramente palavras vazias de significados, tendo em vista o conteúdo ideológico que carregam. Se os termos utilizados por estas ideologias foram os referidos acima, perguntamos: quais as palavras "de ordem" utilizadas após a Segunda Guerra Mundial e hoje no século XXI? E, ainda qual o seu significado e sua relação com as normas que regulamentam as relações de trabalho?

Antes de tentarmos responder a estas questões, vamos analisar, inicialmente, o retorno da ideologia liberal no segundo pós-guerra. O renascimento liberal começou ainda durante a guerra. Em 1944, dois exilados austríacos, *Karl Popper* e *F. A. Hayek*, publicaram: *A Miséria do Historismo* e *A Contra-Revolução na Ciência*. *Popper* criticava

---

(82) ROSADO. *Op. cit.*, p. 58-63. Sobre a influência da *Carta del Lavoro* na legislação trabalhista brasileira, ver ROMITA, Arion Sayão. *O Fascismo no Direito do Trabalho Brasileiro: influência da Carta del Lavoro sobre a legislação trabalhista brasileira*. São Paulo: LTr, 2001.

as leis históricas e sociais que, alheias à vontade humana, conduziram a humanidade. E *Hayek* estendia a sua crítica a todo e qualquer holismo do tipo, proletariado, burguesia, que infestam o marxismo e também o nazismo.

O ideário liberal no pós-guerra apresentará duas vertentes: 1) os neoliberais e 2) os liberais sociais. Entre os neoliberais e os liberais sociais podemos apontar as seguintes distinções:

"1) Os neoliberais – priorizam a liberdade econômica, são liberistas, ainda que sem negar as liberdades políticas; entusiasmam-se com a definição negativa das liberdades e rejeitam, ou põem em segundo plano, as liberdades positivas; para eles o mercado é auto-suficiente, pois resolve a maioria dos problemas e a intervenção estatal nunca deve substituí-lo, mas corrigir suas eventuais falhas que devem ser provadas antes da intervenção e não pressupostas; são otimistas, assim são os últimos que mantêm a crença de que a humanidade e a história caminham inevitavelmente para um futuro melhor, neste sentido, *Macedo* percebe neles um "progressismo venial".

2) Os liberais socialistas – consideram prioritárias as liberdades políticas, ainda que sem negar as econômicas; não dão maior significado à distinção entre liberdade negativa e positiva; aceitam o papel central do mercado na economia, porém não acreditam na sua eficiência na produção de bens públicos, pois este pode produzir, mas não distribui a contento, tendo em vista que é sempre alheio à realidade nacional; são conscientes das possibilidades abertas de um regresso tão possível quanto o progresso, para eles só uma ativa participação humana fará diferença entre um e outro, não se podendo prever o resultado final."[83]

Porém, apesar das duas vertentes, parece que as idéias da corrente neoliberal têm prevalecido, pelo menos no plano individual. Assim, o discurso da desregulamentação das relações de trabalho está se tornando hegemônico e acompanha de perto este termo um outro já bastante familiar: "flexibilização", logo, desregulamentação, terceirização e flexibilização, parecem ser os termos mais utilizados, na atualidade, quando se trata das relações de trabalho. Assim como aqueles utilizados no século XIX e início do XX, estes também apresentam forte carga emotiva tendo em vista o ideário neles embutido; neste caso específico, a ideologia neoliberal e sua crença no "mercado". No entanto, os críticos da doutrina neoliberal argumentam que o termo "flexibilização" esconde outro mais nefasto a saber a "precarização", que se refletirá nas normas trabalhistas brasileiras.

---

(83) MACEDO. *Op. cit.*, p. 39.

Capítulo 3

A FACE CORPORATIVISTA DE JANO: UM OLHAR PARA O PASSADO E SUA MANUTENÇÃO NO PRESENTE

As ideologias surgem normalmente em períodos de crise, quando a visão do mundo dominante não consegue satisfazer às novas necessidades sociais; e pedem imperiosamente aos próprios seguidores uma transformação total da sociedade, ou um afastamento dela.

Mas, para que se resolvam os problemas de ordem prática, as soluções devem antes ser equacionadas no plano das idéias. Neste sentido, *Giovanni Sartori* elaborou expressamente uma contraposição entre ideologia e pragmatismo, fundada sobre uma dupla dimensão dos sistemas de crenças políticas: a dimensão cognitiva e a dimensão emotiva. Os sistemas ideológicos de crenças são caracterizados, em nível cognitivo, por uma mentalidade dogmática (rígida, impermeável, tanto aos argumentos quanto aos fatos) e doutrinária (que faz apelo aos princípios e à argumentação dedutiva) e, a nível emotivo, por um forte componente passional, que lhes confere um alto potencial ativista, enquanto os sistemas pragmáticos de crenças são caracterizados por qualidades opostas. A ideologia, assim analisada, pela sua pronunciada heterogeneidade de composição, é o instrumento fundamental que as elites políticas têm à disposição para conseguir a mobilização política das massas e para levar, a um grau máximo, a sua manipulação.[1] A norma jurídica, como um instrumento de conformação social, se utiliza deste discurso, mesmo que de forma discreta ou implícita, para servir aos interesses das classes dominantes, as mesma que produzem a lei.

Se no plano mundial as idéias nem sempre foram uniformes, de tal forma que a ideologia vigente pendia ora para o corporativismo, ora para o liberalismo, no Brasil esta circularidade também ocorreu. O ideário liberal estava presente durante a década de 20, mas a crise do capitalismo, em 1929, abalou esta doutrina. Este impacto se fez sentir também no Brasil, com implicações na decadência da agroexportação do café; além da ruptura no plano econômico, outros fatores contribuíram para que o liberalismo sucumbisse. No campo político, houve um acirramento das dissidências intra-oligárquicas com o levantamento em armas da juventude militar contra o sistema da ordem prevalecente; no plano social, o início da organização político-ideológica das classes "subalternas",

---

(1) STOPPINO, Mario. "Ideología". *In* BOBBIO, *Op. cit.*, p. 588.

especialmente do proletariado, marcou a transição para uma nova era, a Era Vargas, quando irá predominar a ideologia corporativista com um breve retorno da doutrina liberal em 1934.

Quanto ao movimento cíclico, *Faoro* entende a sociedade brasileira como cumprindo um movimento pendular que conduz ora à predominância do aparato estatal, ora da sociedade civil. Para *Faoro*, a variação do binômio Estado/sociedade civil, como em 1937, com o primado do primeiro, deve ser interpretada como uma interrupção da ordem liberal, com o retorno da filosofia corporativista. Apesar da tensão entre esses dois pólos, não se poderia negar a força superior das tendências centralizadoras.[2] Este movimento "pendular" irá repercutir no plano jurídico e, conseqüentemente, na regulamentação das relações de trabalho que, assim como *Jano*, é bifronte.

3.1. Ideologia e Direito do Trabalho no Brasil: origens

Quando se fala sobre ideologia e Direito do Trabalho no Brasil, em regra, os autores mencionam o corporativismo da Era Vargas. Não há como negar a importância e a influência do discurso do trabalhismo sobre as normas trabalhistas, seja no âmbito individual, seja no coletivo. As normas de caráter trabalhista existiam antes do período denominado "Era Vargas". No entanto, o discurso ideológico do trabalhismo foi construído a partir de então. Assim, palavras como "cooperação", "doação", "harmonia", "proteção", dentre outras, foram utilizadas para a "catequese" dos trabalhadores a fim de se atingir a "unidade nacional". Este discurso foi bastante propagado durante toda esta fase, mas segundo *Paranhos* no período de 1942/1943 a ideologia do trabalhismo se insuflará com "mais energia e dinamismo à política trabalhista do Governo Vargas, em seu esforço para capturar politicamente as classes populares. Os componentes básicos da ideologia do trabalhismo serão, então, exaustivamente veiculados"[3]. Afirma-se que, ainda hoje, esta influência se faz sentir presente não só na Consolidação das Leis do Trabalho, mas também na Constituição Federal de 1988. Não obstante a forte presença da ideologia corporativista, por um lado, na legislação trabalhista, por outro lado, está presente também a ideologia liberal. Esta ambigüidade remete-nos a *Jano*, o deus de "duas caras". Diante destas afirmações, perguntamos: o que significa o corporativismo no Direito do Trabalho brasileiro hoje? Como este prevaleceu ou se sobrepôs? E se se sobrepôs, não só do ponto de vista legislativo (da vigência), mas também do ponto de vista operacional (da eficácia)?

Para respondermos a tais questões, como *Jano*, se faz necessário ter ciência do passado para que possamos ter consciência do presente. Assim, a fim de compreendermos a dimensão do corporativismo hoje urge observarmos como se deu a sua construção no

---

(2) FAORO, Raymundo. *Os Donos do Poder: formação do patronato político brasileiro*. São Paulo: Globo, 2001, p. 790.

(3) PARANHOS, Adalberto. *O Roubo da Fala: origens da ideologia do trabalhismo no Brasil*. São Paulo: Boitempo, 1999, p. 141.

Brasil durante o Governo Vargas, tendo em vista que o Direito do Trabalho só pode ser apreendido com o conhecimento do seu passado.

Mesmo já existindo normas trabalhistas no Brasil antes de 1930, como reconhecia o próprio *Oliveira Viana*[4] ao confessar que: "o nosso labor foi antes o de dar técnica legislativa e sistematização a esse direito costumeiro encontrado [...]. O mérito dos técnicos do Ministério [...] foi antes de sistematização de um Direito já existente do que propriamente da criação de um Direito novo", entendemos que o aspecto ideológico acentua-se a partir de então com a ideologia do trabalhismo. Logo, cabe notar que a roupagem ideológica do Direito do Trabalho brasileiro se fortalece a partir da Era Vargas.[5] Dentro deste contexto, a norma trabalhista vem promover a integração e institucionalização entre capital e trabalho em termos compatíveis com a viabilidade do sistema estabelecido. Sem deixar de ser, por isso, o instrumento normativo adequado da dominação capitalista, enquanto certifica a construção e reprodução das relações de produção capitalista. Desta forma, trataremos do tema ideologia e relações de trabalho no Brasil a partir deste contexto histórico.

A Era Vargas se inaugura com a "Revolução de 1930"[6], que foi um marco na história brasileira. A partir dela fica para trás a velha República das oligarquias e se inaugura uma nova era que foi marcada pela forte intervenção estatal na economia, pela criação de empresas estatais e pelo estímulo do crescimento industrial. Durante este período ocorreu também a implantação da ditadura do Estado Novo, em 1937, sendo que Vargas foi apoiado pelos militares.

A Era Vargas foi de vital importância para o Direito do Trabalho no Brasil, pois foram criadas leis trabalhistas que regulamentavam as férias, o descanso semanal, o salário mínimo, etc. Mas, para *Evaristo de Moraes Filho* o grande mérito da revolução de outubro foi a implementação da legislação trabalhista com a criação de órgãos de fiscalização do trabalho, o Ministério do Trabalho, Indústria e Comércio, criado pelo Decreto n. 19.443/1930 e o Departamento Nacional do Trabalho, criado pelo Decreto n. 19.671-A, de 1931, que representavam um duplo papel: preventivo e repressivo. Neste sentido, observa-se que a nossa legislação do trabalho somente começou a ser cumprida quando passou a ter atrás de si órgãos fiscalizadores e aplicadores de penalidades,

---

(4) OLIVEIRA VIANA, Francisco José de. *Instituições Políticas Brasileiras.* Vol. 1. Rio de Janeiro: José Olympio Editora, 1949, pp. 15-17.

(5) Para maiores informações sobre a legislação trabalhista existente no Brasil antes de 1930 remetemos à seguinte obra: MORAES FILHO, Evaristo de. *O Problema do Sindicato Único no Brasil: seus fundamentos sociológicos.* São Paulo: Alfa Omega, 1978 (2ª ed.)

(6) O processo de transição de uma economia agro-exportadora capitalista à economia capitalista, no Brasil industrial é entendido como uma "Revolução Passiva". Com base na noção desenvolvida por *Gramsci*, é possível identificar nele aspectos de "restauração", presentes no fato de que o desenvolvimento se deu conservando inalteradas as relações sociais no campo, e aspectos de "revolução", com a ampliação das funções do Estado, da sua capacidade de intervenção na sociedade e na economia, com a incorporação das massas populares nas instituições estatais. Em suma, a noção de *revolução passiva* pode ser caracterizada pela "ausência de outros elementos ativos de modo dominante", ou seja, pela ausência de iniciativa popular. Cf. ARAUJO, Ângela Maria Carneiro. *A Construção do Consentimento: corporativismo e trabalhadores nos anos trinta.* São Paulo: Edições Sociais, 1998.

eles eram a sanção real do novo Direito.⁽⁷⁾ Mas se por um lado, este foi um período de garantia de direitos, por outro lado, foi também uma época de repressão ao movimento operário com a proibição de greves e a prisão de trabalhadores "subversivos".

Tendo em vista que as normas que regem as relações de trabalho⁽⁸⁾ no Brasil subdividem-se em normas de caráter individual e normas de caráter coletivo, há que se considerar a influência do corporativismo quanto a estes dois aspectos. Desta forma, em um primeiro momento, veremos que o corporativismo surgido na América Latina, incluindo o Brasil, entre as várias classificações, foi denominado de *bifronte e segmentário*. Assim, como *Jano*, veremos que o corporativismo brasileiro, no plano coletivo, representou duas faces da mesma moeda. Em um segundo momento, veremos qual o discurso vigente quanto à regulamentação das relações de trabalho no âmbito individual.

Para que possamos melhor compreender a ideologia do trabalhismo faz-se necessária a análise da Era Vargas.⁽⁹⁾ Mas para entendermos essa fase da história brasileira, e suas repercussões no plano jurídico, teremos que verificar, ainda que de forma breve, os fatores que impulsionaram a "Revolução de 30", sob o ponto de vista econômico, político e social, tendo em vista que a mudança de paradigma quanto a estas idéias irá repercutir no plano jurídico, na elaboração da norma trabalhista, objeto do nosso estudo. Desta forma, iniciaremos a nossa análise a partir da crise mundial de 29, que começou nos EUA, e os seus efeitos no Brasil.

3.2. Os efeitos da crise de 29: o impasse do liberalismo

Como a crise mundial de 29 se relaciona com o Brasil? E, ainda, qual a sua ligação com a "Revolução de 30"? Segundo dados do IBGE, entre 1925 e 1929, o café era o produto mais importante de exportação do Brasil, participando com 73% no total das exportações.⁽¹⁰⁾ Mas com a crise de 29 o preço internacional do café despencou, e, conseqüentemente, a economia brasileira ficou abalada e muitos fazendeiros e empresários faliram. É importante lembrar que a política que vigia naquele momento era a do "café com leite", sendo assim, o país era governado a partir de uma composição

---

(7) MORAES FILHO. *Op. cit.*, p. 217.

(8) Definimos relações de trabalho como o conjunto de organizações, leis e normas sociais que regulam a compra e venda da força de trabalho e os conflitos resultantes dessa relação. Esta definição procura superar a dicotomia das análises de Ciência Política que olham os conflitos do trabalho e dos economistas que analisam os mercados de trabalho. NORONHA, Eduardo Garuti. *O Modelo Legislado de Relações de Trabalho e seus Espaços Normativos.* São Paulo: FFLCH-USP, 1998 (Tese de doutorado em ciência política), p. 45.

(9) Chama-se de Era Vargas o conjunto das políticas econômicas e sociais introduzidas no País por Getúlio Vargas, a partir de 1930, que marcou de maneira indiscutível o processo de industrialização, urbanização e organização da sociedade brasileira. Cf. D'ARAUJO, Maria Celina. *A Era Vargas.* São Paulo: Moderna (Coleção Polêmica), 2004, p. 8.

(10) SKIDMORE, Thomas E. *Uma História do Brasil.* São Paulo: Paz e Terra, 2003, p. 142.

de forças entre os Estados de São Paulo e Minas Gerais. O Presidente da República de então era Washington Luís, membro do PRP, Partido Republicano Paulista, a força que organizava politicamente as oligarquias de São Paulo. Havia um acordo entre esses dois Estados no sentido de que o próximo presidente sairia de Minas Gerais. No entanto, Washington Luís se negou a apoiar o candidato mineiro e indicou o nome de Júlio Prestes para a sucessão. Descontentes, os mineiros se aliaram à oligarquia gaúcha e formaram a Aliança Liberal para lançar a candidatura de Getúlio Vargas.

Pelos resultados oficiais das eleições o novo Presidente da República seria Júlio Prestes. No entanto a oposição recusou violentamente tais resultados, alegando fraude. Assim, em novembro de 1930 Getúlio Vargas, o líder civil de um movimento armado de oposição, tomou posse com o apoio dos militares. Segundo *Skidmore*:

> "... o acontecimento que catalisou a oposição em rebelião armada foi o assassinato de seu ex-candidato à vice-presidência, João Pessoa, da Paraíba.[...] Sua morte não foi atípica entre as sangrentas lutas das clãs políticas da região nordestina do país. Contudo, nesse momento tenso da política nacional, teve um efeito traumático, porque Washington Luís havia apoiado o grupo político ao qual estava ligado o assassino. Os conspiradores indecisos no seio da oposição foram engolfados pela onda de indignação levantada pelos radicais, de maneira a criar uma atmosfera revolucionária."[11]

A "Revolução de 30" ocorreu em um contexto de insatisfação geral: nas cidades a vida piorava, muitos operários ficaram desempregados, os sindicatos se agitavam e os comunistas ganhavam mais adeptos.[12] Diante desse quadro, destacamos a fala do líder do Partido Republicano Mineiro, *Antônio Carlos Andrada* que declarou: "façamos a revolução antes que o povo a faça". Analisando criticamente a fala do líder do PRM observamos que era preciso mudar o Brasil em alguma coisa para que os privilégios da minoria continuassem intocados, mais uma vez estava presente a idéia do "conceder para não perder", ou seja, as próprias oligarquias tinham de tomar a iniciativa de promover algum tipo de transformação, antes que o povo trabalhador resolvesse mudar tudo de vez. Desse modo, a elite promoveria algumas reformas a fim de não correr o risco de perder o seu poder.

O discurso da "doação" da legislação trabalhista foi utilizado para convencer os trabalhadores de que os benefícios por eles reivindicados seriam uma "dádiva" do Estado, quando, na realidade, foram fruto do movimento de contestação dos próprios trabalhadores. Assim, em nome da "harmonia" e da "paz social" os ideólogos a serviço do Governo Vargas deram um tratamento especial à questão social. Logo, com a crise do

---

(11) SKIDMORE, Thomas. *Brasil: de Getúlio a Castelo*. Rio de Janeiro: Paz e Terra, 1982, p. 23.
(12) Existia um movimento sindical antes da Era Vargas, este era organizado pelos Anarquistas e Comunistas. No entanto, a estrutura do sindicalismo brasileiro, como o conhecemos hoje, passou a existir a partir de então. Quanto ao movimento sindical Anarquista, ver SAMIS, Alexandre. "Pavilhão negro sobre pátria oliva: sindicalismo e anarquismo no Brasil", *In* COLOMBO, Eduardo (org.). *História do Movimento Operário Revolucionário*. São Paulo: Imaginário, 2004. Quanto ao sindicalismo Comunista, Cf. SANTANA, Marco Aurélio. *Homens Partidos: comunistas e sindicatos no Brasil*. São Paulo: Boitempo, 2001.

modelo de Estado Liberal era necessário se pensar em um instrumento que fosse capaz de reorganizar a hegemonia[13] do Estado, fato que implicará na revisão da estrutura jurídica.

3.3. Revolução ou luta entre as elites?

É comum a seguinte afirmação: a "Revolução de 30" ocorreu sem derramamento de sangue, no entanto, é importante ressaltar que exceto por aqueles que morreram esta afirmação poderia ser considerada verdadeira, e, lamentavelmente não foi bem assim, pois durante a Revolução de 30 quase ocorreu uma grande batalha: a Batalha de Itararé. 50 mil homens se prepararam para um confronto direto com os revolucionários. Mesmo não tendo sido engatilhada, nesta batalha que não houve, muitos foram os mortos e feridos.[14]

Por ter sido uma "Revolução" sem "dilacerações sociais", como a Abolição da Escravatura e a Proclamação da República, a Revolução de 30 assemelha-se a uma "revolução passiva", descrita por *Gramsci*.[15] Neste sentido, o próprio *Getúlio Vargas* já proclamava em janeiro de 1930, na Esplanada do Castelo, que:

---

(13) ARAUJO, *Op. cit.*, p. XXXI, nota que: o esforço de construção desta forma de hegemonia, pelas elites que assumiram o poder em 1930, deu-se por meio de uma complicada estratégia de transações e de incorporação ao sistema político de segmentos das classes populares. Ela realizou-se, de fato, por meios limitados e de forma contraditória, ao combinar a busca de participação e adesão ativa destes segmentos com medidas repressivas e elementos de manipulação ideológica.

(14) As manchetes dos jornais levavam aos leitores notícias com pormenores sobre a marcha vitoriosa das tropas revolucionárias que, do Rio Grande do Sul, subiam a caminho do Rio de Janeiro, capital da República; e que em Itararé, tiveram sua marcha bloqueada pelos legalistas chefiados por Paes de Andrade. Embora com desvantagem numérica, as tropas do governo tinham a seu favor a posição estratégica e defendiam a cidade de Itararé do alto do penhasco escavado pelo rio, no obstáculo natural, a Barreira, uma furna de vinte metros de profundidade. As tropas revoltosas, acantonadas na Fazenda Morungava, a 18 quilômetros da Barreira e chefiadas pelo Gal. Miguel Costa, trocavam escaramuças com as tropas legalistas, estas em grande parte constituídas pela Força Pública do Estado de São Paulo. Entre os dias 4 e 24 de outubro, a cidade de Itararé viveu dias de aflição, ao som de balas sibilantes até ser, aos poucos, abandonada pela população. No Sítio Taquarussu os gaúchos conseguiram atravessar o rio Itararé, no lugar onde o rio se espraia em leito de areia; tomaram de assalto a Casa Grande e tudo mais que havia. A devastação foi completa. Marcou-se o dia 25 de outubro para o encontro de ambos os lados: os revoltosos do sul e os defensores legalistas do Governo Federal. Reforçaram-se as defesas. O povo já havia esvaziado a cidade. Paes de Andrade preparou um ataque desesperado para o dia 25 quando, na véspera, ao meio dia, transpondo os limites das linhas inimigas, o Dep. gaúcho Glicério Alves veio portando uma bandeira branca, propor a cessação das hostilidades, com a notícia de que Washington Luís fora deposto, pois a Armada declarara-se a favor da Revolução. Estava terminada a Revolução de 1930. A grande catástrofe fora evitada. Três dias depois o fotógrafo de Itararé Claro Gustavo Jansson registrou a foto histórica, quando a comitiva de Getúlio Vargas passava de trem, em clima de festa, a caminho do Rio de Janeiro. O fato ficou conhecido como "a batalha que não houve" e Itararé sofreu o maior saque de sua história; todos os objetos de valor foram roubados e os móveis das casas alimentaram grandes fogueiras. Em sua volta, a população encontrou casas vazias com as marcas insolentes deixadas por uma tropa descontrolada ao comemorar a vitória. Cf. <www.consulteme.com.br/historia/histmenu.htm>.

(15) ARAUJO, *Op. cit.*, p. 80, observa que: afirmar que o Estado autoritário-corporativo é o "representante brasileiro da revolução passiva" significa considerar que: sua emergência é indissociável do processo

"... a Aliança Liberal é, com efeito, em síntese, a mais expressiva oportunidade que já ofereceu ao Brasil para realizar, *sem abalos, sem sacrifícios*, o plano de ação governamental exigido, insistentemente, não só pela maioria consciente da sua população e pelas suas tradições de cultura e *patriotismo*[16], como, também, pelo espírito do momento universal."[17] (Grifos nossos)

Quanto a este aspecto, os historiadores interpretam a "Revolução de 30" como mais uma luta entre as elites. E segundo *Skidmore*, esta interpretação procede tendo em vista que "a estrutura social e as forças políticas do Brasil não sofreram mudança da noite para o dia. O país permaneceria esmagadoramente agrícola (mais de 70 % dos trabalhadores estavam na agricultura, em 1920)".[18] Nota-se que não houve uma grande transformação na estrutura econômica ou na organização do Estado. Assim, os latifundiários continuaram sendo a classe social mais poderosa e a economia do País continuava sendo baseada na agroexportação. A "Revolução de 30" foi assim denominada porque os novos governantes, liderados por Getúlio Vargas, queriam que o País inteiro acreditasse que o Brasil estava entrando numa nova etapa da história, na qual as oligarquias foram derrotadas e foi construído um Estado nacional capaz de promover a união entre todas as classes sociais e todas as regiões do país. Criando-se, assim, o mito do Estado Nacional acompanhado do discurso da unidade.

Se, por um lado, os historiadores não classificam o movimento de 30 como revolucionário, por outro lado, eles não negam que este representou um marco histórico. Neste sentido, *Skidmore* destaca dois fatores distintos entre a denominada Revolução de 30 e todas as lutas precedentes pelo poder. Em primeiro lugar, a "Revolução de 30" pôs fim à estrutura republicana criada na década de 1890. Em segundo lugar, havia uma concordância disseminada, antes de 1930, quanto à necessidade urgente de uma revisão básica no sistema político.[19] Assim, mesmo não tendo partido das bases, o movimento de 30 implicou em uma revisão no modelo da sociedade brasileira. Neste sentido, não há como ignorar este acontecimento na história brasileira.

A "Revolução de 30" foi representativa não só no plano econômico e político, mas também no âmbito jurídico. E a questão social foi tratada não mais como "um caso de polícia", mas como uma prioridade do novo Estado. *Moraes Filho* desmente que esta frase, sempre repetida, fosse de autoria de Washington Luís, pois este afirmava

---

internacional de desagregação do Estado liberal; o corporativismo constituiu o principal instrumento do esforço de reorganização da hegemonia realizado por este Estado, na medida em que se constituiu como resposta ao problema de organização das classes populares e aos novos mecanismos para a gestão da economia.

(16) O mito da "Nação" também foi utilizado por Vargas a fim de criar um discurso de identidade nacional. No entanto, *Paranhos*, ao citar *Foucault*, observa que: a função do mito não se define pela negação das coisas, porque ele fala delas e, nesse sentido, seu papel é deformá-las e não fazê-las desaparecer. Neste sentido, observa que o mito é uma fala *roubada* e *restituída*, tendo em vista que a fala que restitui não é exatamente a mesma que foi roubada. PARANHOS, Adalberto. *Op. cit.*, p. 29.

(17) Getúlio Vargas *apud* FAUSTO, Boris. *Brasil em perspectiva*. Rio de Janeiro: Difel, 2000, p. 236.

(18) SKIDMORE. *Op. cit.*, p. 26.

(19) *Idem, ibidem*, p. 26.

no sentido contrário que: "as paredes operárias se fazem todo o dia; não há como negar a sua existência. Se elas existem, se são fatos a se desdobrarem diuturnamente, deve o Estado cumprir o dever de regulá-las nas suas causas, nos seus efeitos".[20] De qualquer forma, o Direito do Trabalho teve um tratamento privilegiado, com a instalação do Ministério do Trabalho, Indústria e Comércio, seguida de leis que regulamentavam o trabalho subordinado.

3.4. O Governo Provisório (1930-1934): a derrocada do liberalismo e a construção do Estado corporativista

Logo após a tomada do poder, por meio da "Revolução", é instituído o Governo Provisório que irá durar de 1930 a 1934. Este é marcado pela ampla concentração de poder nas mãos do Executivo. Medidas drásticas foram adotadas: o Congresso Nacional e as câmaras municipais foram fechados, os governadores foram destituídos, e em seu lugar foram nomeados interventores estaduais; e com o fechamento do Congresso Nacional o Presidente da República passou a governar por meio de decretos. Assim, se na década de 20 o liberalismo estava em xeque, na década de 30 esta doutrina irá sucumbir diante da nova onda corporativista, que não só invadiu a Europa, mas também veio quebrar em praias brasileiras. Neste sentido, *Vianna* nota que: mal decorridos quatro meses da vitória da Aliança Liberal, rejeita-se o neoliberalismo que pautou a linguagem da campanha presidencial. Defende-se agora a imposição do modelo corporativo no sentido de uniformizar "tendências sociais, em aparências díspares, a fim de evitar os atritos que retardam o desenvolvimento perfeito das funções do Estado". Conscientemente a fórmula corporativa transcende sua incidência no campo da política. Assim, para realizar seus objetivos, o Estado, nas palavras de Vargas, invade e "absorve os interesses privados", interferindo em vários rincões da vida social.[21]

Quanto aos trabalhadores o tratamento passou a ser outro. Neste sentido, *Skidmore* lembra que:

"A questão social não deveria mais ser considerada como um caso de polícia; deveria agora ser resolvida mediante concessões de parte da nova elite política, antes que as pressões de baixo pudessem forçar mudanças mais básicas."[22]

De acordo com esta nova política, em relação à classe operária, o governo adotou as seguintes medidas:

– Em 26.11.30 (Decreto n. 19.433) é criado o Ministério do Trabalho, Indústria e Comércio;

– As Juntas de Conciliação e Julgamento são instituídas no dia 12.05.32 (Decreto n. 21.396);

---

(20) MORAES FILHO. *Op. cit.*, p. 210.
(21) VIANNA, Luiz Werneck. *Liberalismo e Sindicato no Brasil*. Belo Horizonte: Ed. UFMG, 1999, pp. 162-163.
(22) SKIDMORE. *Op. cit.*, p. 33.

– Dispõe-se acerca do horário de trabalho no comércio (Decreto n. 21.186, de 22.03.32) e na indústria (Decreto n. 21.364, de 04.05.32), acerca do trabalho das mulheres (Decreto n. 21.417-A, de 17.05.33) e dos menores (Decreto n. 22.042, de 03.11.32);

– A regulamentação dos sindicatos começa a ser definida (Decreto n. 19.770, de 19.03.31).[23]

Mas se, por um lado, o governo implementou medidas "protecionistas" em relação aos trabalhadores, por outro lado, foi estabelecido que só fosse permitido o funcionamento dos sindicatos leais ao governo. Ou seja, proteção, de um lado; repressão, de outro. Diante dos conflitos e tensões sociais, inicia-se, assim, a construção de um projeto que fosse capaz de unir divergentes interesses. Desta forma, este tipo de projeto universalisante impulsionou a política do Estado para a implantação da ordem corporativa. A nova ordem contava também com a participação dos trabalhadores.

Por um lado, *Werneck Vianna* interpretou este projeto como meio de subordinação da classe trabalhadora, na medida em que "dissimulava" os conflitos entre as classes. Logo, *Werneck* questiona: qual o sentido da ordem corporativa e de sua legislação social? Pergunta se estes foram instrumentos de canalização dos conflitos das classes dominantes, tendo como subproduto o controle político das classes subalternas? Ou meio consciente de realização do industrialismo? Diante destes questionamentos, *Werneck* observa que um traço peculiar dos regimes autoritários-corporativos é disfarçar sua intenção modernizadora; nota ainda que ao remover o Estado liberal, a coligação aliancista cria as bases para promover "de cima" o desenvolvimento das atividades do conjunto das classes dominantes, em moldes especificamente burgueses. Assim, o caráter *excludente* do sistema político é dissimulado na fórmula corporativa.[24] Desta forma, percebe a ideologia corporativista como uma "falsa consciência", na medida em que teria como objetivos: "iludir, manipular e reprimir" o trabalhador. Mais uma vez o termo ideologia vem eivado de negatividade.

A despeito da conotação negativa embutida no corporativismo da Era Vargas, *Ângela Maria Carneiro Araújo* observa que a ideologia, assim como *Jano*, apresenta duas faces. No mesmo sentido, *Adalberto Paranhos* nota que a ideologia Varguista apresenta-se como uma "via de mão dupla", pois possui tanto uma dimensão negativa, quanto positiva. O aspecto negativo, presente também no senso comum, já foi apresentado e diz respeito à possibilidade de engano. Quanto ao lado positivo, *Adalberto Paranhos* afirma:

"A ideologia do trabalhismo não representa tão-somente uma mistificação ideológica, nem se reduz a uma criação artificial gerada pela mera demagogia. Até porque não concebo ideologia a partir de critérios que valorizam sobretudo sua

---

(23) FAUSTO, Boris. *Brasil em Perspectiva.* Organização: Carlos Guilherme Mota. Rio de Janeiro: Difel, 1975, p. 252.
(24) VIANNA, Werneck. *Op. cit.,* pp. 169-171.

'negatividade', tais como o puro e simples escamoteamento, a ocultação, o engodo que ela engendraria. É nessa linha que *Weffort* já mostrou que o populismo equivalia a uma via de mão dupla, não devendo ser identificado, unilateralmente, a uma política de manipulação de massas. Devido à sua ambigüidade no modo como se manifestou concretamente no processo político brasileiro, o populismo conviveu, de forma contraditória, com a manipulação das classes trabalhadoras, notadamente o proletariado industrial, e com a expressão de suas insatisfações, que, por vezes, pôs em xeque determinados esquemas de manipulação vigentes."[25] (Grifo do autor)

Não obstante as críticas quanto à ideologia do trabalhismo, não há como negar que este ideário produziu medidas que se concretizaram por meio da legislação trabalhista. Essas idéias obtiveram êxito ao se transformarem em ações objetivas que trouxeram benefícios reais para a classe trabalhadora. Mais uma prova da estreita ligação da ideologia com a lei, na medida em que aquela é fonte material desta. Tendo em vista tais benefícios, *Ângela Maria Carneiro Araújo* reconhece o aspecto positivo do corporativismo de Vargas. Neste sentido, conclui:

"Penso, que o projeto corporativo do Estado no pós-30 visava à incorporação política, sob controle, dos trabalhadores e não à sua exclusão. Visto desta perspectiva, a política estatal voltada para os trabalhadores continha uma inegável dimensão positiva, em que pese os aspectos negativos de repressão e manipulação. Positividade que significava produção do consentimento, por meio do atendimento efetivo de uma parcela dos interesses concretos desta classe. [...] O reconhecimento desta dimensão positiva [...] parece-me fundamental para a compreensão da aceitação e adesão dos trabalhadores às instituições corporativistas, assim como a longevidade destas instituições"[26].

Se já existiam leis de caráter trabalhista antes da denominada Era Vargas, foi a partir de 1930 que todo o edifício, no plano legislativo e burocrático, teve as suas bases lançadas. Assim, toda a estrutura jurídica, que conhecemos hoje, teve origem nesta fase. Neste sentido, não há como negar a importância do governo Vargas para a organização sindical, do Ministério do Trabalho, da Justiça do Trabalho e da regulamentação das relações de trabalho no Brasil. Assim, a ideologia corporativista, ultrapassando o plano das idéias, foi capaz de garantir direitos.

Uma das primeiras medidas dos "revolucionários" foi impulsionar a criação de órgãos fiscalizadores com o objetivo de dar cumprimento à legislação social pré-existente, e, com a intenção de levar a cabo esta tarefa, uma das primeiras medidas do governo foi a criação do Ministério do Trabalho, Indústria e Comércio, por meio do Decreto n. 19.443, de 26 de novembro de 1930. No ano seguinte, foi instituído o Departamento Nacional do Trabalho, pelo Decreto n. 19.671-A. Quanto a estas leis, *Evaristo de Moraes Filho* nota que o seu grande mérito foi ter possibilitado, por meio da criação de órgãos

---
(25) PARANHOS. *Op. cit.*, pp. 24-25.
(26) ARAÚJO. *Op. cit.*, p. XIX.

de controle, a fiscalização e gestão da legislação trabalhista.[27] Assim, os ideólogos do governo perceberam que não se tratava só de arrolar direitos, mas sim de concretizá-los.

Quanto aos sindicatos, em 19 de março de 1931, por meio do Decreto n. 19.770, foi regulamentada a organização sindical tanto da classe operária, quanto da patronal. O Decreto n. 19.770 previa a unicidade sindical, com o objetivo de acabar com a "anarquia" do regime anterior, em que era permitida a pluralidade sindical, sem qualquer tipo de limitação. Inspirado nas idéias de *Manoilesco*, *Oliveira Viana*, já em 1925, condenava o socialismo e o comunismo como crimes de "lesa pátria"; para ele, a solução da questão social estaria na sindicalização de classes com a integração destas na estrutura do Estado. Neste sentido, *Ângela Maria Carneiro Araújo* observa que: "a partir das idéias de unidade nacional, cooperação e harmonização dos interesses das classes é que *Oliveira Viana* construiu seu projeto de organização sindical, concebido como o primeiro passo para a montagem do edifício corporativo."[28] A defesa da unicidade sindical era uma das bandeiras levantadas por *Oliveira Viana*, que via no sistema de pluralidade uma experiência negativa vivida no Brasil e em outros países.

Além da unicidade, *Vianna* defendia a "colaboração" entre as classes e, ainda, a despolitização dos sindicatos. O discurso da "cooperação" foi utilizado com o objetivo de se tentar evitar a luta entre as classes. Nesta direção, *Adalberto Paranhos* nota que a disciplinarização do trabalho era a palavra de ordem, e expressava a preocupação do Governo Vargas, no imediato pós-30, com o controle político das classes trabalhadoras. Assim, os anos 30 constituirão o solo propício ao surgimento da ideologia do trabalhismo. Neste sentido, declarou *Vargas*, em 04 de maio de 1931, que:

"... as leis, há pouco decretadas, reconhecendo essas organizações (sindicais), tiveram em vista, principalmente, seu aspecto jurídico, para que, em vez de atuarem como força negativa, hostis ao poder público, se tornassem, na vida social, elemento proveitoso de cooperação no mecanismo dirigente do Estado."[29]

Assim, para cumprir com a função pedagógica de educar as classes na prática da solidariedade social e de formar uma elite capaz de integrar-se às funções dirigentes do País, a organização sindical precisava basear-se no sindicato único, apolítico, reconhecido e controlado pelo Estado.

Diante da imposição da unicidade sindical, o Decreto n. 19.770 foi severamente criticado tanto pelos trabalhadores, quanto pelos empresários. *Werneck Vianna* observa que a via modernizante explicita sua forma corporativa no Decreto n. 19.770, de 19 de março de 1931: os sindicatos deveriam servir de pára-choques entre as tendências conflitivas nas relações do capital com o trabalho; nesse decreto é feita a opção pelo sindicato único, definindo-se o sindicato como o órgão de colaboração com o poder público. Quanto a fins econômicos, visava-se a disciplinar o trabalho como fator de

---
(27) MORAES FILHO. *Op. cit.*, p. 317.
(28) ARAUJO. *Op. cit.*, p. 45.
(29) VARGAS, Getúlio. *A Nova Política do Brasil.* Vol. I, Rio de Janeiro: José Olympio, 1938, p. 122.

produção; quanto a fins políticos, vedar a emergência de conflitos classistas, canalizando as reivindicações dos grupos sociais envolvidos para dentro do aparato estatal.[30]

Os trabalhadores encontravam-se, quanto à unicidade sindical, divididos em duas correntes: os sindicatos "amarelos", adeptos do "socialismo" tenentista foram receptivos à Lei de Sindicalização, aderindo ao sistema oficial; mas as principais correntes do movimento operário dos grandes centros industriais, defensoras de um sindicalismo autônomo, rejeitavam a nova lei.[31] Neste sentido, *Luiz Werneck Vianna* nota que a resistência sindical e operária à estrutura corporativa pode ser observada no relativamente pequeno número de sindicatos reconhecidos pelo Ministério do Trabalho até outubro de 1934. Na indústria de transformação em todo país, nos quatro anos de vigência da lei, só 292 sindicatos vincularam-se a essa agência de poder. Em São Paulo, onde atuavam com desenvoltura as forças oligárquicas contra a nova ordem e a classe operária conseguia conservar sua organização independente, somente a derrota de 1932 criará as condições para o enquadramento sindical. A rigor, pode-se dizer que a estrutura corporativa só chegou a esse Estado em 1933; porém, os outros Estados da Federação aderiram à proposta corporativista.[32]

Apesar da resistência inicial por parte destes, o Governo tratou não só de seduzir os trabalhadores, mas também de cooptar as lideranças sindicais. Assim, por exemplo, *Evaristo de Moraes Filho* esclarece que:

"... embora não se obrigasse ninguém a ingressar em um órgão de classe, gozavam os sindicalizados de certos privilégios [...] Assim é que, pelo art. 1º, do Decreto n. 22.132/32, somente poderiam apresentar reclamações perante as Juntas de Conciliação e Julgamento os empregados sindicalizados. Igualmente, somente poderiam gozar férias os empregados da indústria que fossem associados dos seus sindicatos de classe, na conformidade do que expressamente dispunha o art. 4º, do Decreto n. 23.768, de 18 de janeiro de 1934."[33]

Quanto aos empregadores, *Ângela Maria Carneiro Araújo* nota que tanto as entidades industriais quanto as comerciais criticavam o decreto, principalmente as condições exigidas para a formação dos sindicatos patronais e aqueles aspectos que consideravam restritivos ao poder diretivo patronal.[34] Tendo em vista o projeto corporativo idealizado pelo Governo e por *Oliveira Vianna*, *Vanda Maria Ribeiro Costa* observa que este não foi concretizado na íntegra, principalmente quanto à sua implementação por parte dos empresários. Neste sentido, utiliza a classificação de *Guillermo O'Donell* para quem o projeto corporativo na América Latina é "bifronte e segmentário".[35] Notamos, assim,

---

(30) VIANNA, Luíz Werneck. *Op. cit.*, p. 184.
(31) Anarquistas, comunistas, trotskistas e os setores independentes do movimento sindical foram unânimes em combater a sindicalização oficial. Cf. ARAUJO. *Op. cit.*, p. 168.
(32) VIANNA, Luiz Werneck. *Op. cit.*, p. 179.
(33) MORAES FILHO. *Op. cit.*, p. 224.
(34) ARAUJO. *Op. cit.*, p. 168.
(35) O'DONNELL, Guillermo. *Acerca del'Corporativismo y la cuestión del Estado.* Buenos Aires: Cocumento Cedes/ G.E. Clacso/ n. 2, 1975, p. 37.

que tal como *Jano*, o corporativismo no Brasil apresenta duas faces, tendo em vista o caráter, "ao mesmo tempo, estatizante e privatista, cada uma dessas frontes correspondendo às relações desiguais entre Estado e as classes, em função da desigualdade de poder".[36]

Cumpre destacar, assim, que nem todo o corporativismo é autoritário e estatal. A conotação negativa que acompanha este termo, por tantos anos, acaba por reduzir e limitar a compreensão deste fenômeno em sua totalidade. E ainda, cabe lembrar também que nem sempre os projetos planejados pelos ideólogos a serviço do Estado, que acabam refletindo na lei, se concretizam em sua plenitude. Fato que demonstra que é no seio da sociedade civil que a lei irá se acomodar e atingir a sua eficácia; o que demonstra a diferença entre validade formal (vigência) e validade social (eficácia). A distância que vai do planejado ao concretizado ocorreu também no Brasil e refletiu-se na execução do modelo corporativo, que aqui se apresentou bifronte, tal qual *Jano*.

3.4.1. A função mítica do discurso do trabalhismo

Se, por um lado, existiam medidas concretas quanto aos direitos do trabalhador, por outro lado, no plano subjetivo, reforçou-se o discurso mítico. Desta forma, buscou-se reforçar no inconsciente coletivo, da classe trabalhadora, vários mitos, e, entre eles, estava o mito da "doação". Neste sentido, *Adalberto Paranhos* observa que o mito da doação da legislação trabalhista surge, na ideologia do trabalhismo, ligado ao "gênio político" de Vargas. Fato que se observa no discurso de *Marcondes Filho* para quem "a capacidade congênita de antecipação" do ditador que ao desvendar realidades sequer pressentidas teria evitado o conflito de classes, daí que, numa frase de efeito dramático, o ministro enfatizasse que "a nossa legislação social não veio envolta com o crepe das viúvas e a lágrima dos órfãos, mas em honra do proletariado".[37]

Um dos objetivos do mito da "doação" era fazer com que a classe trabalhadora esquecesse que os direitos trabalhistas, alcançados por meio da lei, na realidade, decorriam da sua luta, e desta forma, tais direitos não seriam uma "dádiva", mas uma conquista. Assim, por meio do discurso da "doação", os ideólogos do Governo Vargas faziam questão de esquecer, ou ao menos de não lembrar tais confrontos. Neste sentido, *Paranhos* nota que, em alguns momentos, *Marcondes Filho* mencionava explicitamente as reivindicações trabalhistas no pré-30 com o óbvio propósito de desqualificá-las. Assim falava:

"Recordemos as injustiças do passado, a negativa de direitos para o proletariado, a falta de proteção ao trabalho, a ausência de leis de assistência, as greves destruidoras da riqueza, as crianças que morreram de fome, a velhice que esmolava, a

---

(36) Quanto ao caráter *bifronte* do corporativismo brasileiro, ver COSTA. Vanda Maria Ribeiro. *A Armadilha do Leviatã: A Construção do Corporativismo no Brasil*. Rio de Janeiro: Ed. UERJ, 1999, p. 32.
(37) PARANHOS. *Op. cit.*, p. 143.

exploração do trabalho humano, os lucros inconfessáveis do capital [...] Pensemos no Brasil dos dias de Getúlio Vargas [...] já não há mais classes sem direitos. Todas as famílias estão protegidas [...] O dissídio anterior dissipamos com a colaboração entre empregados e empregadores e com os contratos coletivos de trabalho."[38]

Por outro lado, como observa *Adalberto Paranhos*, o próprio *Marcondes Filho* era capaz de reconhecer um passado de luta dos trabalhadores. Desta forma, chamava a atenção para a "antinomia" verificada na Primeira República entre o desenvolvimento industrial brasileiro e o nosso "silêncio jurídico" ou "atraso legislativo":

"... o erro cometido até 1930, quando já era inegável o desenvolvimento do nosso parque industrial, e as agitações operárias, entre nós, começavam a proliferar, encontra-se no fato de o Estado, como aconteceu na Europa, negar-se a reconhecer a existência do grande problema contemporâneo."[39]

Porém, fazia questão de destacar a influência dos estrangeiros na luta de classes. Afirmava, assim, que esta era vinculada à ação de pequenos grupos de agitadores estrangeiros (anarquistas) e concebida, por isso mesmo, como um fenômeno importado, estranho à índole pacífica do trabalhador nacional.

Se a legislação trabalhista teria sido "doada", deveria, conseqüentemente, haver a figura de um "doador". Assim, acompanhando de perto o mito da "doação" vinha o mito do "chefe protetor". Logo, propagou-se a imagem de Vargas o "pai dos pobres".[40] Considerando este aspecto, *Paranhos* nota que a "doação" das leis sociais era, no fundo, um ato que enobrecia o seu "doador". Assim, a apologia do Estado ou do governo do pós-30 se personificava em Getúlio Vargas. A conjugação dos predicados de superioridade e de simplicidade fazia de Getúlio um estadista ungido presidente pela graça de Deus; elevando o ditador à condição de "eleito", *Marcondes Filho* se regozijava "porque a providência lhe outorgou (ao povo brasileiro), na hora mais grave de sua vida, o Chefe incomparável". A imagem de "doador" da legislação trabalhista foi, assim, propagada por todos os cantos do País. Porém, mais uma vez não custa lembrar que a criação mítica não agia no vazio, pelo contrário, se sustentava sobre bases sólidas — a legislação social — e falava aos desejos das massas, atuando também sobre o seu subconsciente.[41]

Mas, como o próprio Getúlio, ao mesmo tempo amado e odiado, a ideologia que permeou todos os anos do seu governo foi dúbia e pendular. Se, por uma via, o ideário corporativista prevaleceu, por outra, houve um retorno, ainda que breve, da

---

(38) *Idem, ibidem,* p.148.
(39) PARANHOS. *Op. cit.,* p. 149.
(40) Assim como *Jano,* Vargas também tinha duas facetas: se para a classe trabalhadora Vargas deveria ser visto como o "grande pai protetor", para os empresários deveria ser tido como uma "mãe" a embalar os planos de acumulação de capital.
(41) PARANHOS. *Op. cit.,* pp. 144-146.

doutrina liberal. Devido às circunstâncias prementes, o corporativismo se viu obrigado a ceder espaço às idéias liberais, mesmo que por um breve espaço de tempo. Fato que irá repercutir na promulgação da Constituição de 1934.

3.4.2. Um corporativismo à brasileira

Antes de falarmos do breve período liberal e da Constituição de 1934, vamos refletir sobre o modelo corporativo planejado pelo Governo Vargas e por seus ideólogos. Para que possamos compreender o que significa o corporativismo hoje, teremos que analisar o que significou no passado, e, com este intuito, vamos verificar até que ponto o modelo planejado pelo Estado foi recebido e realizado, tanto pelos atores sociais, trabalhadores e empregadores, que correspondem aos lados opostos da relação de trabalho.[42]

No segundo capítulo, vimos que o conceito de corporativismo não se confunde com o do fascismo, e menos ainda com totalitarismo. Desta forma, é possível o corporativismo conviver em ambientes democráticos e pluralistas. Neste sentido, podemos afirmar, sem medo de errar, que nem todo o corporativismo é autoritário. Resta-nos saber, se o modelo brasileiro o é, e em caso afirmativo em que medida.

Segundo *Luiz Werneck Vianna*, *Robert Rowland*, em *Classe Operária e Estado de Compromisso*, repara no projeto corporativo brasileiro, centralizador e unitário, apenas seu traço político, como se ele pudesse subsistir fora dos marcos de uma ação modernizadora e industrializante do Estado. Para *Robert Rowland*,

"Vargas se propunha acabar com o Estado oligárquico. Mas, que tipo de estrutura poderia substituí-lo? [...] O corporativismo, que declarava obsoletas as estruturas políticas dos Estados demo-liberais, fornecia uma justificação para a tentativa do governo de impedir a restauração do Estado oligárquico [...] Além disso, correspondia à ideologia centralizadora dos tenentes e à ênfase dada pelos militares à integração e unidade da nação."[43]

Assim, *Luiz Werneck Vianna* nota que o profundo corte antiliberal, que conduziu ao regime corporativo no pré-37, deveria ser visto como uma resposta de ocasião a pressões conjunturais determinadas. O corporativismo, para este autor, se limitaria a:

"a) coordenação da intervenção do governo no sistema produtivo, a fim de controlar a crise econômica; b) adequação à ideologia outubrista; c) garantir a "paz social" no setor urbano-industrial, controlando politicamente a classe operária, cujo potencial desagregador poderia ameaçar o equilíbrio instável reinante nas classes dominantes."[44]

---

(42) Assim como *Jano*, a relação de trabalho também possui dois lados opostos, mas pertencentes à mesma moeda.
(43) ROWLAND, Robert *apud* VIANNA, Luiz Werneck. *Op. cit.*, p. 157.
(44) VIANNA, Luiz Werneck. *Op. cit.*, p. 157.

Para melhor compreendermos o corporativismo no Brasil, devemos antes observar que este se manifestou em dois planos, um relativo aos trabalhadores e outro aos empregadores. Neste sentido, faz-se necessária a distinção entre dois conceitos, quais sejam o de corporativismo e o de sindicalismo. *Vanda Maria Ribeiro Costa* observa que esta diferença é fundamental para qualificar a estrutura corporativa no Brasil. Assim, lembra que a coexistência de tipos diferenciados de corporativismo foi reconhecida por *Philippe Schimitter* com a seguinte tese:

"... no Brasil, os interesses do capital se organizam sob um formato corporativo, enquanto a representação dos interesses do trabalho foi organizada sob a forma de um sindicalismo tutelado. Essa diferença se expressa na combinação do corporativismo societal com um corporativismo estatal."[45]

Vanda Maria Ribeiro Costa observa que os termos corporativismo e sindicalismo são tratados como sinônimos, no Brasil. E, se por um lado, esta análise facilita na captura das semelhanças, por outro lado, dificulta na compreensão das suas diferenças. Assim, para o entendimento do fenômeno como um todo, urge apontar as diferenças. Esta distinção torna-se importante principalmente no que diz respeito às relações entre Estado e empresários, tendo em vista que o conceito de "corporativismo de Estado" só apresenta adequação quando se trata da estrutura sindical ligada aos trabalhadores. Assim, as relações entre classe patronal e Estado devem ser analisadas a partir de um outro tipo de modelo de corporativismo.

Ludovico Incisa também faz a distinção entre corporativismo e sindicalismo; para ele, o modelo corporativo se apresenta, pois, como fórmula contraposta ao modelo sindical, que seria o gestor do conflito subjacente à sociedade industrializada ou em vias de desenvolvimento e o transformaria, de quando em quando, em uma eventual relação de força entre trabalho e lucro. O modelo corporativo, pelo contrário, impediria justamente a formação de elementos de conflito, articulando as organizações de categoria em associações entre classes e prefixando normas obrigatórias de conciliação para os dissídios coletivos do trabalho. O modelo corporativo defende a colaboração entre as classes no âmbito das categorias e sua interpretação dialética social é otimista, ao passo que as premissas em que se baseia o modelo sindical são conflitantes e pessimistas.[46]

Diante destas considerações, verificamos que o conceito de sindicalismo não corresponde necessariamente ao conceito de corporativismo, nem muito menos ao conceito de corporativismo estatal; se esta coincidência ocorreu no Brasil, foi devido a várias circunstâncias históricas; especificidade que não pode ser generalizada. Assim, depois de 1930, o Estado Corporativista impôs um modelo sindical tutelado aos trabalhadores brasileiros. Cumpre notar que inicialmente os trabalhadores resistiram, mas devido a vários fatores acabaram aderindo ao modelo estatal, fato que trouxe implicações até na estrutura sindical brasileira, refletindo-se inclusive na Constituição

---

(45) COSTA. Vanda Maria Ribeiro. *Op. cit.*, p. 22.
(46) INCISA, Ludovico. "Corporativismo". *In* BOBBIO. *Op. cit.*, p. 287.

Federal de 1988. Se o controle estatal alcançou a classe trabalhadora, o mesmo não se pode dizer sobre a classe patronal. Assim, tal qual *Jano*, o corporativismo à brasileira apresentou duas faces, uma relativa aos trabalhadores e outra aos empregadores.

3.4.2.1. As duas faces do corporativismo brasileiro

O corporativismo brasileiro é caracterizado como autoritário, ficando associado ao fechamento de partidos, à supressão do direito de livre associação, etc. Para a formação deste corporativismo contribuíram diversos e conflitantes projetos de reorganização do Estado Nacional no pós-30, sendo, assim, fruto de um projeto hegemônico do regime autoritário de Vargas.[47] Neste sentido, *Costa* cita *Schimitter* ao observar que a simples menção ao termo *corporativismo* continua sendo problemática, por evocar "o aspecto do fascismo e do governo autoritário". Porém, tendo como base os estudos de *Schimitter* a partir da estrutura corporativa de países anglo-saxônicos, *Costa* destaca a existência de dois tipos de corporativismo: 1) o Corporativismo de Estado e 2) o Corporativismo Societal. O tipo 1 tem suas estruturas formadas por iniciativa ou legitimação do Estado, e é associado, em princípio, ao mundo subdesenvolvido. O tipo 2 tem sua base formada a partir da iniciativa da sociedade.

Quanto ao primeiro modelo, qual seja o corporativista de base sindical, cabia ao Estado, personificando o interesse geral, promover a incorporação dos grupos de interesses de classe à totalidade do Estado-Nação, assim, as relações entre Estado e sociedade foram conduzidas vertical e hierarquicamente pelo Estado por meio de instrumentos tais como:

> "... a legislação social, a reorganização sindical de 1931, a criação dos Tribunais de Trabalho e Juntas de Conciliação, a representação classista, a liberdade sindical episódica de 1934, os conselhos técnicos setoriais e de assessoria governamental, a Carta de 37, a reorganização sindical de 1939, a Lei do Enquadramento Sindical de 1940, e, finalmente, a Consolidação das Leis do Trabalho."[48]

Por outro lado, *Vanda Maria Ribeiro Costa* nota que a partir desse modelo se institucionalizou um outro tipo de corporativismo destinado à organização do

---

(47) *Ângela Maria Carneiro Araújo* observa que a relação entre os conceitos de hegemonia e corporativismo pode ser apreendida a partir das reflexões sobre "revolução passiva", desenvolvida por *Gramsci*. Neste sentido, verifica que o "sindicalismo corporativo" (melhor dizer sindicalismo tutelado) constitui um instrumento efetivo de obtenção do consentimento e de integração ativa das massas. Não podendo, assim, ser considerado como mero instrumento de manipulação, na medida em que representou a forma institucional pela qual estas classes adquiriram sua identidade sócio-política. O corporativismo, enquanto ideologia, é considerado o instrumento por excelência da revolução passiva. Cita *Gramsci*: "haveria uma revolução passiva no fato de que, por intermédio da intervenção legislativa do Estado e por meio da organização corporativa, seriam introduzidas na estrutura econômica do país modificações mais ou menos profundas para acentuar o elemento plano de produção [...] Esta ideologia serviria como elemento de uma 'guerra de posição' no campo econômico internacional, assim como a 'revolução passiva' é este elemento no campo político". Cf.ARAUJO, Ângela Maria Carneiro.*Op. cit.*, p. 18.

(48) COSTA. *Op. cit.*, p. 29.

associativismo patronal; este caracterizado por relações de classe horizontais e pela participação de grupos de interesses na máquina do governo. Apesar da existência destes dois tipos de modelos (tipo 1: o corporativismo de Estado; tipo 2: o corporativismo societal), a autora percebe que a definição clássica de corporativismo dá destaque especial às relações verticais no interior dessa estrutura.[49] Apesar de o modelo clássico não contemplar as relações horizontais, *Vanda Maria Ribeiro Costa* diz que o corporativismo tanto pode ser autoritário quanto democrático, dependendo do tipo de intermediação que realiza. No primeiro tipo (de Estado) os ajustes são feitos por intermédio da autoridade pública e a coerção é obtida com a ajuda do Estado; já no segundo (o societal) a legitimidade para a intermediação dos interesses é conferida aos próprios atores e a coerção é realizada sem a ajuda do Estado.

Os empresários foram capazes de, a despeito das leis trabalhistas e do autoritarismo estatal, impor a sua vontade, tendo voz ativa diante do Governo Vargas. Para esta classe foi possível um outro tipo de arranjo, mais democrático, em qual havia espaço para um tipo de organização mais livre, ou, no mínimo, menos controlada.

Diante desses dois conceitos, é possível distinguir corporativismo de sindicalismo. Neste sentido, *Vanda Maria Ribeiro Costa* nota que, no início da década de 70, *Philippe Schimitter* faz distinção entre "corporativismo natural" (como padrão de organização da classe patronal) e "corporativismo artificial" (formato sob o qual se organizara a classe operária). Tendo em vista a classificação proposta por *Schimitter*, que aponta para dois tipos de modelos de corporativismo: o estatal e o societal, pergunta-se: o segundo modelo teve, ou tem, aplicação no Brasil? Se tiver, em que medida?

Tanto um quanto o outro se aplicam ao Brasil, mas em medidas diferentes. O tipo estatal se aplica nas relações de trabalho relativas aos trabalhadores. Enquanto o tipo societal, também denominado de cooperação por *Mihail Manoilesco*, em 1938, e de setorial/intermediário por *Alan Cawson*, em 1986, se aproxima do tipo de relação entre burguesia industrial e Estado, o "Estatal" se identifica com a classe trabalhadora. Aqui, os empresários puderam construir um tipo de corporativismo diferente do proposto pelo Governo Vargas e independente da vontade do "chefe" e de seus ideólogos, assim, pode-se notar que, diante das tensões sociais, os projetos e modelos podem assumir outro feitio. Fato que comprova a classificação proposta por *Guillermo O'Donell* que afirmava que na América Latina o corporativismo é "bifronte e segmentário", na medida em que o seu impacto apresenta-se de forma diferente em cada classe.[50] Neste sentido, *Norbert Elias* observa que:

---

(49) *Costa* apresenta o corporativismo clássico como uma estrutura de representação de interesses composta por um número limitado de organizações compulsórias, funcionalmente diferenciadas, organizadas hierarquicamente, não-competitivas, reconhecidas ou licenciadas (senão criadas) pelo Estado que lhes concede deliberadamente o monopólio da representação.

(50) *Ângela Maria Carneiro Araújo*, citando *Guillermo O'Donnell*, nota que este corporativismo é bifronte porque contém um componente "estatizante", que consiste na subordinação ao Estado das organizações da sociedade civil, e um componente "privatista", que consiste na abertura de áreas institucionais do Estado à representação de interesses organizados da sociedade civil. O caráter segmentário significa que o funcionamento e o impacto das estruturas corporativas são distintos com relação às classes sociais. Cf. ARAÚJO, Ângela Maria Carneiro.*Op. cit.,* p. XXVII.

"... tal como a corrente do Golfo no oceano [...] o *continuum* de seres humanos interdependentes tem um movimento próprio nesse cosmo mais poderoso, uma regularidade e um ritmo de mudança que, por sua vez, são mais fortes do que a vontade e os planos das pessoas individualmente consideradas."[51]

Diante da diversidade de avaliações, quanto ao corporativismo, *Vanda Maria Ribeiro Costa* conclui que a combinação de características aparentemente contraditórias pode contribuir para a compreensão do fenômeno como um todo, assim nota que o modelo brasileiro combinou:

"a) intervenção do Estado com interferência da sociedade no Estado;

b) subordinação dos grupos de interesses com autonomia de uns e controle de outros;

c) mecanismos de inclusão social com mecanismos de exclusão política;

d) sistema de proteção social com políticas de acumulação de capital e concentração de renda."[52]

Se, inicialmente, o Governo Vargas tinha um projeto de corporativismo, tendo como base o modelo de corporativismo italiano; se em relação à regulamentação das relações de trabalho, *Oliveira Vianna* tinha como base o modelo proposto por *Mihail Manoilesco*, na prática, diante dos conflitos de interesses, dos trabalhadores e, principalmente, dos empresários, este projeto assumiu uma nova dimensão. Assim, percebemos que existe uma distância entre a vigência (validade formal) e a eficácia (validade social) da norma jurídica, pois diante das práticas concretizadas pelos atores sociais é que a lei irá adquirir a efetividade. Desta maneira, apesar do projeto unitário proposto pelo Governo Vargas, o corporativismo, assim com *Jano*, assumiu um caráter bifronte, apresentando dois lados: um relativo aos trabalhadores e outro aos empregadores. Mas, diante da mudança dos ventos, os ares liberais voltaram a soprar no Brasil, fato que refletiu na promulgação da Constituição de 1934.

3.5. 1934-1937: o breve retorno do liberalismo

Como vimos anteriormente, logo que assumiu o poder, Vargas adotou medidas autoritárias, e, diante dessas medidas, fechamento do Congresso Nacional, intervenção nos Estados, etc, começaram a surgir divergências sobre quando e como o Brasil deveria ser "reconstitucionalizado". Assim, os constitucionalistas liberais pressionavam por eleições imediatas. Mas, por outro lado, os tenentes, por meio do Clube Três de Outubro, exigiam que Vargas continuasse indefinidamente o seu mando, como governo provisório.[53] As divergências foram sendo acentuadas, no Estado de São Paulo uma passeata de

---

(51) ELIAS, Norbert. *Op. cit.*, p. 46.
(52) COSTA. *Op. cit.*, p. 37.
(53) SKIDMORE. *Op. cit.*, p. 33.

protesto contra o interventor nomeado por Getúlio terminou com a morte de um estudante. Assim, a tensão política aumentou e culminou com a Revolução Constitucionalista de São Paulo, em 1932.[54]

As forças militares legalistas venceram os insurgentes, porém o Governo Vargas, no ano seguinte, adotou medidas que satisfaziam os produtores de café, reduzindo em 50% a sua dívida bancária; e ainda, admitiu a eleição de uma Assembléia Constituinte. Em 1934 foi promulgada a segunda Constituição da República, que tinha como modelo principal a Constituição de *Weimar*, de 1919.[55]

A Constituição de 1934 apresentava princípios democráticos, a começar pela sua elaboração: ela foi feita por uma Assembléia Constituinte especialmente eleita para essa tarefa e nela buscava-se um equilíbrio de forças entre os três poderes; conservava a estrutura federalista e presidencialista estabelecendo, porém, um maior controle sobre a autoridade do Presidente da República; estabeleceu eleições diretas e secretas para presidente e o voto feminino. Foram criados tribunais eleitorais para evitar fraudes. Neste período legitimou-se o exercício da presidência por Getúlio Vargas, como lembra *Thomas Skidmore*: "em julho de 1934 Getúlio foi eleito pelo Congresso Nacional por um período que iria até às eleições diretas, marcadas para janeiro de 1938".[56]

Quanto aos direitos dos trabalhadores, a Constituição de 34 incorporou de forma pioneira a legislação trabalhista. Foi prevista a criação da Justiça do Trabalho e caberia ao Governo Federal o poder de fixar salários mínimos. Diante desta nova onda liberal, os dispositivos dos Decretos n. 22.132/32 e n. 23.768/34, que concediam privilégios somente aos trabalhadores sindicalizados, foram declarados inconstitucionais, tendo em vista a discriminação estabelecida.

Em relação à organização sindical, o art. 120 da nova Constituição previa que: "Os sindicatos e as associações profissionais serão reconhecidos de conformidade com a lei". E o parágrafo único — "A lei assegurará a pluralidade sindical e a completa autonomia dos sindicatos". Apesar de a Constituição de 1934 ter previsto a "pluralidade" sindical, nota-se que o legislador infra-constitucional, por meio do art 5º do Decreto n. 24.694, de 12 de julho de 1934, limitou o número de sindicatos para cada profissão, no máximo, a três, considerando-se a exigência legal para a constituição dos sindicatos de empregados, de pelo menos um terço de associados, que representem, efetivamente, a profissão. Assim, a "pluralidade", prevista formalmente na Constituição, na prática constituía-se em mera falácia. Neste sentido, *Evaristo de Moraes Filho* observa que desde 1930 nunca tivemos, a rigor, uma pluralidade sindical, como ocorre em 1907, por meio do Decreto n. 1.637.[57]

---

(54) SCHMIDT. *Op. cit.*, p. 143.
(55) ALBUQUERQUE, Manoel Maurício. *Pequena História da Formação Social Brasileira.* Rio de Janeiro: Graal, 1986, p. 578.
(56) SKIDMORE. *Op. cit.*, p. 40.
(57) MORAES FILHO. *Op. cit.*, p. 227.

Com a Constituição de 34, os sindicatos voltam a ter natureza de pessoas de direito privado. Passaram a ser vistos como órgãos naturais de defesa e representação. Porém, as funções de defesa e representação continuam vinculadas ao prévio reconhecimento do Estado. Assim, o reconhecimento deixa de ser exigido e passa a ser instrumento de legalização de um *status* adquirido no mundo privado. Os sindicatos, que agora dependiam de uma formalidade mínima, podiam reassumir suas funções e espaço político antes existente.

Luiz Werneck Vianna verifica que o conflito entre o texto da Constituição de 1934, que previa a autonomia e a pluralidade sindicais, e o do decreto-lei que "retificou" a Constituição, provocou um processo inverso de queda dos sindicatos oficialistas.[58] No sentido contrário, *Vanda Maria Ribeiro Costa* observa que os sindicatos patronais recuperaram sua economia, obtendo mais recursos. Assim, as associações, que neste momento dependiam de uma formalidade mínima, podiam reassumir suas funções "naturais". Logo, os sindicatos patronais souberam aproveitar o espaço legal em seu próprio benefício, atingindo uma maior autonomia.[59]

No que diz respeito à autonomia sindical, havia uma polêmica quanto à constitucionalidade do artigo 23 do Decreto n. 24.644/34, que previa a possibilidade de controle dos sindicatos, e o art. 120 da Magna Carta, que determinava completa autonomia; diante deste impasse *Oliveira Vianna* tratou de elaborar um argumento para justificar o controle sindical, por meio da distinção entre duas categorias, quais sejam: "controle hierárquico" e "controle administrativo". Construção ideológica, no sentido pejorativo da palavra, tendo em vista que o seu objetivo era "camuflar" a realidade. Assim, para ele: "somente o primeiro teria sido proibido pelo legislador constituinte, não o segundo, simples poder de polícia, inerente às novas funções delegadas do poder público".[60] Logo, quanto aos sindicatos, os ventos liberais constituíram, no Brasil, uma leve brisa.

3.6. O golpe de 37 e o Estado Novo

No Brasil, nos anos 30, havia o que *Thomas Skidmore* denominou de polarização ideológica: o fascismo era representado pela Ação Integralista Brasileira. Os integralistas tinham como fonte de inspiração o fascismo europeu. Vestiam fardas verdes e seguiam o lema "Deus, pátria e família", seu líder era Plínio Salgado. A Igreja Católica da época era politicamente conservadora, assim, em nome da moral cristã, muitos padres aderiram ao integralismo. Inicialmente Getúlio Vargas mostrou ser simpático ao integralismo e muitos de seus assessores eram simpatizantes do fascismo europeu.

Em oposição a este grupo, surge a Aliança Nacional Libertadora (ANL), partido que reunia comunistas, social-democratas e tenentes com idéias de esquerda. Diante

---

(58) VIANNA, Luiz Werneck. *Op. cit.*, p. 182.
(59) COSTA. *Op. cit.*, p. 61.
(60) MORAES FILHO. *Op. cit.*, p. 224.

da proibição de funcionamento da ANL, prevendo uma ditadura fascista, os comunistas e os tenentistas se uniram e começaram a conspiração contra Vargas, com o objetivo de derrubá-lo do poder, mas a revolta foi mal planejada e os comunistas foram facilmente derrotados; depois da derrota da ANL em 1935, o Partido Comunista praticamente deixou de existir e quase todos os seus dirigentes e militantes foram presos, incluindo Luís Carlos Prestes.

A ANL não defendia o socialismo, mas apresentava várias propostas de mudanças, entre elas: a reforma agrária (para que fosse extinto o domínio das oligarquias rurais); proibição da atuação de empresas estrangeiras em algumas áreas estratégicas (minerais, eletricidade, petróleo). Tendo em vista tais propostas, a ANL representava uma ameaça ao governo de Vargas. Sendo assim, Getúlio Vargas proibiu o funcionamento da ANL e suas sedes foram fechadas por todo o País.

O golpe de 37 teve como pretexto o Plano Cohen quando o governo anunciou a descoberta de "um terrível complô comunista para tomar o poder". Na realidade este plano foi forjado pelos integralistas com o objetivo de justificar o golpe antidemocrático. Assim, apoiado pelas Forças Armadas, Vargas cancelou as eleições previstas para 1938 e o Congresso Nacional foi fechado. Foi criada uma nova Constituição imposta pela ditadura. A Constituição de 37 foi apelidada de Polaca, pois teve como inspiração a Constituição da Polônia fascista e nela os Estados perderam toda a autonomia diante do poder central e o poder Executivo teve supremacia sobre os demais; os Estados passaram a ser governados por interventores nomeados por Vargas; os partidos políticos foram fechados e a imprensa estava totalmente censurada; as greves foram proibidas e os sindicatos eram controlados pelo Estado. Apesar do apoio dos integralistas ao golpe, Vargas tratou rapidamente de neutralizá-los proibindo a sua atuação e diante da tentativa de revolta deste grupo, mandou prender os seus integrantes, seu líder Plínio Salgado foi banido para o exílio no exterior.[61]

A Constituição de 1937 e, posteriormente, a Consolidação das Leis do Trabalho, de 1943, são frutos da influência da *Carta del Lavoro* do fascismo italiano e da sua ideologia corporativista. Segundo *Romita*, a *Carta del Lavoro* pode ser sintetizada em dois conceitos: autoritarismo e corporativismo.[62] Observa, ainda, que no fascismo o Estado corporativo torna-se onipresente e dispõe sobre todos os assuntos que dizem respeito ao social. No Brasil, a influência da Carta italiana foi de tal monta que o art. 138 da Constituição de 1937 é uma tradução deste texto.

"A associação profissional ou sindical é livre. Somente, porém, o sindicato regularmente reconhecido pelo Estado tem o direito de representação legal dos que participarem da categoria de produção para que foi constituído, e de defender-lhes o direito perante o Estado e outras associações profissionais, estipular contratos

---

(61) SKIDIMORE, Thomas E. *Uma História do Brasil.* São Paulo: Paz e Terra, 2003, pp. 158-164.
(62) ROMITA, Arion Sayão. *O Fascismo no Direito do Trabalho Brasileiro: influência da Carta Del Lavoro sobre a legislação trabalhista brasileira.* São Paulo: LTr, 2001, p. 25.

coletivos de trabalho obrigatórios para todos os associados, impor-lhes contribuições e exercer em relação a eles funções delegadas de poder público."[63]

Com a Constituição de 37 o aumento da intervenção do Estado na vida associativa tem como argumento o papel político atribuído aos sindicatos. Assim, a subordinação das entidades de classe ao Estado passa a ser total; diante desse autoritarismo, a elite paulista ofereceu resistência contra a ameaça à sua autonomia. Neste sentido, institucionalizou um corporativismo à sua medida e segundo seus interesses. A classe operária, no entanto, não foi capaz de resistir a esta forte intervenção estatal.[64]

O discurso da ideologia fascista teve o condão de transformar o conceito de trabalho em "um dever social" e, desta forma, o trabalho passou a ser considerado como um direito público em face do Estado. Neste sentido, se apresenta uma outra definição geral de Ideologia proposta por *Zbigniew K. Brzezinski* como: um programa adaptado para a ação de massa e que combina certos acertos sobre a inadequação do passado e/ou do presente com certas tendências explícitas de ação para melhorar a situação e certas noções sobre o estado final e desejado de coisas. Esta definição destaca a dimensão ativista e transformadora da ideologia. Assim, está inserida a ideologia quiliástica, de função expressiva com intuitos de uma transformação total da sociedade (exemplo: fascismo italiano).[65]

Diante da ideologia do fascismo, a fim de se buscar a "transformação total da sociedade", o trabalhador deixou de ser um opositor para se transformar em um "aliado" do regime, e desta forma o sindicalismo deixa de ser combativo e se transforma em uma mera extensão burocrática do braço do Estado. Aos sindicatos foram delegadas prerrogativas de autoridade pública, podendo, desta maneira, cobrar o imposto sindical de todos os trabalhadores da "categoria", sindicalizados ou não. Assim, o excesso de "proteção" acabou transformando-se em "escravidão". Neste sentido, *Evaristo de Moraes Filho* nota que:

> "... nos excessos de paternalismo, não permitiu o Estado Novo ao pobre sindicato a liberdade de ser infeliz, onde e como quisesse, embora pobre, sem imposto sindical, sem parcelas das prerrogativas da autoridade pública, mas com o maior dos poderes, que se constitui no livre assentimento dos integrantes da profissão, na livre ação dos seus movimentos, sem olhos a vigiá-los, sem policiais a guardar a porta de sua própria casa".[66]

---

(63) O texto da declaração III da *Carta del Lavoro* é: *"L'organizzazione sindacale o professionale è libera. Ma solo il sindacato legalmente riconosciuto e sottoposto al controllo dello Stato há il diritto di rappresentare tutta la categoria di datori di lavoro o di lavorati, per cui e constituito: di tulelarne, di fronte allo Stato e alle altre associazioni professionali, gli interessi; di stipulare contrati colletivi di lavoro obbligatori per tutti gli appartenenti allá categoria, di impore loro contributi e di esercitare, rispetto ad essi, funzioni delegate di interesse pubblico".*
(64) COSTA. *Op. cit.*, p. 62.
(65) STOPPINO, Mario. "Ideologia". *In* BOBBIO, *Op. cit.*, p. 587.
(66) MORAES FILHO. *Op. cit.*, p. 260.

E esse discurso vai influenciar a "conformação" sindical tanto na Itália quanto no Brasil. Surgindo, assim, a figura do sindicato como mais um instrumento "da colaboração de classes".[67]

A fim de regulamentar o sindicato oficial, o Governo promulgou o Decreto-Lei n. 1.402/39 que determinava, em seu art. 2º, que somente as associações profissionais, registradas para esse fim especial no Ministério, podem ser reconhecidas como sindicatos e investidas das prerrogativas definidas na lei. Uma vez reconhecida a associação profissional, por meio da carta de reconhecimento assinada pelo Ministro, seria definida a base territorial e especificada a representação de interesses que lhe couber (art. 9º, parágrafo 1º, do Decreto n. 1.402). Nesta nova onda intervencionista do corporativismo autoritário, o art. 45 deste Decreto determinava que: "somente depois dos registros, as associações [...] adquirirão personalidade jurídica". Assim, as associações já constituídas deveriam se registrar na forma da nova lei. Diante do rigor do novo decreto, *Vanda Maria Ribeiro Costa* nota que "se o reconhecimento fora visto até então como o batismo do sindicato, passava agora a constituir sua certidão de nascimento".[68] Assim, além de "colaboradores", os sindicatos reconhecidos passavam a ser órgãos do governo.

Se a elite empresarial paulista encontrou um espaço de manobra diante da Constituição Federal de 1937, o mesmo espaço não foi vislumbrado diante do novo decreto. Assim, ao subordinar a organização sindical a critérios de identidade, conexão ou similitude de funções, o decreto ameaçava a estrutura associativa patronal. Desta forma, encontrou forte resistência da elite paulista. Na mesma onda autoritária, foi promulgada em 1943 a Consolidação das Leis do Trabalho, momento em que a ideologia do trabalhismo atingira a sua força máxima.

3.7. *O populismo varguista e a CLT: o auge da ideologia do trabalhismo*

A maneira de governar de Getúlio Vargas, o populismo, também é chamada de trabalhismo.

Com o desenvolvimento da indústria houve um acréscimo no número de trabalhadores assalariados; desta forma, para que os operários não fossem influenciados pelos comunistas nem pelos anarquistas, para evitar que fizessem greves, e, ainda, para que estes fossem obedientes, disciplinados e produtivos, duas medidas foram adotadas pelo governo de Vargas. A primeira medida foi a repressão. Assim, as greves foram proibidas, os comunistas e os anarquistas foram presos e os sindicatos foram obrigados a se subordinar ao Ministério do Trabalho. A segunda maneira foi mais sutil e típica do populismo. Foi criado o discurso da "doação" da legislação trabalhista.

---

(67) ROMITA, Arion Sayão. *Op. cit.*, p. 53.
(68) COSTA, Vanda Maria Ribeiro. *Op. cit.*, p. 65.

As leis trabalhistas de Vargas tratavam de: redução da jornada de trabalho para oito horas, proibição em empregar menores de 14 anos, férias, salário mínimo (1940). Foi criada a seguridade social. As leis trabalhistas, que eram anunciadas todos os anos, foram reunidas na Consolidação das Leis do Trabalho (CLT) de 1943. Nota-se que as leis trabalhistas de Vargas só valiam para os trabalhadores urbanos, no entanto 60% dos brasileiros viviam no campo. Assim, os latifundiários não estavam sob o império da lei.

Mas se, por um lado na Era Vargas houve "doação" da legislação trabalhista, por outro lado o movimento operário ficou sufocado diante da incapacidade de lutar por seus direitos, porque o Estado só permitia a atuação dos sindicatos "pelegos". No entanto, não se pode afirmar que os trabalhadores foram "enganados", pois tinham consciência da barganha que faziam.

Outro instrumento ideológico importante do populismo do Governo Vargas era o DIP – Departamento de Imprensa e Propaganda, órgão responsável pela censura e pela publicidade política. Este foi de suma importância para a divulgação da imagem de Getúlio como o "pai dos pobres". O dia 1º de maio passou a ser feriado e no Rio de Janeiro, milhares de operários desfilavam carregando enormes retratos de Getúlio.

Se no plano ideológico o discurso do trabalhismo procurou fincar raízes profundas no subconsciente do trabalhador, no aspecto pragmático a CLT buscou na prática a conciliação com a elite empresarial paulista. Neste sentido *Vanda Maria Ribeiro Costa* nota que a criação da CLT marca o fim dos conflitos, pois, a redação do art. 511, foi capaz de agradar a elite paulista por meio de um tratamento diferenciado às associações patronais (que poderiam se organizar a partir de interesses econômicos gerais). Porém, os sindicatos dos trabalhadores continuariam tendo que se organizar tendo em vista a "similitude de condições de vida oriundas da profissão [...] na mesma atividade econômica ou similar". Assim, diante desse tratamento diferenciado, *Vanda Maria Ribeiro Costa* nota que essa medida assegurava a hierarquização e a pulverização da classe trabalhadora, aumentando os obstáculos à solidariedade de classe.[69]

Com o objetivo de consolidar-se o discurso da "colaboração", *Adalberto Paranhos*[70] observa que *Marcondes Filho* condenava as greves, pois elas importariam em sacrifícios para a indústria. Assim, o art. 724 da Consolidação das Leis do Trabalho.[71]

---

(69) COSTA, Vanda Maria Ribeiro. *Op. cit.*, p. 67.
(70) PARANHOS, Adalberto. *Op. cit.*, p. 65.
(71) Art. 724. Quando a suspensão do serviço ou desobediência às decisões dos Tribunais do Trabalho for ordenada por associação profissional, sindical ou não, de empregados ou de empregadores, a pena será:
a) se a ordem for de ato de assembléia, cancelamento do registro da associação, além da multa de trezentos valores-de-referência regionais, aplicada em dobro, em se tratando de serviço público;
b) se a instigação ou ordem for ato exclusivo dos administradores, perda do cargo, sem prejuízo da pena cominada no artigo seguinte. Dispositivo revogado pela Lei n. 9.842/99.

"... era taxativo ao estipular que a aprovação de greve em assembléia sindical representaria o cancelamento de registro do sindicato. Uma outra característica destacada por *Paranhos* presente na ideologia do trabalhismo é o mito da 'cordialidade'. Desta forma, afirmava o ministro do trabalho que na índole do trabalhador brasileiro 'palpitavam os sentimentos de doçura'. Reforçando-se, assim, a concepção histórica do mito da 'cordialidade'[72] que teria dominado as relações entre senhor e escravo no Brasil.[73]

Se com a promulgação da CLT a ideologia corporativista, com sua versão brasileira, o populismo de Vargas atingira o seu ápice consolidando-se no plano fático os ideais de um regime autoritário; o final da Segunda Guerra Mundial, com o retorno da ideologia liberal, provocara profundas transformações que atingirão também o Brasil.

3.8. O fim da guerra e o declínio do corporativismo

Terminada a Segunda Guerra Mundial, a opinião pública brasileira rejeitava a ditadura do Estado Novo. Vargas foi deposto em 1945. O país se redemocratizava. Se o resultado da guerra fosse outro, quem sabe o ideário corporativista tivesse prevalecido. No entanto, a história é composta de fatos e não de especulações. Neste sentido, *Hobsbawn* brinca ao dizer que: "se minha avó tivesse rodas seria um ônibus de turismo".[74] Porém, mesmo com o fim do Governo Vargas, não há como negar a importância que este período representou na história do Brasil, pois a Era Vargas significou a ruptura com o passado e um passo para futuro. O amanhã que o povo brasileiro parece sempre desejar alcançar.

Da mesma forma que *Jano*, este período também carregou consigo a ambigüidade e a contradição, marcado pela oscilação entre a ideologia corporativa e a liberal; este movimento pendular, como vimos, acabou refletindo no plano jurídico. Assim, as normas trabalhistas foram influenciadas também pelos ares da democracia, embora tenha prevalecido o ideal corporativista, no nosso caso de cunho autoritário, pelo menos quanto aos trabalhadores, se não no todo ao menos em parte.

Assim, não ousaríamos afirmar que as leis trabalhistas são ou foram totalitárias, tendo em vista a sua ambigüidade. Mesmo que se diga que estas são ou foram corporativistas, ainda assim, não se poderia concluir que são autoritárias, pois, como vimos, o corporativismo também pode conviver em ambientes democráticos, logo, o corporativismo nem sempre é do tipo "Estatal". Mas, pelo contrário, a feição do corporativismo no Brasil, assim como *Jano*, apresentou-se bifronte. Esta bilateralidade,

---

(72) Em *Populações Meridionais do Brasil*, OLIVEIRA VIANA acentuava que: *"na vida das fazendas nossa bondade natural adoça o trato dos escravos. Estes são como membros da família e quase sempre ligados ao fazendeiro por terna afetividade".* Citado por JARBAS MEDEIROS. *Op. cit.,* p. 178. O mito da "cordialidade".
(73) PARANHOS. *Op. cit.,* p. 161.
(74) HOBSBAWM, Eric J. *Mundos do Trabalho: Novos Estudos sobre História Operária.* Rio de Janeiro: Paz e Terra, 2000. p. 23.

como são as relações de trabalho, implicou em uma acomodação à lei por parte dos atores sociais, de uma forma também dúbia.

Enquanto discurso ideológico, a lei é dinâmica, como a própria vida; fato que pode ser comprovado com a adequação da norma jurídica aos interesses tanto dos trabalhadores, quanto dos empregadores. Assim, considerando a importância da ideologia da Era Vargas para as normas trabalhistas no Brasil, vamos voltar a algumas questões recorrentes para que possamos verificar qual a importância do ideário corporativista hoje no país, e, ainda, se este se sobrepôs ou se nas relações de trabalho vige a ideologia neoliberal. Para tanto, vamos nos ater à Constituição Federal de 1988, também denominada "Carta Social".

3.9. O corporativismo na Constituição Federal de 1988

O edifício corporativo no Brasil foi construído durante a Era Vargas. Se a base de sustentação do Governo Vargas foi o ideário corporativo, este tinha, no plano jurídico, dois pilares principais, quais sejam: o sindicato único e a Justiça do Trabalho. Neste sentido, a Constituição Federal de 1988 é criticada por manter o corporativismo deste período, tendo em vista que quanto a estes pontos manteve a estrutura idealizada naquele contexto histórico.

Diante deste "calcanhar de Aquiles", vamos verificar em que medida o discurso corporativista está presente na regulamentação das relações de trabalho hoje no Brasil. Tendo em vista que estas relações são regulamentadas por norma de caráter individual e coletivo, perguntamos: seria correto afirmarmos que o fato de as normas trabalhistas serem preponderantemente estatais significa, necessariamente, que estas são autoritárias? E se o são, em que medida seriam? E ainda, o discurso corporativista se apresenta com a mesma intensidade nas normas individuais e nas coletivas?

Ainda não tendo respondido a tais indagações, vamos propor outras: será que este ideário corporativista se manteve intacto diante da "ruptura" sofrida no final da década de 70 no movimento sindical brasileiro? O que, e por que, se manteve e o que mudou? A fim de equacionarmos estas questões, vamos começar a nossa análise com as normas de organização sindical, tendo em vista que já sabemos, pelo menos quanto ao início de sua história "oficial", que os sindicatos tiveram que se adequar, por bem ou mal, às condições estabelecidas pelo Estado "varguista". Assim, vamos começar pela idéia do sindicato único.

3.9.1. Sindicato único

3.9.1.1. Em busca de identidade

O sindicato é definido como a associação formada por pessoas de uma mesma profissão, tendo em vista a defesa de seus interesses comuns.[75] Mais do que o caráter

---

(75) *Jean Brethe de la Gressaye apud* MORAES FILHO. *Op. cit.,* p. 94.

meramente numérico, a união de tais pessoas traz consigo a noção de identidade. Neste sentido, *Norbert Elias* traz a teoria da *Gestalt* para explicar que a noção do todo ultrapassa o conceito de somatória das partes.[76] Da mesma forma, *Evaristo de Moraes Filho* cita a teoria do grupo social para destacar que na noção de unidade está embutida o sentimento do *nós*. E a busca por este *espírito de corpo* é motivada pela comunhão de interesses.[77]

Se, por um lado, entende-se que a ação conjunta é motivada pelo interesse comum, por outro lado, *Wanderley Guilherme dos Santos*[78], por meio da idéia de "interdependência social conflitiva", nota que o conflito, talvez mais do que o consenso, também pode gerar interdependências que podem levar à cooperação. Esta lógica dual amplia e inova as teorias da ação coletiva no sentido de mostrar que não só o consenso, mas também o conflito possibilitam a cooperação. Assim, por meio da "lógica dual", é possível compreender também as estruturas corporativas como sistemas de cooperação com base no conflito e na competição.

Se a união dos trabalhadores é motivada pela comunhão de interesses, a associação da classe empresarial nem sempre se explica da mesma forma. Tendo em vista que o primeiro obstáculo à cooperação dos capitalistas se origina na própria racionalidade capitalista, orientada pela lógica da competição, a identidade deste grupo se dá de forma diferente. Assim, para *Bowman*[79] o problema prioritário dos capitalistas é preservar o mercado, espaço de aquisição de identidade, e escapar da perda de identidade, criando formas de "competição cooperativa" (contradição em si). Neste sentido, nota que os capitalistas precisam escapar da armadilha montada pela competição no mercado, então, obedecendo à lógica de "evitar o mal maior" (sucumbir ao mercado) os capitalistas se unem.

Percebemos, portanto, que a lógica que une trabalhadores e empregadores, assim como *Jano*, é dual. E ainda, esta associação não parte de motivações diferenciadas mas também se forma e se exterioriza por meios também distintos. A composição destes interesses e a possibilidade de barganha diante das forças constituídas, talvez expliquem porque o corporativismo do tipo "societal" conseguiu, no País, afirmar-se a despeito da lei e independente do Estado; fato que não se deu com o movimento sindical, que sucumbiu diante do corporativismo "estatal", culminando em um tipo de sindicalismo tutelado e dependente do Estado. Uma vez nas teias da estrutura oficial, os sindicatos de trabalhadores encontraram dificuldades na busca de identidade e autonomia, mesmo durante muitos anos após o fim da denominada Era Vargas.[80]

---

(76) ELIAS, Norbert. *Op. cit.,* p. 16.
(77) Por comunhão de interesses entende-se o objetivo comum a alcançar, o sentimento de que se encontram todos metidos no mesmo barco e sujeitos ao mesmo destino. Cf. MORAES FILHO. *Op. cit.,* p. 26.
(78) *Wanderley Guilherme dos Santos apud* COSTA, Vanda Maria Ribeiro. *Op. cit.,* pp. 90-91.
(79) *Bowman apud* COSTA, Vanda Maria Ribeiro. *Op. cit.,* p. 94.
(80) As críticas ao sindicalismo oficial só vão começar, no Brasil, no final da década de 70 com o movimento denominado "novo sindicalismo".

Pensamos que este longo "casamento" dos trabalhadores com o Estado talvez explique a resistência, ainda hoje, do próprio movimento sindical em se livrar destas amarras, o que implica na manutenção de alguns institutos do corporativismo de Vargas, tais como: unicidade e imposto sindical.

3.9.1.2. Trabalhadores[81] e sindicato único no Brasil

Antes de falarmos da unicidade sindical e a Constituição Federal de 1988, vamos rever brevemente como este conceito surge no Brasil e qual o tratamento jurídico dado pela lei a esta questão. A idéia da construção da identidade dos trabalhadores em torno do sindicato único não se deu de forma originária no Governo Vargas, antes mesmo da Revolução de 30 já existiam sindicatos de trabalhadores no Brasil, e estes se uniam de forma natural motivados apenas pelos interesses comuns.

No primeiro momento, o movimento sindical tem sua origem nas Ligas Operárias, que reivindicavam salários e redução da jornada de trabalho, que ainda tinham um papel fundamental na questão da assistência como a Liga Operária de Socorros Mútuos (1872). E ainda havia as Ligas de Resistência, que eram mais homogêneas e se desenvolviam e fundavam filiais em outras cidades, como a Liga de Resistência das Costureiras; também podemos citar ainda as Uniões, como a União dos Trabalhadores em Fábricas de Tecido (1907), União dos Empregados do Comércio (1903). A expressão sindicato surge no Brasil em 1903, e o primeiro nome de sindicato que aparece no Estado de São Paulo é o Sindicato dos Trabalhadores em Mármore, Pedra e Granito, em 1906.

A disciplina legal dos sindicatos começa em 1903, com o Decreto n. 979 de 06.01.1903, primeira norma que regulamentou a atividade sindical ao prever a criação de sindicatos mistos com a função de estudo, custeio e defesa dos interesses dos seus integrantes, e que permitiam a associação de trabalhadores da agricultura e indústrias rurais. Depois veio o Decreto n. 1.637, de 05.01.1907, que complementou o anterior, estabelecendo, como finalidade dos sindicatos, o estudo, a defesa e o desenvolvimento dos interesses gerais da profissão e dos interesses profissionais de seus membros. Tendo como base essa norma, os sindicatos podiam contratar em nome dos trabalhadores.

No período de 1890 a 1920, surge o sindicalismo anarquista e radical, que influenciou grandemente o sindicalismo revolucionário. Esse movimento centrava-se nos seguintes pontos: combate ao capitalismo; ausência do Estado; combate ao governo e à autoridade. Todavia, esse movimento acabou dando causa a uma campanha anti-sindicalista. O ideário que permeava o movimento sindical dos operários, naquele momento, era o comunismo e o anarquismo.[82]

---

(81) Verificamos que o corporativismo no Brasil é *bifronte e segmentário,* implicando em dois tipos de estruturas corporativas, quais sejam: a do tipo "societal" e a do tipo "estatal". No entanto, nos ateremos ao segundo tipo, tendo em vista que as críticas feitas ao movimento sindical dizem respeito a este modelo, considerando-se que o impacto da lei foi maior em relação a esta classe. Quanto ao corporativismo "societal" no Brasil, cf. COSTA, Vanda Maria Ribeiro. *Op. cit.*

(82) SAMIS, Alexandre. *Pavilhão Negro sobre Pátria Oliva:* "Sindicalismo e Anarquismo no Brasil", pp. 125-189 in COLOMBO, Eduardo (org.). *História do Movimento Operário Revolucionário.* São Paulo: Imaginário, 2004.

O segundo momento do sindicalismo no Brasil se dá a partir de 1930, com Getúlio Vargas, que impôs o modelo corporativista italiano, atribuindo aos sindicatos funções de colaboração com o Poder Público. O Decreto n. 19.770, de 19.03.1931, criou a organização sindical brasileira. Foi a primeira vez que o Estado reconheceu a existência do sindicato enquanto instituição que auxiliava no funcionamento da ordem constituída. Os sindicados estavam apoiados nos seguintes princípios:

- Distinção entre sindicatos patronais e profissionais;

- Prerrogativa sindical de celebração de convenções coletivas de trabalho;

- Obrigação dos sindicatos funcionarem como órgãos de colaboração com o Poder Público;

- Direito de fundar e administrar caixas de beneficência;

- Estímulo à nacionalização do sindicato; devendo ser composto por, pelo menos, 2/3 de brasileiros;

- Proibição de filiação a organizações internacionais;

- Proibição de propaganda de ideologia sectária, de caráter social, político ou religioso e o mínimo de 30 associados.

Diante do "caos" jurídico, possibilitado pela pluralidade sindical, e dos constantes conflitos entre trabalhadores e empregadores, os ideólogos governistas, sob a inspiração do modelo sindical corporativo italiano, começaram a pensar em um modelo que fosse capaz de alcançar a "harmonia social". Assim, nasce a idéia do sindicato, não como um órgão de manifestação do conflito de classes, mas como um instrumento de "colaboração" a serviço do Estado.

O projeto de organização sindical foi concebido como um dos primeiros passos para a construção do edifício corporativo. A partir das idéias de "unidade nacional, cooperação e harmonia de interesses", as mesmas que inspiraram o Estado fascista italiano, *Oliveira Viana* via os sindicatos como entidades por meio das quais as categorias econômicas participam da estrutura do Estado. Além da idéia da ligação do sindicato ao Estado, *Viana* defendia a despolitização destes e ainda a unicidade sindical; *Viana* tinha a consciência de que um sindicato sem identidade, "dócil" e dependente, poderia mais facilmente ser manipulado. Por outro lado, *Oliveira Viana* utilizava argumentos tendo como base as experiências negativas de pluralidade sindical vividas no Brasil e em outros países, o que segundo ele causaria "a anarquia e o enfraquecimento do movimento sindical".[83]

Para alcançar tais objetivos, foi promulgada em 19 de março de 1931 a Lei de Sindicalização, considerada o instrumento central para a organização das classes sob o controle e para a colaboração com o Estado. Assim, o Decreto n. 19.770 previa a organização sindical, tanto de empregados quanto dos empregadores, a partir do sindicato único.

---

(83) OLIVEIRA VIANA. *Problemas de Direito Sindical.* São Paulo: Max Limonad, 1943, p. 101.

Este deveria ter base municipal para cada profissão, permitindo a união destes sindicatos em uma federação regional em cada Estado e a constituição de uma confederação nacional para trabalhadores, uma para profissionais liberais e outra para empregadores, mediante a reunião de pelo menos cinco federações regionais.

O terceiro momento se deu com a Carta Magna de 1934, que assegurava a pluralidade sindical, já que assim dispunha o parágrafo único do art. 120: "A lei assegurará a pluralidade e a completa autonomia dos sindicatos". O texto de 34 estabeleceu, pela primeira vez, os princípios da liberdade e autonomia sindical. Assim, o breve retorno da democracia, com os ares liberais, implicou na promulgação da Constituição de 1934. Apesar de esta ter previsto a "pluralidade" sindical, verificamos que esta ficou limitada tendo em vista o disposto no art 5º, do Decreto n. 24.694, de 12 de julho de 1934, que previa, no máximo, três sindicatos para cada profissão. Assim, a "pluralidade", prevista na Constituição, na prática, ficou prejudicada.

Se diante da Constituição de 1934 havia a possibilidade de uma "pluralidade sindical", ainda que limitada, a Constituição de 1937, que inaugura o Estado Novo, instituiu novamente a idéia do sindicato único, por meio do artigo 180, cópia da Declaração de número III da *Carta del Lavoro*. Com o retorno da ideologia corporativista, é promulgado também o Decreto-lei n. 1.402/39, que estabeleceu, além da unicidade sindical, "um controle realmente minucioso", usando as palavras proferidas por *Oliveira Viana* na exposição de motivos do Decreto-lei n. 1.402.[84] A unicidade sindical foi regulamenta no art. 6º do Decreto-lei n. 1.402 com a seguinte redação: "não será reconhecido mais de um sindicato para cada profissão". O Decreto-lei n. 1.402, de 05.07.1939, passa a regular a constituição e funcionamento dos sindicatos da época, consagrando o princípio da unidade sindical. O Ministério do Trabalho passa a fiscalizar as atividades dos sindicatos. A Consolidação das leis do Trabalho incorpora quase totalmente o referido decreto-lei. Assim, tendo como inspiração a *Carta del Lavoro*, em 1943 é promulgada a CLT que, ao sistematizar as leis anteriores, deu o mesmo tratamento ao tema no art. 516 que estabelecia: "não será reconhecido mais de um sindicato representativo da mesma categoria econômica ou profissional, ou profissão liberal, em uma dada base territorial".

Após a Segunda Guerra Mundial e com o fim do Estado Novo, os ares democráticos voltam a soprar no Brasil, sendo promulgada, assim, em 18 de setembro de 1946 uma nova Constituição. A organização sindical foi regulamentada no art. 159, da seguinte forma: É livre a associação profissional ou sindical, sendo reguladas por lei a forma de sua constituição, a sua representação legal nas convenções coletivas de trabalho e o exercício de funções delegadas pelo poder público. No entanto, embora a

---

(84) Quanto a este tema, *Oliveira Viana* afirmava: *"sobre estas associações profissionais, assim outorgadas no monopólio da representação das categoriais e, conseqüentemente, investidas de poderes privativos do Estado, como vimos, estabeleceu-se um controle realmente minucioso. Não falando do controle de aprovação, do controle de destituição e do controle de intervenção, cujos fundamentos já mencionamos, institui-se também o controle orçamentário, exercido sobre a aplicação das importâncias arrecadadas a título de imposto sindical".* Cf. OLIVEIRA VIANA. *Problemas de Direito Sindical.* São Paulo: Max Limonad, 1943, p. 109.

Constituição de 1946 tenha adotado os mesmos princípios da Carta de 1934, não foi clara o suficiente quanto à autonomia sindical, deixando para a lei infra-constitucional a regulamentação deste tema, mantendo-se, assim, o enquadramento sindical. Neste sentido, *Moraes Filho* nota que a Constituição de 1934 foi mais clara ao prever de forma explícita a mais completa autonomia e pluralidade sindical. Tendo em vista esta "omissão" constitucional, acabou ocorrendo a sobrevivência de "uma lei, promulgada para um regime corporativo fascistizante, em pleno quadro democrático de uma nação".[85] Logo, durante a vigência da Constituição de 1946 não se atingiu a consagração da liberdade sindical, tendo em vista que esta se omitiu sobre a unidade ou pluralidade sindical, vindo ocorrer o mesmo nas Constituições de 1967 e1969. Somente com o Decreto-lei n. 229, de 28.02.1967, foram ampliadas as prerrogativas do sindicato, sendo reconhecido a eles o direito de celebrar acordos coletivos com uma ou mais empresas, tornando então obrigatório o voto e dando garantias de emprego ao dirigente social.

Com o fim do autoritarismo e a restauração do regime democrático no País, o Congresso Nacional, que havia sido livremente eleito, deveria elaborar uma nova Constituição, para substituir a de 1967 e a Emenda Constitucional de 1969, que haviam sido impostas pelo regime militar vivido no País até então. A nova Constituição foi comemorada como um marco decisivo e acabou sendo promulgada em 05 de outubro de 1988. No entanto, a Constituição Federal de 1988 manteve a unicidade e o enquadramento sindical, contrariando a ampla liberdade sindical[86], prevista no art. 2º da Convenção n. 87 da OIT.[87] Assim, o art. 8, II, da Constituição Federal de 1988, dispõe que: "é vedada a criação de mais de uma organização sindical, em qualquer grau, representativa de categoria profissional ou econômica, na mesma base territorial, que será definida pelos trabalhadores ou empregados interessados, não podendo ser inferior à área de um Município". Nota-se que o princípio da liberdade de associação das Constituições anteriores foi mantido, mas as modificações ficaram a meio caminho para a efetivação da liberdade sindical, como está consagrada na Convenção da OIT de 87.

A despeito do argumento de que o objetivo da unicidade sindical seria evitar a fragmentação do movimento sindical, tendo em vista que se existissem vários sindicatos não haveria unidade de representação e os sindicatos de trabalhadores não teriam poder

---

(85) MORAES FILHO. *Op. cit.*, p. 273.
(86) A Convenção sobre Liberdade Sindical e Proteção do Direito Sindical, n. 87, foi aprovada em 1948, na cidade de São Francisco, nos Estados Unidos. Nela está prevista a ampla liberdade sindical. Assim, não foi ainda ratificada pelo Brasil, tendo em vista a previsão na atual Constituição sobre sindicato único e contribuição sindical determinada por lei, incompatíveis com aquela.
(87) O art. 2º da Convenção n. 87 prevê que: *os trabalhadores e os empregadores, sem distinção de qualquer espécie, terão direito de constituir, sem autorização prévia do Estado, organizações de sua escolha, bem como o direito de se filiar a essas organizações, sob a única condição de observar seus estatutos.* Assim, os trabalhadores e empregadores têm o direito de escolher se querem unidade ou pluralidade sindical, sem que o Estado intervenha nessa relação. A unidade sindical irá decorrer livremente da vontade dos envolvidos. O direito de se filiar ao sindicato comporta dois aspectos: o positivo, que é o de ingressar na agremiação, e o negativo, que é o de se retirar.

de barganha com os empregadores, esta acaba ocorrendo. Segundo *Álvaro Comin*, estes argumentos "camuflavam" os objetivos da regulamentação sindical na ordem corporativa, quais sejam: partia-se do princípio de que os sindicatos assentados em pequenas bases (municipais) teriam seu poder de pressão e influência limitadas. E ainda, evitava-se a constituição de centrais sindicais (proibidas por lei até 1988) que favoreciam a politização do movimento sindical.[88]

Porém, diante da existência de uma grande quantidade de municípios no Brasil, sendo que em cada um deles, pelo menos de acordo com a previsão constitucional, seria possível a presença de pelo menos um sindicato por categoria, na prática ocorre o contrário. Talvez motivados pela cobrança do imposto sindical, a existência de sindicatos oficiais no Brasil ultrapassa o limite do razoável. Assim, se o objetivo do legislador seria evitar a "pluralidade" sindical, este não foi alcançado[89], quiçá porque não se tenha percebido que a noção de unidade sindical decorre muito mais da vontade dos envolvidos do que da lei, sendo um fenômeno de espontaneidade natural.[90] Como vimos, a identidade de um grupo deve ser construída pelo próprio a partir de interesses comuns, ou, até mesmo, a partir de suas divergências.

3.9.2. Receitas do sindicato

Antes de falarmos da polêmica contribuição sindical, prevista no art. 8º, IV, da Constituição Federal de 1988, e nos arts. 578 a 610 da CLT, antigo imposto sindical, vamos arrolar, brevemente, as outras receitas sindicais, são elas: a contribuição confederativa (art. 8º, IV, CF), a contribuição assistencial (art. 513, *e*, da CLT) e a mensalidade dos sócios do sindicato (art. 548, *b*, da CLT). No entanto, iremos ater-nos à "contribuição" compulsória (contradição em si), por meio da qual o trabalhador tem descontado um dia de trabalho por ano de seu salário, pelo simples fato de pertencer a uma categoria econômica ou profissional.

A contribuição confederativa, criada pela Constituição Federal de 1988, deve ser votada em assembléia da categoria, é descontada em folha de pagamento e se destina ao custeio do sistema confederativo. Apesar da divergência doutrinária quanto à

---

(88) COMIN, Álvaro. *A Estrutura Sindical Corporativa: um obstáculo à consolidação das centrais sindicais.* USP, 1995 (Dissertação de Mestrado em Sociologia)

(89) Não obstante a previsão legal sobre unicidade sindical, o Brasil tinha, por volta de 1988, aproximadamente 9.000 sindicatos, segundo MARTINS, Sérgio Pinto. *Direito do Trabalho.* São Paulo: Atlas, 2005, p. 719.

(90) Neste sentido, MORAES FILHO. *Op. cit.*, p. 63, cita *Alejandro Gallart Folch*, para quem: "*El hecho sindical es uno de los fenómenos de mayor espontaneidad que se han producido en la historia social. Como consecuencia de outro hecho, a que ya nos hemos referido anteriormente, la concentración industrial, aparece um nuevo factor psicológico en la vida publica que es el espiritu y conciencia de clase y este espiritu alentando unas veces el ataque y otras la defensa, se encarna en las organizaciones professionales: los sindicatos. El movimiento de organización professional, no surge al conjuro de una impulsión estatal, no de la actuación refexiva de otros organismos sociales preexistentes al movimiento mismo, sino que nacido espontaneamente de una necesidad social, colectivamente sentida, choca desde el primer momento con la enemiga del Poder publico*".

necessidade de regulamentação desta por meio de lei infra-constitucional, o STF entende que a contribuição confederativa prevista no inciso IV do art. 8º da Constituição é auto-aplicável.[91] Quanto à obrigatoriedade ou não desta, o STF entende que a contribuição confederativa só pode ser exigida dos filiados ao sindicato.[92]

A contribuição assistencial, também denominada de taxa assistencial, consiste em um pagamento feito pela pessoa pertencente à categoria profissional (trabalhador) ao respectivo sindicato, em virtude deste ter participado das negociações coletivas, tendo, assim, incorrido em custo para tal, ou para pagar despesas assistenciais realizadas pelo sindicato. A contribuição assistencial é determinada por sentenças normativas, acordos e convenções coletivas, que não tem natureza tributária pois não é destinada ao Estado, e, nem é exercida atividade administrativa plenamente vinculada, de acordo com o art. 3º do Código Tributário Nacional. Quanto à obrigatoriedade desta, o STF entendeu que: "não contraria a Constituição cláusula, em dissídio coletivo, de desconto, a favor do sindicato, na folha de pagamento dos empregados, de percentagem do aumento referente ao primeiro mês, desde que não haja oposição do empregado, até certo prazo antes deste pagamento".[93] Assim, tendo em vista o princípio da liberdade sindical, o empregado não associado pode opor-se ao desconto, por não ser membro do sindicato. No entanto, o associado terá de pagar esta contribuição.

A mensalidade dos sócios do sindicato (art. 548, *b*, da CLT), como indica o próprio nome da contribuição só é paga pelos associados do sindicato, pois somente estes se beneficiam dos serviços prestados pela entidade. Considerando-se que a obrigatoriedade das referidas contribuições só atinge os trabalhadores sindicalizados, o problema fica restrito à contribuição sindical, antigo "imposto sindical", tendo em vista que este obriga a todos, sindicalizados ou não.

3.9.2.1. Contribuição Sindical (Imposto Sindical): o calcanhar de Aquiles[94] dos sindicatos dos trabalhadores

O antigo "imposto sindical", hoje denominado de contribuição sindical, é, quase, um corolário da unicidade sindical. Por que, "quase"? Além de não poder escolher a qual sindicato irá, ou não, se filiar, o trabalhador, ainda, é obrigado a contribuir, compulsoriamente, com esta representação. A Constituição Federal de 1988 manteve

---

(91) STF, 1 T., RE 191.022-4.SP, Rel. Min. Ilmar Galvão, DJU I 14.2.97, p. 1.989.
(92) STF, 2 T., RE 198.092-3-SP, j. 27-8-96, Rel. Min. Carlos Mário Velloso, DJU I 16.10.96, p. 38.509.
(93) Pleno, RE 88.022-SP, j. 16.11.77, Rel. Min. Moreira Alves, *in* LTr 43/1.146.
(94) BULFINCH, Thomas. *O Livro de Ouro da Mitologia: histórias de deuses e heróis.* Rio de Janeiro: Ediouro, 2002, pp. 271-272, observa que: Terminada a Guerra de Tróia, durante a trégua concedida pelo rei Príamo, Aquiles se encanta pela filha deste, Polixena. Enquanto estava no templo de Apolo, negociando o casamento, Páris lançou contra ele uma seta envenenada, que, guiada por Apolo, feriu-o no calcanhar, o único lugar vulnerável de seu corpo, pois sua mãe, Tétis, o mergulhara, quando criança, no Rio Estige, que o tornara invulnerável, exceto no calcanhar, por onde a mãe o segurava. Apesar de a referência à invulnerabilidade de Aquiles não se encontrar em Homero e estar em desacordo com a versão do poeta, pois, se fosse invulnerável, Aquiles não precisaria da armadura celestial, esta versão é a mais popular.

o chamado "imposto sindical" no inciso IV da seguinte forma: "a Assembléia Geral fixará a contribuição que, em se tratando de categoria profissional, será descontada em folha, para custeio do sistema confederativo da representação sindical respectiva, independentemente da contribuição prevista em lei".[95] Apesar de a Constituição de 1988 garantir a liberdade no âmbito individual, não sendo o trabalhador obrigado a se filiar ao sindicato da categoria, tendo em vista que o inciso V, de acordo com a diretriz estabelecida na Convenção n. 87 da OIT, prevê: "ninguém será obrigado a filiar-se ou a manter-se filiado a sindicato"; no entanto, ao manter a unicidade sindical e o enquadramento sindical por categoria[96], e, ainda, a obrigatoriedade quanto à contribuição para estes sindicatos, limitou a liberdade de escolha deste trabalhador.

Mais do que discutirmos a legalidade desta contribuição, considerando-se a disposição expressa na Constituição ao recepcionar o previsto na CLT, o nosso objetivo é verificar os porquês. Assim, perguntamos: por que, a despeito do discurso proferido pelo próprio movimento sindical, principalmente a partir do denominado novo sindicalismo, no sentido de se eliminar a obrigatoriedade da "contribuição" (contradição em si) esta se mantém? Por que é tão difícil mudar? Ou, tão cômodo não mudar? E, ainda, os sindicatos precisam deste tipo de contribuição para sobreviver?

É afirmação corrente que os sindicatos, na sua maioria, dependem do "imposto sindical" e que este constitui sua principal fonte de receita. Mais ainda, sem esta "contribuição" muitos deles simplesmente deixariam de existir. Neste sentido, estes sindicatos, muitos desprovidos de efetiva representatividade, são acusados de serem "parasitas" do sistema criado na Era Vargas. Diante disto, vamos começar pela seguinte indagação: os sindicatos precisam do "imposto sindical" para sobreviver?

A corrente majoritária afirma que sim, desta forma a extinção deste implicaria na morte daqueles. *Adalberto Moreira Cardoso*, apesar de estar em minoria, não se intimida e é categórico ao afirmar que: "o imposto sindical não é a principal fonte de renda dos sindicatos". E vai além, para ele: "os sindicatos não contam (ouso dizer, nunca contaram) com burocracias especializadas; a prestação de serviços não é atividade central nem sequer importante para a maioria dos sindicatos brasileiros". Desta forma, constata que estas afirmações constituem um mito, pois se foram verdadeiras no passado, hoje, diante da posse de dados "irrefutáveis", não há como sustentar tais "verdades". Neste sentido, apresentando dados da Pesquisa Sindical do IBGE de 1992, como veremos adiante, conclui que: "o sindicalismo brasileiro se está modernizando apesar da CLT, contra ela e extravasando-a inteiramente".[97]

---

(95) Esta contribuição "prevista em lei" está regulamentada no art. 579 da CLT, com a seguinte redação: *"A contribuição sindical é devida por todos aqueles que participarem de uma determinada categoria econômica ou profissional, ou de uma profissão liberal, em favor do sindicato representativo da mesma categoria ou profissão, ou, inexistindo este, na conformidade do disposto no art. 591".* Esta contribuição é o antigo "imposto sindical" e equivale a um dia de trabalho, para os empregados (art. 580, I, CLT).

(96) Categoria é definida no art. 511 da CLT e compreende um grupo de empregadores, empregados, agentes ou trabalhadores autônomos, ou profissionais liberais que exerçam, respectivamente, a mesma atividade ou profissão, ou atividades ou profissões similares ou conexas.

(97) CARDOSO, Adalberto Moreira. *Sindicatos, Trabalhadores e a Coqueluche Neoliberal: A Era Vargas acabou?* Rio de Janeiro: Fundação Getúlio Vargas, 1999, p. 44.

Quanto ao número de associados aos sindicatos no Brasil, o IBGE, em pesquisa realizada em 1990, apresenta os seguintes dados, conforme se pode observar na tabela 1 abaixo.

Tabela 1 – Sindicatos de Trabalhadores, segundo tipo e faixas de associados. (Brasil – 1990)

Faixas de Associados	Empregados Urbanos	Profissional Liberal	Trabalhadores Autônomos	Total Urbano	Total Rurais	Total
Até 50	4,2	3,0	12,9	4,3	0,7	2,7
51 a 100	6,1	7,9	24,7	6,7	1,2	4,4
101 a 500	33,4	38,3	28,0	33,7	11,2	24,1
500 a 1000	18,7	19,4	12,9	18,6	14,6	16,9
1001 a 2000	16,4	14,5	10,8	16,1	24,3	19,6
2001 a 5000	12,6	11,5	7,5	12,4	33,2	21,2
5001 a 10000	4,0	3,3	2,2	3,9	12,0	7,4
10001 a 50000	4,0	1,9	1,1	3,8	2,7	3,3
Mais de 50000	0,2	0,0	0,0	0,2	0,0	0,1
S/ Declaração	0,4	0,3	0,0	0,4	0,1	0,2
Total	3.367	366	93	3.826	2.849	6.675

Fonte: IBGE. Pesquisa Sindical, 1990.

Assim, segundo dados da Pesquisa Sindical do IBGE, os sindicatos de trabalhadores avulsos, de trabalhadores autônomos, de agentes autônomos e de empregadores rurais e urbanos, em sua imensa maioria, representavam cada um não mais do que mil pessoas. Os sindicatos de trabalhadores rurais e urbanos representavam, em sua maioria, bases acima de 2 mil trabalhadores, mas cerca de 90% deles representavam até 10 mil trabalhadores. Neste sentido, diante destes números, *Álvaro Comin* observa que ocorre no Brasil o fenômeno da "pulverização" da representação sindical. Fato resumido por ele em uma frase: "muitos sindicatos, representando, cada qual, pequeno número de trabalhadores".[98] Polêmica à parte quanto à dependência, ou não, dos sindicatos em relação ao "imposto sindical", não resta dúvida quanto à "fragmentação" da representação sindical no Brasil.

Pulverização, fragmentação, sim, esta é uma realidade no Direito Sindical brasileiro. Mas existe de fato alguma relação entre o número de sindicatos e o "imposto sindical"? Se esta "contribuição" obrigatória não existisse haveria tantos sindicatos no Brasil? Voltamos à antiga questão. Na linha da negativa, *Cardoso* é da opinião de que o aumento do número de sindicatos está ligado ao que denominou de "ebulição social" dos trabalhadores. Assim, apresentando dados da mencionada pesquisa do IBGE, conclui que foi a organização dos trabalhadores, por meio das greves, diante das crises econômicas, a responsável pelo aumento do número da criação de novos sindicatos no País, conforme a tabela 2.

---

(98) COMIN. *Op. cit.*, p. 42.

Considerando a "ebulição social" e a sua relação com o aumento do número de sindicatos, *Adalberto Moreira Cardoso* contraria a tese de que o aumento do número de sindicatos no Brasil se deve à obrigatoriedade da contribuição sindical. E vai além ao afirmar que: "para metade dos sindicatos brasileiros existentes em 1992, o imposto não era uma fonte de renda insubstituível"; para tanto, *Adalberto Moreira Cardoso* toma como base a citada pesquisa do IBGE, verificando assim que 48,5% dos sindicatos nacionais tinham 30% ou menos de sua receita compostos pelo imposto sindical, conforme tabela 3.

Não obstante a polêmica quanto à dependência dos sindicatos em relação ao "imposto sindical", divide-se a doutrina em duas correntes, quais sejam: a majoritária que defende a idéia de sujeição dos sindicatos à contribuição obrigatória (contradição em si), e, por outro lado, a minoritária, que afirma o contrário. Sem dúvida o "imposto" é arbitrário, não há como negá-lo, e tanto uma corrente quanto a outra defendem a sua extinção; tese esta também defendida pelo próprio movimento sindical, principalmente pela CUT, desde a sua fundação. No entanto, apesar do consenso quanto ao fim do imposto este continua a existir e ao trabalhador não resta opção a não ser "contribuir", tendo em vista o seu caráter obrigatório. Assim, só nos resta indagar os motivos da sua manutenção.

Tabela 2 – Sindicatos de Trabalhadores criados desde 1975 e percentagem dos sindicatos criados ano a ano que eram filiados à CUT em 1991.

Ano	Sindicatos criados	% dos Sindicatos criados/filiados à CUT
1975	19	17,4
1976	27	12,9
1977	31	22,5
1978	22	33,3
1979	46	26,6
1980	47	23,0
1981	58	18,3
1982	36	25,0
1983	33	36.5
1984	58	32,2
1985	68	34,9
1986	61	34,4
1987	67	16,3
1988	181	29,3
1989	384	24,5
1990	148	14,5
1991	92	8,9

Fonte: Pesquisa Sindical. IBGE, 1991.

Tabela 3 – Participação do Imposto Sindical na receita total dos Sindicatos, segundo o tipo de Sindicato – Brasil 1992.

Percentual do Imposto na Receita total	Urbanos						Rurais		
	Total	Empregadores	Agentes Autônomos	Empregados	Profissionais Liberais	Trabalhadores Autôn.	Avulsos	Empregadores	Trabalhadores
Até 10%	29,00	43,12	22,40	25,20	28,50	12,32	29,18	22,27	30,54
de 11 a 20%	12,24	9,54	9,74	16,49	13,98	2,90	2,85	12,55	9,54
de 21 a 30%	7,26	5,14	6,82	9,02	6,07	2,17	2,49	10,51	5,48
de 31 a 50%	7,99	6,45	9,09	9,48	10,82	4,35	2,49	11,37	5,44
de 51 a 80%	6,42	6,00	8,77	6,20	10,03	5,07	3,20	8,80	5,41
81 % ou mais	5,80	6,97	5,84	4,87	6,86	8,70	7,47	7,60	5,17
Sem declaração	31,29	22,79	37,34	28,74	23,75	64,49	52,31	27,33	38,41
Ata	11.193	1.751	308	3.838	379	138	281	1.522	2.976
0 < 1 dos que declaram	7.691	1.352	193	2.735	289	49	134	1.106	1.833

Fonte: Pesquisa Sindical. IBGE.

3.9.2.2. Sindicato único: as contradições na construção e os conflitos no exercício da estrutura sindical brasileira

Inicialmente cabe lembrar que a *unidade* decorre da livre vontade associativa, enquanto a *unicidade* decorre da imposição da lei. O que temos hoje no Brasil é uma estrutura sindical baseada na *unicidade* e não na *unidade*, modelo que guarda resquícios daquele idealizado durante o governo de Getúlio Vargas. O inciso II, do art. 8º da Constituição Federal de 1988, é criticado justamente por manter a *unicidade*. Desde *O Problema do Sindicato Único no Brasil*, Evaristo de Moraes Filho já advogava em prol do sindicato único. Neste sentido, *Gláucia Villas Bôas* nota que *Evaristo* considerava que: "quanto menos fragmentação houvesse nas associações maior força teriam os sindicatos, em um país onde os laços por interesse eram tão enfraquecidos".[99] Porém, ele defendia que esta associação deveria ser livre e não imposta pelo Estado por meio da lei.

No entanto, sessenta anos após a promulgação da CLT, o ordenamento jurídico pátrio insiste em manter a *unicidade sindical* e a *contribuição sindical* (que apesar do nome, é obrigatória). O debate sobre o fim tanto da unicidade quanto do "imposto sindical" foi retomado em 2003. Momento em que houve grande entusiasmo na discussão destes temas. Nesse sentido, *Ângela de Castro Gomes*, em ensaio elaborado em julho de 2003, acreditava que o debate pudesse "ser facilitado por um governo do PT".

---

(99) VILLAS BÔAS, Gláucia. "O Insolidarismo Revisitado em o Problema do Sindicato Único no Brasil". In: PESSANHA, Elina; VILLAS BÔAS, Gláucia e MOREL, Regina Lúcia (orgs.) *Evaristo de Moraes Filho, um Intelectual Humanista*. Rio de Janeiro: TopBooks, 2005, p. 81.

Porém, destacava que mesmo assim "ele não será menos difícil. Até porque promete tocar em pontos duros de uma tradição de organização do trabalho no Brasil" e dentre estes, "o problema do sindicato único".[100] Quanto ao fim do imposto e da unidade, *Ângela* destaca ainda reportagem do Jornal do Brasil, de 19/04/2003:

> "A reforma trabalhista ainda não entrou na pauta do governo mas já dá o que falar. Após chamar o modelo sindical brasileiro de fascista, o presidente do Tribunal Superior do Trabalho (TST), Francisco Fausto, declarou apoio à proposta do deputado federal e ex-presidente da CUT, Vicente Paulo da Silva (PT-SP), o Vicentinho. A idéia do deputado é extinguir o imposto sindical obrigatório e substituir a unicidade sindical (um só sindicato por base territorial para cada categoria profissional) pela liberdade de organização dos trabalhadores a partir do local de trabalho. [...] Segundo o presidente do TST, a legislação vigente incentiva a criação de sindicatos sem representatividade, que passam a existir apenas pelo interesse escuso de receberem o repasse do imposto sindical. Para Fausto, os trabalhadores precisam ser livres para organizarem e pagarem a contribuição do sindicato que verdadeiramente os representa."[101]

No entanto, apesar do entusiasmo inicial o debate acabou enfraquecido e o fim do imposto e da unicidade ficaram apenas no plano das idéias. Apesar da bandeira levantada pela CUT, desde a sua criação, quanto ao fim do imposto sindical, este continua a ser cobrado compulsoriamente do trabalhador independentemente de sua filiação ao sindicato da categoria. Assim, a liberdade sindical fica restrita ao aspecto negativo, qual seja ao direito de não se filiar ou permanecer filiado. Porém, diante da resistência às mudanças, esta estrutura insiste em permanecer de pé, mesmo após o movimento do "novo sindicalismo", mesmo após o longo debate que ultrapassou o governo Fernando Henrique Cardoso (1995-2002) e alcançou o atual governo Lula. Quanto a este governo, em entrevista ao Jornal do Brasil, de 28/12/2002, intitulada "Sindicatos precisam mudar", *Evaristo de Moraes Filho* esperava que "sendo o presidente Lula um ex-metalúrgico, vá ter 'vergonha' na realização dessas reformas". Porém, notamos que mais do que "vergonha", talvez tivesse faltado coragem para mudar. E tudo acabou ficando como dantes. O que nos faz pensar na diferença entre o discurso e a prática.

3.9.2.3. Imposto Sindical, militantes e ideologia: discurso x prática

Vimos que, a despeito da polêmica sobre a dependência dos sindicatos em relação ao "imposto" sindical, parece que todos concordam com a sua extinção. "Morte ao imposto sindical", seria a bandeira levantada pelo próprio movimento sindical, idéia

---

(100) GOMES, Ângela de Castro. "O Problema do Sindicato Único no Brasil: Um livro faz 50 anos". *In* PESSANHA, Elina; VILLAS BÔAS, Gláucia e MOREL, Regina Lúcia (orgs.) ..., p. 196.
(101) *Idem, ibidem*, p. 197.

defendida principalmente a partir do final da década de 70, com o "novo sindicalismo".[102]

Diante deste impasse, desta dicotomia, desta ambigüidade, seríamos forçados a concluir que existe uma separação entre o discurso e a prática? Neste sentido, questionamos: por que seria tão difícil mudar ou tão cômodo não mudar? Será que existe força de vontade, ou vontade de fazer força, para que o "imposto" sindical deixe realmente de existir? Como responder a tais questões? Talvez um bom caminho seja verificar o perfil ideológico do próprio movimento sindical, trabalho feito por *Leôncio Martins Rodrigues* em 1988.[103] Assim, acreditamos que o conhecimento da organização sindical "por dentro", tendo como ponto de partida o movimento denominado de "novo sindicalismo", possa indicar algumas pistas para a solução destes problemas.

Leôncio Martins Rodrigues realizou, entre os dias 07 e 11 de setembro de 1988, estudo sobre o Terceiro Congresso Nacional da Central Única dos Trabalhadores, o III CONCUT, ocorrido na cidade de Belo Horizonte. Seu objetivo principal neste trabalho foi oferecer um perfil dos militantes da entidade e das correntes ideológicas representadas no seu interior, sendo este um momento oportuno, pois participaram deste Congresso mais de seis mil delegados, representando cerca de mil e cem entidades urbanas e rurais de todo o País. Embora não pretendesse tratar sobre a história da entidade, o autor apresenta dados sobre o passado da CUT.[104] E, ainda, das facções

---

(102) O movimento denominado de "novo sindicalismo" tem origem no final da década de 70, e surge em um contexto histórico marcado por uma conjuntura específica de fatos, quais sejam: crise do modelo econômico da ditadura, transição lenta e gradual para a volta dos civis ao poder, com uma forte tensão contrária com o crescimento da ação organizada dos trabalhadores, com abalos que começaram em 1978 com as greves do ABC. Para estes, um "novo sindicalismo" dependeria da ruptura com a antiga estrutura sindical, que atrelava os sindicatos ao Estado e dificultava uma mobilização consciente dos trabalhadores. Dentro deste movimento, desponta a figura de Luís Inácio "Lula" da Silva, presidente do Sindicato dos Metalúrgicos de São Bernardo, que em pouco tempo tornou-se nacionalmente conhecido e passou a ser apontado como a mais importante liderança sindical. Lula, em seus discursos, afirmava que a estrutura sindical brasileira era "totalmente inadequada". Por isso, defendia o fim da contribuição sindical, que atrelava o sindicato ao Estado, e a reformulação da legislação e da estrutura sindical, pois, segundo ele "o sindicato ideal é aquele que surge espontaneamente, que existe porque o trabalhador exige que ele exista". Cf. MATTOS, Marcelo Badaró. *O Sindicalismo Brasileiro após 1930.* Rio de Janeiro: Jorge Zahar Editor, 2003.

(103) RODRIGUES, Leôncio Martins. *CUT: os militantes e a ideologia.* Rio de Janeiro: Paz e Terra, 1990.

(104) RODRIGUES. *Op. cit.,* p. 05, observa inicialmente que: o reaparecimento do movimento sindical, em fins da década de 70, quando se iniciou o processo de abertura política, permitiu que várias tendências do movimento sindical procurassem unir esforços no sentido da criação de organismos centrais de representação dos trabalhadores. Com tal propósito uma primeira Conferência Nacional da Classe Trabalhadora (CONCLAT) foi realizada nos dias 21, 22 e 23 de agosto de 1981, em São Paulo. Por outro lado observa que sem diminuir a importância do verdadeiro processo de renovação e de impulso militante da nova geração de sindicalistas, não se pode deixar de notar que, em larga medida, o novo ativismo sindical pode contar com a estrutura do sindicalismo oficial, de onde saiu uma nova safra de sindicalistas. Foi a partir da estrutura corporativa, ocupada por novas lideranças, que o sindicalismo brasileiro ganhou impulso. O bloco que viria a formar a CUT convocou para agosto de 1983 a realização do I CONCLAT que decidiu pela criação de uma Central Única dos Trabalhadores. Posteriormente, em março de 1986, os opositores da CUT decidiram pela criação da Central Geral dos Trabalhadores – CGT.

que participaram de sua formação, das divergências com os sindicalistas que, posteriormente, iriam formar a CGT e das disputas que, desde o início, no interior da CUT, separaram, de um lado, os dirigentes sindicais da tendência Articulação, corrente majoritária e, de outro, os militantes das "oposições sindicais" e dos pequenos grupos marxistas e trostzkistas.

Leôncio Martins Rodrigues observa que desde a sua criação a CUT já trazia em sua bandeira as seguintes metas: a autonomia e a liberdade sindical, a organização por ramo de atividade produtiva e a organização por local de trabalho. O Programa de Lutas de 1983 já trazia alguns pontos que deveriam aparecer nos posteriores congressos da CUT. As demandas de caráter trabalhista eram as seguintes: salário-desemprego, redução da jornada de trabalho para quarenta horas sem redução salarial, direito de sindicalização dos funcionários públicos, estabilidade no emprego, eliminação das horas extras, criação de comissões de trabalhadores nos locais de trabalho, etc. Em agosto de 1984, a CUT efetuou seu primeiro congresso no qual foi aprovado um estatuto "definitivo" em substituição ao provisório, elaborado em 1983. Avaliando o andamento do Plano de Lutas aprovado no I CONCLAT, o I CONCUT entendeu que ele não havia sido cumprido. A "prova" do não-cumprimento do Plano estaria na não-realização da greve geral.

Apesar das críticas, nota-se que contrariamente o mesmo documento aprovado no I CONCUT entendia que o Plano de Lutas estaria "além das reais capacidades de luta da CUT. A direção não poderia fazer milagres". Por outro lado, verifica-se que mesmo com esta constatação o congresso aprovou novo Plano de Lutas bastante semelhante ao anterior. No entanto, observa-se que a maior parte dos itens constantes no referido "Plano de Lutas" tinha mais o caráter de bandeiras de agitação e propaganda do que um plano de lutas a ser efetivamente levado à prática. Neste sentido, qualifica-se o Plano da CUT de "ambicioso" e destaca-se a diferença entre a prática cotidiana dos sindicatos e o clima dos congressos, em que predominava um confronto ideológico. Desta forma, nota que a definição da ação futura passava pelo político e pelo ideológico, em que as lideranças mais intelectualizadas alimentavam a ilusão de que a aprovação de suas teses significava a sua realização.[105]

Assim, notamos que em detrimento do discurso quanto ao fim do "imposto" sindical, bandeira levantada pela própria CUT, desde a sua criação, esta se restringia ao plano da retórica, limitava-se, desta maneira, mais ao mundo das idéias. Diante deste distanciamento entre teoria e prática, perguntamos quais seriam as razões para tal separação? Ou, ainda, por que as teses defendidas pelo próprio movimento sindical não alcançavam eficácia? *Leôncio Martins Rodrigues* aponta como indícios para a solução destas questões, as seguintes teses: o "vício" na origem do "novo sindicalismo", e, ainda, a heterogeneidade da composição do corpo sindical.

Quanto à origem nota que o movimento denominado de "novo sindicalismo" nasceu a partir da velha estrutura sindical montada durante a Era Vargas. Neste sentido

---

(105) RODRIGUES. *Op. cit.*, pp. 10-11.

observa que muitos elementos distanciavam as facções de oposição no interior da CUT do sindicalismo revolucionário do passado. O primeiro, e mais importante de todos, reside no fato de que os sindicatos que integram a CUT fazem parte da estrutura sindical oficial. Como tal sofrem restrições e se beneficiam de vantagens garantidas pela legislação. Mesmo as tendências consideradas mais agressivas atuam por meio dos sindicatos oficiais. Tendo em vista esta origem, perguntamos: seria possível criar um novo modelo de sindicato a partir do antigo casamento com o Estado, ou seria necessário o rompimento com as antigas amarras para se alcançar a tão sonhada liberdade e autonomia?

Diante do impasse entre o rompimento, de um lado, e a conservação da estrutura, por outro lado, conclui-se que apesar do discurso anticorporativo, toda a atuação prática das lideranças "combativas" e de esquerda resulta no fortalecimento do sindicalismo oficial e do corporativismo que, segundo esta concepção, mais útil seria controlar do que destruir. Neste sentido, notava que mesmo as oposições sindicais, em princípio mais críticas diante do sindicalismo corporativo, lutam precisamente para ganhar a diretoria dos sindicatos oficiais e não para construir organizações paralelas e autônomas. Apenas o fato de a CUT estar montada, assim como as demais centrais, sobre a estrutura sindical oficial, compromete qualquer iniciativa de elaboração de um projeto sindical de esquerda que possa ter alguma semelhança mais estreita com correntes sindicais do passado. É aí que reside o artificialismo das propostas não apenas das facções "esquerdistas", mas também do projeto de um sindicalismo classista, de massa, democrático. Esse projeto só deixará de ser uma retórica quando o sindicalismo brasileiro for capaz de se impor aos empregadores e ao Estado baseado na capacidade de organização dos próprios trabalhadores e sustentado pela cotização voluntária de seus filiados.[106]

Outro aspecto que dificulta comparações entre a CUT e outros modelos sindicais do passado diz respeito à base social de sustentação da entidade. O sindicalismo que surgiu com a expansão do capitalismo foi fundamentalmente um movimento de trabalhadores manuais da classe operária. A CUT apresenta os seguintes pontos de diferenciação:

1. grande parte dos sindicatos ligados à CUT é constituída de sindicatos de trabalhadores agrícolas;
2. grande parte das entidades cutistas são associações de empregados de escritórios;
3. os sindicatos do setor público têm um peso no interior da CUT que nunca tiveram na "fase revolucionária" do movimento sindical de outros países de antiga industrialização;
4. a maior parte da liderança dos sindicatos cutistas pode ser classificada, grosso modo, como de classe média;
5. os sindicatos cutistas fazem parte da estrutura sindical oficial, organizados segundo o modelo corporativo. Como tal, são os únicos a poderem representar

---

(106) RODRIGUES. *Op. cit.*, pp. 25-26.

as "categorias profissionais" junto ao patronato, ao governo e à Justiça do Trabalho. Beneficiam-se igualmente dos recursos advindos da contribuição sindical e da contribuição assistencial.[107]

Leôncio Martins Rodrigues nota que todos esses fatores institucionais e ambientais reduzem as possibilidades de desenvolvimento de um sindicalismo socialista revolucionário, de luta de classes, que algumas correntes, no interior da CUT, pretendem desenvolver. Observa ainda que as denúncias de uma realidade social iníqua não bastam, por si sós, para permitir a reprodução de modelos e estilos de sindicalismo que foram frutos de contextos históricos muito diferentes.

Em relação à segunda hipótese, a da heterogeneidade do corpo sindical, *Leôncio Martins Rodrigues* verificou que esta composição é a responsável pela diversidade de teses apresentadas nos Congressos da CUT, fato que irá refletir na sua atuação prática. Quanto ao perfil dos militantes, *Rodrigues* destaca o extraordinário crescimento do sindicalismo de categorias de "classe média" o que explica o peso, e provavelmente a grande influência política, dos profissionais liberais, professores e técnicos no III CONCUT. E ainda, observa-se que das centrais sindicais que se formaram após o fim dos governos militares, a CUT foi a que conseguiu maior penetração nesses novos segmentos da classe média.

Neste sentido, verifica que vem daí a maior influência do fator ideológico no interior da CUT, sua melhor organização, seu maior dinamismo e sua determinação de se impor como o grande (e talvez único) centro de aglutinação dos sindicatos e dos trabalhadores brasileiros.[108]

Quanto ao perfil dos líderes da CUT, na análise da composição do III CONCUT, chama a atenção, de um lado, o alto nível de escolaridade de grande parte dos delegados, muito acima da maioria da classe trabalhadora brasileira, do eleitorado do País. Mas chama a atenção, por outro lado, a proporção elevada de trabalhadores com baixíssimo nível de escolaridade, notadamente entre os trabalhadores rurais. Ambos os fenômenos têm diretamente uma mesma raiz: a composição social e profissional muito heterogênea da CUT, reunindo trabalhadores do setor urbano e do setor rural não só em uma mesma entidade como também em um mesmo congresso. Assim, diante desta heterogeneidade, *Leôncio Martins Rodrigues* apresenta a hipótese de que maiores serão as divergências políticas e ideológicas internas. Tendo em vista esta diversidade, para poder manter a unidade e coesão interna, a CUT é levada a apresentar programas de lutas abrangentes, de natureza política muito ampla. Assim, estas no final acabam sendo declarações de intenções, mas não exatamente planos de luta reivindicatória que devem acarretar uma ação correspondente da entidade. Este aspecto reflete-se na enorme quantidade de extensos documentos de análises, discussões, teses, dado que revela a importância do fator ideológico e o peso das categorias de nível de escolaridade elevado, mais inclinadas às discussões e às polêmicas teóricas.[109]

---

(107) *Idem, ibidem*, p. 27.
(108) RODRIGUES. *Op. cit.*, p. 53.
(109) *Ibidem*, p. 82.

Em síntese, podemos observar que durante os anos 80, a CUT realizou um notável avanço organizatório dos sindicatos brasileiros. No entanto, não houve a tentativa, apesar das críticas ao modelo corporativo existente, de formação e organizações paralelas. Em outras palavras: não houve a coragem para se romper com o antigo modelo. De onde se conclui que, de certa forma, a manutenção da estrutura corporativista é, ainda, conveniente aos sindicatos. Apesar da observância de certo conformismo quanto ao antigo modelo corporativista pelos sindicatos, não se está a defender a tese de uma aceitação dos valores e princípios doutrinários do corporativismo, tais como colaboração com os poderes públicos e com os empregadores. Desta forma, nota-se que a ação "cutista", especialmente de suas facções mais radicais, vai no sentido de tentar utilizar a estrutura corporativa de modo revolucionário, combativo, ou, pelo menos, não corporativo.[110]

A fim de ilustrar as mudanças na estrutura sindical, verifica-se que alguns fatores vêm ocasionando a "crise do sindicalismo" nos países desenvolvidos, quais sejam:

1. o avanço da automação nos setores que constituíram, no passado, bases importantes do sindicalismo (indústria, docas, etc);

2. declínio de setores econômicos em que o movimento sindical esteve solidamente implantado;

3. desconcentração industrial e expansão das pequenas e médias unidades produtivas. Esse processo age no sentido da dispersão da classe trabalhadora. As novas condições de produção tendem a dificultar a implantação dos sindicatos nos locais de trabalho e, assim, a enfraquecer a sua força de pressão;

4. as novas técnicas gerenciais, de "envolvimento" e "integração" dos trabalhadores e empregados;

5. o fim dos regimes de economia estatal e do socialismo, a revalorização do individualismo e de idéias liberais agem no sentido de desestimular a adesão ao sindicato.[111]

Após o longo casamento entre o sindicalismo e o corporativismo, que resultou em um modelo de sindicalismo corporativista, pergunta-se: apesar da insatisfação e inadequação do sindicalismo ao modelo corporativista, existe a coragem para o rompimento? Até que ponto essa relação, apesar de incômoda, não é conveniente? Ou até que ponto é possível utilizar-se da estrutura corporativa de modo revolucionário?

Diante destas mudanças, aos sindicatos de trabalhadores coloca-se um trágico dilema: aceitar a mudança e se conformar com uma posição subalterna na hierarquia das instituições ou resistir ao processo geral de reorganização da economia e da sociedade num esforço hercúleo para defender aqueles que parecem condenados a sofrer as conseqüências do progresso? Diante deste impasse, conclui-se que: para sobreviver em

---

(110) RODRIGUES. *Op. cit.*, p. 94.
(111) *Idem, ibidem*, p. 94.

uma situação de mudanças, as instituições necessitam aumentar sua capacidade de adaptação, o que exige, antes de tudo, flexibilidade nos objetivos e modalidades de atuação. Nas condições atuais, isso significa menos dogmatismo e mais pragmatismo. Ou em outras palavras: menos ideologia e mais ação.[112]

As críticas à burocracia corporativista, por um lado, mas a acomodação dentro deste tipo de estrutura, por outro lado, fazem-nos mal comparar o "casamento" do sindicalismo com o Estado a uma relação conjugal longa, mas insatisfatória. Em que, apesar das críticas, ao mesmo tempo em que se almeja a liberdade, não se abandona a estrutura burocrática, porém confortável, do lar.

3.9.3. Poder normativo da Justiça do Trabalho: de Oliveira Viana à EC n. 45

Desde *Oliveira Viana*, um dos principais ideólogos da Era Vargas, arquiteto da estrutura da Justiça do Trabalho no Brasil, até os dias de hoje, com a polêmica em torno da redação do art. 114, § 2º, da Constituição Federal de 1988, alterado pela Emenda Constitucional n. 45, discute-se a função normativa da Justiça do Trabalho. Antes n. 45 a redação do art. 114, § 2º, era a seguinte:

> "Recusando-se qualquer das partes à negociação ou à arbitragem, é facultado aos respectivos sindicatos ajuizar dissídio coletivo, podendo a Justiça do Trabalho estabelecer normas e condições, respeitadas as disposições convencionais e legais mínimas de proteção ao trabalho".

Após a EC n. 45 a redação mudou para:

> "Recusando-se qualquer das partes à negociação ou à arbitragem, é facultado às mesmas, de comum acordo, ajuizar dissídio coletivo de natureza econômica, podendo a Justiça do Trabalho decidir o conflito, respeitadas as disposições mínimas legais de proteção ao trabalho, bem como as convencionadas anteriormente".

Mesmo tendo sido mitigada, a função normativa da Justiça do Trabalho continua a existir, como veremos. Mas, vamos antes verificar como esta se sobrepôs, apesar da polêmica quanto à sua aplicação.

3.9.3.1. *Oliveira Viana* e a Justiça do Trabalho

Oliveira Vianna, além do modelo de sindicato único atrelado ao Estado, defendia também a idéia de uma Justiça do Trabalho dotada de poder normativo. A defesa desta tese foi apresentada na obra, de 1938, *Problemas de Direito Corporativo*. Tal obra é fruto da reunião de artigos publicados no Jornal do Comércio, veículo utilizado para tornar pública a defesa do projeto de lei de organização da Justiça do Trabalho. Tendo em vista as críticas a este projeto, principalmente por parte do deputado

---

(112) RODRIGUES. *Op. cit.*, p. 97.

Waldemar Ferreira, respeitado tratadista de Direito Comercial da época, que o acusava de "fascista" e inconstitucional, partiu para o contra-ataque, especialmente na defesa de um ponto, qual seja: a demonstração da tese do poder normativo dos tribunais do trabalho. Diante deste debate, observamos que a norma jurídica é fruto da construção e do embate de idéias, fato que demonstra a estreita relação entre ideologia e Direito, objeto do nosso estudo. Neste sentido, iremos apresentar, ainda que de forma breve, a tese apresentada por *Waldemar Ferreira* e a antítese defendida por aquele, tendo sido esta consagrada na Constituição de 1937.

Waldemar Ferreira, por um lado, defendia que o poder normativo dos tribunais do trabalho era incompatível com o texto da Constituição de 1934, tendo em vista o regime democrático-liberal nesta consagrado, e, ainda, a incompatibilidade do poder normativo com a natureza do Poder Judiciário, que para ele só deveria decidir *in specie* e não genericamente; por outro lado, encontra-se neste debate: "a expressão de um conflito entre duas concepções do Direito — a velha concepção individualista [...] e a nova concepção, nascida da crescente socialização da vida jurídica".[113] Desta forma, a fim de defender suas idéias, elabora toda uma construção teórico-retórica para justificar a adoção do Direito corporativo, por meio da construção ideológica de argumentos.

Assim, quanto ao "problema da delegação de poderes", *Vianna* apresenta inicialmente as objeções à competência normativa dos tribunais de trabalho, para editar normas gerais das condições de trabalho das coletividades econômicas, subordinadas à sua jurisdição, para em seguida apresentar a sua defesa. Para tanto trata de esclarecer, logo de início, o alcance da competência dos tribunais, distinguindo os tribunais da justiça comum dos tribunais do trabalho. Assim notava que:

"... os tribunais de justiça comum decidem em espécie, caso por caso — e as suas decisões somente valem para os litigantes. Os tribunais do trabalho, ao contrário, podem, em face de um litígio, decidir de uma maneira geral, estendendo os efeitos da sua decisão também aos que pertençam à mesma categoria profissional, embora não hajam participado do litígio."[114]

Contrapondo os "princípios do velho Direito individualista", "dogma intangível, "tabu judiciário", *Oliveira Viana* combatia as críticas quanto à competência normativa da Justiça do Trabalho. Quanto ao princípio da separação dos poderes, para a impossibilidade de delegação de poder normativo à Justiça do Trabalho, entendia que tal princípio não pode ter uma aplicação muito rigorosa, sob pena de tornar impossível a administração da coisa pública. Assim, para que fosse atingido o princípio da eficiência do serviço público, defendia a delegação de competência normativa aos tribunais do trabalho, tendo em vista "a imposição das circunstâncias, de um imperativo da realidade".[115] Assim, em nome da "eficiência" foi consagrada a tese da necessidade de se dotar a Justiça do Trabalho de função normativa, fato que apresenta conseqüências e polêmica até os dias de hoje.

---

(113) OLIVEIRA VIANA. *Problemas de Direito Sindical*. São Paulo: Max Limonad, 1943, p. 36.
(114) *Idem*, p. 37.
(115) *Idem, ibidem*, pp. 41-42.

3.9.3.2. Breve evolução histórica do poder normativo da Justiça do Trabalho no Brasil

Como vimos, em 1936 foi remetida mensagem presidencial à Câmara dos Deputados com o anteprojeto de criação da Justiça do Trabalho, que deu origem à famosa polêmica entre *Oliveira Vianna*, um dos responsáveis pela elaboração do projeto, e *Waldemar Ferreira*, seu relator na Comissão de Constituição e Justiça. E um dos pontos mais controvertidos foi exatamente a previsão de competência normativa para o órgão que se criava. Apesar da divergência, acabou prevalecendo a tese defendida por *Oliveira Vianna*. Assim, em 1939, foi promulgado o Decreto-lei n. 1.237, responsável pela organização da Justiça do Trabalho, como órgão administrativo, prevendo a competência normativa para os Conselhos Regionais do Trabalho, no julgamento de dissídios coletivos. O art. 94 do referido Decreto-lei estabelecia que:

> "... na falta de disposição expressa de lei ou de contrato, as decisões da Justiça do Trabalho deverão fundar-se nos princípios gerais do Direito, especialmente do Direito Social, e na eqüidade, harmonizando os interesses dos litigantes com os da coletividade, de modo que nenhum interesse de classe ou particular prevaleça sobre o interesse público."

É a primeira referência legal à solução dos conflitos de interesse pela Justiça do Trabalho, que não se limita a um juízo legal, podendo a autoridade decidir por um juízo de eqüidade.

Em 1946, a Constituição que redemocratizou o País incorporou a Justiça do Trabalho ao Poder Judiciário, mantendo o que já havia sido estabelecido no Decreto-lei n. 9.797, do mesmo ano. Na Carta de 1946, definiu-se a competência da Justiça do Trabalho para conciliar e julgar dissídios individuais e coletivos do trabalho, com expressa previsão, no seu art. 123, § 2º, de um poder normativo, nos seguintes termos: "A lei especificará os casos em que as decisões nos dissídios coletivos poderão estabelecer normas e condições de trabalho". A competência normativa é agora expressa, ainda que condicionada à previsão da legislação ordinária.

A Constituição Federal de 1967, com a Emenda n. 1, de 1969, manteve integralmente o texto da Carta de 1946, substituindo apenas o vocábulo "casos" pela palavra "hipóteses". A Justiça do Trabalho manteve sua competência para estabelecer novas condições de trabalho, quando autorizada pela lei ordinária.

Na Constituição Federal de 1988, significativa alteração sofreu a regra que previa essa competência normativa. O art. 114 do novo texto constitucional dispõe sobre a competência da Justiça do Trabalho na solução dos conflitos coletivos de trabalho dizendo, no seu § 2º, que:

> "... recusando-se qualquer das partes à negociação ou à arbitragem, é facultado aos respectivos sindicatos ajuizar dissídio coletivo, podendo a Justiça do Trabalho estabelecer normas e condições, respeitadas as disposições convencionais e legais mínimas de proteção ao trabalho."

Hoje a redação do § 2º do art. 114 da Constituição Federal passou, diante da Emenda Constitucional n. 45, a ter a seguinte redação:

> "Recusando-se qualquer das partes à negociação coletiva ou à arbitragem, é facultado às mesmas, de comum acordo, ajuizar dissídio coletivo de natureza econômica, podendo a Justiça do Trabalho decidir o conflito, respeitadas as disposições mínimas legais de proteção ao trabalho, bem como as convencionadas anteriormente."

No entanto, apesar da limitação do poder normativo, pela Emenda Constitucional n. 45, este continua a existir. A EC/45, por meio da nova redação do § 2º do art. 114 da Constituição, além de não ter sido capaz de acabar, de uma vez por todas, com a função normativa da Justiça do Trabalho, trouxe grande polêmica quanto à interpretação e aplicação deste dispositivo.

3.9.3.3. Poder normativo da Justiça do Trabalho e seus limites

O poder normativo da Justiça do Trabalho nasceu com a criação desta e permanece até os dias atuais, mesmo que mitigado pela Emenda Constitucional n. 45. Embora a redação anterior do art. 114 da Constituição Federal de 1988 tivesse ampliado a competência normativa da Justiça do Trabalho, na prática esta ficou prejudicada. Neste sentido, o Supremo Tribunal Federal (RE 19.7911-9-PE, j. 24.9.1996, Relator Min. Octávio Gallotti) reduziu a amplitude do poder normativo dos Tribunais do Trabalho, ao decidir, interpretando o art 114 da Constituição que a Justiça do Trabalho, no exercício do poder:

> "... pode criar obrigações para as partes envolvidas nos dissídios desde que atue no vazio deixado pelo legislador e não se sobreponha ou contrarie a legislação em vigor, sendo-lhe vedado estabelecer normas e condições vedadas pela Constituição ou dispor sobre matéria cuja disciplina seja reservada pela Constituição ao domínio da lei formal."[116]

Apesar da crença sobre a preponderância do poder normativo da Justiça do Trabalho quanto à solução dos conflitos coletivos de natureza econômica, *Carlos Henrique Horn*, Professor do Departamento de Ciências Econômicas da UFRGS, PhD pela *London School of Economics*, em palestra proferida em 05 de agosto de 2005 em encontro sobre Democracia e Mundo do Trabalho, na cidade do Rio de Janeiro, afirmou que desde 1994 houve uma queda brutal na busca da Justiça do Trabalho para resolver tais conflitos. Na busca dos porquês, *Horn* verificou que esta queda se deu a partir da Instrução Normativa n. 04, quando o TST começa a dizer "não" aos dissídios coletivos, impondo vários requisitos que dificultavam no conhecimento das ações coletivas. Neste sentido, *Horn* observou que: *"a mudança da norma implicou na mudança da conduta"*.

---

(116) <www.stf.gov.br>

Assim, os sindicatos passaram a desistir de acionar a Justiça. Na mesma linha, *Adalberto Moreira Cardoso* mostra a queda dos índices quanto aos dissídios coletivos, a partir de dados do IBGE, conforme a tabela n. 4 abaixo. Diante dos dados indicados nesta tabela, verificam-se três informações relevantes para 1992: a distribuição das negociações entre sindicatos de trabalhadores e de empregadores; das negociações entre sindicatos de trabalhadores e empresas; e negociações que não tinham chegado a termo no momento da realização da Pesquisa Sindical do IBGE. Quanto às quatro últimas linhas da tabela, nota-se que a participação dos dissídios coletivos no total das negociações entre sindicatos urbanos foi de menos de 32% no geral, e de menos de 31% em relação aos sindicatos de empregados urbanos. E, ainda, nota que as sentenças normativas representaram não mais que 5,2% dos resultados totais e menos de 5% entre os empregados urbanos. Quanto a este aspecto, traça algumas considerações para destacar que: em relação às negociações entre sindicatos de trabalhadores e sindicatos de empregadores, pouco mais da metade delas teve solução negociada, contra 42% de dissídios coletivos, 20% dos quais resolvidos por sentença normativa. Porém, verificou, ainda, que quando a negociação envolve sindicatos de trabalhadores e empresas específicas, o percentual de dissídios cai para pouco mais de 25%, e apenas 17% foram objeto de sentença normativa. Reafirmando a queda nos índices do poder normativo da Justiça do Trabalho, verifica-se ainda que esses resultados tornam-se mais veementes quando se acrescenta que mais da metade das negociações coletivas no País ocorreram em nível de empresa, e não entre sindicatos de trabalhadores e de empregadores.[117] Neste sentido, mais uma vez, vale lembrar que o poder normativo da Justiça do Trabalho, a despeito da lei, na prática vem sendo reduzido.

---

(117) CARDOSO, Adalberto Moreira. *Sindicatos, Trabalhadores e Coqueluche Neoliberal: A era Vargas acabou?* Rio de Janeiro: Fundação Getúlio Vargas, 1999, p. 56.

**Tabela 4 – Resultado das negociações coletivas
realizadas por sindicatos urbanos. Brasil – 1992.**

	Total		Empregadores urbanos		Empregados urbanos		Profissionais liberais		Trabalhadores avulsos	
Características das negociações	Sindicatos	Negociações	Sindicatos	Negociações	Sindicatos	Negociações	Sindicatos	Negociações	Sindicatos	Negociações
1. Negociações realizadas entre Sindicatos (A)	98,47	41,83	108,97	89,69	74,40	29,83	68,49	53,36	50,49	27,62
Diretamente (B)	54,41	57,88	69,25	69,06	51,73	55,21	42,00	22,31	65,38	76,64
Dissídio (C)	45,59	42,12	40,75	40,94	48,27	44,79	58,00	77,69	34,62	23,46
Acordo (D)	78,93	79,15	83,07	84,99	78,53	80,26	58,62	23,99	77,78	83,33
Sentença (D)	21,07	20,85	16,93	15,01	21,47	19,74	41,38	76,01	22,22	16,67
2. Negociações entre Sindicatos e Empresas (A)	57,94	53,66	7,82	4,43	66,37	60,79	63,01	35,99	71,84	70,06
Diretamente (B)	61,92	73,62	53,92	69,44	61,42	71,69	60,87	68,09	74,32	89,21
Dissídio (C)	38,08	26,38	46,08	40,56	38,58	28,41	39,13	31,91	25,68	10,79
Acordo (D)	81,50	88,62	82,98	88,12	81,66	88,52	77,78	79,27	89,47	95,92
Sentença (D)	18,50	11,38	17,02	11,88	18,34	11,48	22,22	20,73	10,53	4,06
3. Negociações não concluídas em 31.12.1992	15,39	9,15	8,13	5,80	14,31	9,14	17,81	9,52	9,71	2,31
Dissídio total das negociações		31,75		38,51		30,63		52,94		14,04
Sentenças não ativas/total		5,28		5,73		4,62		33,89		1,39
Sem declaração 1	0,60	0,25	0,31	0,09	0,64	0,24	3,42	1,12	0,00	0,00
Total	4.705	34.514	1.304	5.824	3.152	27.528	146	714	103	648

Fonte: Pesquisa Sindical IBGE – 1992.
Nota: Um mesmo sindicato pode ter realizado mais de uma negociação, inclusive de características diferentes.
Declararam o número de negociações, mas não o tipo de negociação: (A) Percentagem sobre "total";
(B) Percentagem sobre (A); (C) Percentagem sobre (A); (D) Percentagem sobre (CI).

3.9.3.4. Emenda Constitucional n. 45 e ampliação da competência da Justiça do Trabalho

Vimos que diante das crises econômicas o modo de produção capitalista foi reinventado, estas transformações implicaram em precarização e aumento na taxa de desemprego, deste modo, com o aumento do desemprego no mercado formal (carteira de trabalho assinada) e a migração dos trabalhadores para o mercado informal, o discurso da "estabilidade" foi substituído pelo da "flexibilidade". A evolução do desemprego resulta em crescentes contingentes de trabalhadores marginalizados da atividade produtiva, com grande desperdício da força de trabalho e aumento da exclusão social. A fim de contemplar os "excluídos", a Emenda Constitucional n. 45

ampliou a competência da Justiça do Trabalho abrindo a possibilidade de estender a aplicação das leis trabalhistas, simplesmente quanto ao aspecto do acesso à justiça, a trabalhadores autônomos e parassubordinados.[118]

O Direito do Trabalho, tradicionalmente, elegeu a "subordinação" como um requisito essencial da relação de emprego; assim, o acesso à Justiça do Trabalho, da mesma forma, era direcionado quase que exclusivamente a estes trabalhadores. A subordinação em questão era a jurídica, ligada ao poder diretivo do empregador e, sendo assim, com a migração do trabalhador para o mercado informal e com o aumento na taxa do emprego formal a "subordinação jurídica" passou a ser questionada como um critério suficiente para assegurar a "proteção" ao trabalhador.

O surgimento desta crise traz a idéia da ampliação das normas trabalhistas aos trabalhadores parassubordinados e autônomos. No entanto, *Romita* percebe que "não é nova a idéia de que o Direito do Trabalho deve ampliar seu campo de atuação". No caminho da seguinte orientação: "onde houver trabalho, qualquer que seja sua natureza, e, qualquer que seja o ente que dele se beneficia, aí estará o Direito do Trabalho (excetua-se apenas os militares)".[119]

A defesa do alargamento do campo do Direito do Trabalho culminou em 1996 na constituição da Comissão da Comunidade Européia, cujo objetivo era discutir o futuro do trabalho e do Direito do Trabalho, cujo relator geral foi *Alain Supiot*. O ponto principal deste relatório versava sobre a ampliação do campo do Direito do Trabalho, além dos critérios da subordinação jurídica.[120]

Nesta linha, aderindo às idéias típicas da "teoria integral[121]" a Emenda Constitucional n. 45, de 2004, ao dar nova redação ao art. 114 da Constituição Federal, ampliou a competência da Justiça do Trabalho, para atribuir-lhe a tarefa de processar e julgar as ações decorrentes da relação de trabalho, em geral.Quanto ao amplo acesso à Justiça por todos os cidadãos, *Leonardo Greco* observa que:

"Todas as pessoas naturais e jurídicas, independentemente de qualquer condição, têm o direito de dirigir-se ao Poder Judiciário e deste receber resposta sobre

---

(118) Neste sentido, *Sérgio Pinto Martins* nota que: a nova tecnologia acaba criando uma nova forma de subordinação, pois o empregado pode até não ficar subordinado diretamente ao empregador, mas indiretamente. Passa a existir *telessubordinação* ou *parassubordinação,* como já se verifica na Itália em relação a trabalhadores autônomos. Na telessubordinação, há subordinação à distância, uma subordinação mais tênue do que a normal. Entretanto, o empregador pode ter o controle de sua atividade por intermédio do próprio computador, pelo número de toques, por produção, por relatórios, etc. Isso já existia nos casos do trabalho em domicílio, em que o empregado em domicílio era fiscalizado por produção, pelo dia da entrega do produto. Cf. MARTINS, Sérgio Pinto. *Comentário à CLT.* São Paulo: Atlas, 2004, p. 39.
(119) ROMITA, Arion Sayão. *Competência da Justiça do Trabalho.* Curitiba: Gênesis, 2005, p. 140.
(120) SUPIOT, Alain (sous la direction de). *Au-delà de l'emploi.* Paris: Flamarion, 1999, pp. 296-298.
(121) A "teoria integral", de *Alberto Trueba Urbina*, de 1970, defendia a tese de se estender a "proteção e tutela não somente aos trabalhadores subordinados, no campo de produção econômica, mas também a todos os trabalhadores em geral, isto é, todo aquele que presta um serviço a outrem e aufere remuneração por tal serviço". Cf. ROMITA. *Op. cit.,* p. 147.

qualquer pretensão. Este é um direito que todos devem ter a possibilidade concreta de exercer, para a tutela de qualquer direito ou posição de vantagem, inclusive os de natureza coletiva ou difusa, tanto nas relações entre particulares como naquelas entre particulares e o Estado, pois sem ela perdem os cidadãos a possibilidade de viverem em sociedade sob o império da lei."[122]

No entanto, notamos que, a despeito da ampliação da competência, quanto a este aspecto processual, qual seja a do acesso à Justiça do Trabalho, o Direito Material trabalhista continua restrito àqueles que possuem vínculo empregatício. Neste sentido, a mudança legislativa fica apenas na superfície não atingindo o cerne do problema, ou seja, estender aos trabalhadores informais as garantias daqueles tradicionalmente "protegidos" pela lei. Além de desviar a discussão sobre o desemprego estrutural e a falta de políticas públicas de emprego no Brasil, a ampliação desta competência terá como condão o congestionamento da máquina da burocracia estatal, com o aumento expressivo do número de processos de natureza trabalhista. Neste sentido, não sabemos até que ponto a ampliação da competência da Justiça do Trabalho, para contemplar um maior número de trabalhadores, será capaz de garantir a estes não só o direito de ação, mas também o Direito Material. Mesmo assim, o simples fato de vislumbrar a possibilidade de alcançá-lo já é importante tendo em vista que: "o acesso à Justiça, como direito fundamental, corresponde ao direito que cada cidadão tem individualmente ao exercício da função jurisdicional sobre determinada pretensão de direito material, sobre o mérito do seu pedido".[123]

Não estamos aqui a criticar o amplo acesso à Justiça do Trabalho, mas sim a falta de preocupação do legislador em concretizar esta garantia. Neste ponto acompanhamos a fala de *Arion Sayão Romita*, no seguinte sentido:

"... um trabalho analítico, que não tenha por ambição propor soluções miraculosas, não pode deixar de reconhecer este fato e de salientar o aspecto fundamental, representado pela resposta à indagação: como? Como estender a legislação do trabalho a parassubordinados e a autônomos? O aspecto processual pode ser com facilidade resolvido mediante o elasticimento da competência da Justiça do Trabalho para julgar os dissídios que interessam a estes trabalhadores. Mas, que legislação (que direito material) será aplicada? Sem dúvida, a pertinente a cada tipo de atividade considerada, como tal, vigente na atualidade."[124]

Diante das altas taxas de desemprego vigentes não só no Brasil, mas em todo o mundo, as relações de trabalho devem ser repensadas sim. Mas não de um modo "milagroso" ou por meio de "soluções" superficiais e paliativas. O debate deve ser

---
(122) GRECO, Leonardo. *Garantias Fundamentais do Processo: o processo justo.* Revista Novos Estudos Jurídicos p. 04.
(123) *Idem, ibidem,* p. 05.
(124) ROMITA, Arion Sayão. *Competência da Justiça do Trabalho.* Curitiba: Gênesis, 2005, p. 152.

amplo com a participação dos maiores interessados, os trabalhadores, em geral, e os empresários. O Estado, por meio de suas leis, deve buscar mediar tais interesses e não ditar fórmulas que funcionariam como "placebo" diante desta grande chaga social moderna, qual seja o desemprego. Discutir políticas públicas de emprego e mecanismos de inclusão do trabalhador em um modelo de economia mais solidária é mais do que importante, é preciso.

Capítulo 4

A FACE NEOLIBERAL DE *JANO*: O OUTRO LADO DA MESMA MOEDA

Vimos que no plano coletivo a estrutura sindical corporativa de Estado foi mantida na sua essência, pois apesar do discurso em prol da reforma sindical, esta ainda não ocorreu; ao contrário, propostas como o fim da unicidade e do imposto sindical sofreram forte resistência, inclusive dentro do movimento dos trabalhadores. Assim, apesar das críticas, a estrutura sindical se mantém, tal qual um antigo casamento desgastado e insatisfatório, duradouro.

Mas, se por um lado, notamos, de certa forma, a manutenção de algumas características do sindicalismo estatal da Era Vargas, por outro lado, destacamos a crise vivida pelo movimento sindical. No entanto, *Armando Boito Junior* nota que o declínio da estrutura sindical atrelada ao Estado, a partir do final da década de 70, com o chamado novo sindicalismo, não deve ser confundido com sintomas de uma crise da estrutura sindical corporativa de Estado. Para caracterizar esta crise deveria existir a vontade política consciente e organizada agindo contra a estrutura sindical.[1] Fato que não tem ocorrido no Brasil, tendo em vista que o movimento sindical tem adotado políticas de menor combatividade e maior resignação.

Porém, se, por uma via, o corporativismo estatal se mantém no plano coletivo, ainda que com menor força, por outra, quanto à regulamentação das relações individuais de trabalho, o discurso ideológico mostra-se com outra feição. Assim, tal qual *Jano*, uma face, a coletiva, apresenta-se com resquícios do corporativismo estatal, enquanto a outra, a individual, mostra-se voltada para o neoliberalismo. No entanto, apesar desta ambigüidade, no plano individual parece que as idéias neoliberais têm prevalecido, tornando hegemônico o discurso da "flexibilização" das relações de trabalho. O ideário da "proteção" ao trabalhador não mais existe, neste sentido *Arion Sayão Romita* lembra que: "o Direito do Trabalho não tem por finalidade proteger o trabalhador. A tarefa do Direito do Trabalho é regular a relação do trabalho subordinado, e não proteger o trabalhador". Assim, "a idéia vaga da proteção foi substituída pela, também imprecisa, idéia de flexibilidade, albergada na necessidade de incrementar o emprego".[2] Mas se

---

(1) BOITO JR., Armando. "Neoliberalismo e Corporativismo de Estado no Brasil". *In* ARAUJO, Ângela (Org.). *Do corporativismo ao neoliberalismo: Estado e trabalhadores no Brasil e na Inglaterra.* São Paulo: Boitempo, 2002, p. 86.

(2) ROMITA, Arion Sayão. *Competência da Justiça do Trabalho.* Curitiba: Gênesis, 2005, p. 129.

este discurso se impõe, perguntamos: de que forma se reflete nas normas trabalhistas? E ainda, qual a relação entre "flexibilização" das relações de trabalho no Brasil e a manutenção da antiga estrutura do sindicalismo corporativista estatal? Ou, em que medida o movimento sindical, fundado a partir da burocracia estatal, serviria como instrumento a serviço da concretização do ideário neoliberal?

Antes de respondermos a estas questões teremos que verificar o que significa o termo "flexibilização" e como este se aplica nas relações de trabalho, mais especificamente no Brasil. Mas para chegarmos a este termo teremos que primeiro fazer uma análise, ainda que breve, sobre as mudanças sofridas nos modos de produção e a relação destas com a crise do capitalismo e, conseqüentemente, com a crise no mundo do trabalho.[3]

4.1. As transformações nos modos de produção e a sua relação com a crise do capitalismo e do trabalho

4.1.1. A crise econômica e seus efeitos

As palavras de ordem utilizadas no mundo do trabalho, na atualidade, são basicamente duas, quais sejam: flexibilização e desregulamentação. Neste sentido, *Maria Regina Gomes Redinha* observa que a mudança na direção dos termos utilizados decorre dos fatos, pois "quando antes se falava de estabilidade, passa a falar-se de mobilidade, flexibilidade, precariedade, atipicidade, atributos cuja tradução no quotidiano foi, freqüentemente, pior emprego ou desemprego".[4] Assim, no que diz respeito aos direitos dos trabalhadores, estes são desregulamentados, são flexibilizados, de modo a dotar o capital do instrumento necessário para adequar-se à sua nova fase. Desta forma, direitos e conquistas históricas dos trabalhadores são substituídos e eliminados do mundo da produção. Nos debates, muitas vezes acalorados, têm-se apresentado argumentos diametralmente opostos no sentido da defesa da "flexibilidade" em oposição à "rigidez" nas relações de trabalho. Tendo em vista que a lei funcionaria como a "última razão", quais seriam as origens deste novo ideário, que com os seus novos termos vem bater às portas do Direito? Quais os fatores responsáveis por esta mudança ideológica? Ou ainda, em que direção se têm ajustado os prumos a favor dos novos ventos que sopram?

Para tentarmos responder a estas questões, que apresentam desdobramentos no mundo do trabalho, teremos que nos ater, em um primeiro momento, aos novos

---

(3) Há quem entenda que não vivemos propriamente um momento de "crise", mas apenas o de uma transformação. Neste sentido, *Viviane Forrester* afirma que: "em que sonho somos mantidos, entretidos com crises, ao fim das quais sairíamos do pesadelo? Quando tomaremos consciência de que não há crise, nem crises, mas mutação? Não mutação de uma sociedade, mas mutação brutal de uma civilização? Participamos de uma nova era, sem conseguir observá-la. Sem admitir e nem sequer perceber que a era anterior desapareceu". Cf. FORRESTER, Viviane. *O Horror Econômico.* Tradução de Álvaro Lorencini. São Paulo: Ed. Universidade Estadual Paulista, 1997, p. 08.

(4) REDINHA, Maria Regina Gomes. *Relação Laboral Fragmentada.* Coimbra: Coimbra Editora, 1995, p. 41.

processos de trabalho responsáveis pela flexibilização da produção.⁽⁵⁾ Não sem antes lembrarmos que a reestruturação do aparato produtivo nas empresas deu-se em virtude da necessidade destas em se adaptarem aos efeitos da crise do petróleo em 1973, período denominado também de *círculo vicioso*.⁽⁶⁾ Assim, a reestruturação da economia capitalista impôs às empresas novas estratégias para a redução nos custos a fim de aumentar a produtividade. Neste sentido, *Maria Regina Gomes Redinha* observa que: "a redução dos custos do trabalho e a maleabilidade na utilização da força de trabalho tornam-se o ponto de mira de uma reorganização da atividade econômica sustentada na dualidade do mercado de trabalho, na desagregação do processo produtivo e na flexibilidade do trabalho".⁽⁷⁾ A partir deste momento, se propagará nos quatro cantos da terra o discurso da "flexibilização", que em um primeiro momento afetará os modos de produção, para em seguida atingir as relações de trabalho. Mas antes de tratarmos destas, vamos começar pelas mudanças no chão da fábrica, principalmente a partir da concepção denominada de *taylorismo*, que implicará em profundos impactos não só nos modos de produção, mas também na Economia e no Direito.

4.1.2. As novas tecnologias e seus impactos

A modernização tecnológica pode ser entendida como um processo que combina inovações técnicas (com a informatização da empresa e automação microeletrônica nos meios de produção) e organizacionais.⁽⁸⁾ Nota-se, por um lado, que uma empresa

---

(5) Tomaremos como marco histórico, para início destes novos meios de produção, o ano de 1973 considerando-se que foi a partir desta data que se instalou uma aguda recessão, tendo início um caminho de transição no interior do processo de acumulação de capital. Cf. HARVEY, David. *A Condição Pós-Moderna.* São Paulo: Loyola, 1992, p. 140.

(6) O período anterior a este é denominado por *Redinha* de *círculo virtuoso* ou *idade feliz,* pois: "pressupõe no seu fundamento uma transação social por meio da qual os trabalhadores aceitam a modernização do aparato produtivo e as exigências daí decorrentes a troco da garantia de uma redistribuição do rendimento que lhes assegure o benefício dos ganhos de produtividade correspondentes. Este compromisso é revelador de um clima de estabilidade e crescimento que impeliu o Estado para o desempenho de um papel de administrador dos interesses conflitantes. Este período é compreendido da II Guerra Mundial até o início dos anos setenta, nas sociedades ocidentais, onde a aceleração do processo de acumulação do capital e um quarto de século de ininterrupto crescimento econômico induziram o estabelecimento de uma relação salarial estável e homogênea e o funcionamento do mercado de emprego segundo regras uniformes e previsíveis". Cf. REDINHA. *Op. cit.,* p. 33.

(7) REDINHA, Maria Regina Gomes. *Relação Laboral Fragmentada.* Coimbra: Coimbra Editora, 1995, p. 41.

(8) Quanto ao setor industrial, mais especificamente, o termo *novas tecnologias* deve englobar o desenvolvimento de três processos distintos: a inovação organizacional, a automação microeletrônica e a informatização da empresa. Neste sentido, Álvaro Dias explica o conceito de novas tecnologias da seguinte forma: "As [novas tecnologias] na indústria consistem no desenvolvimento de três processos que podem dar-se ou não de forma simultânea. São eles: a) A automação microeletrônica (AM), que consiste na instalação de equipamentos com microprocessadores tais como Máquinas Ferramentas de Controle Numérico (MFCN), Controles Lógico-Programáveis, sistemas CAD e CAD/CAM, e robôs. É importante destacar que se utiliza o termo AME para distingui-lo da automação de base eletromecânica (que alguns autores denominam mecanização). O mais importante é que a AM não se reduz à utilização de microcircuitos (hardware), mas tem a possibilidade de ser reprogramável, quer dizer, de ser flexível; b) A informatização da empresa, que consiste

pode introduzir máquinas automáticas sem que ocorram significativas mudanças organizacionais, e por outro lado, pode introduzir mudanças organizacionais sem que novas tecnologias sejam implantadas. Neste sentido, notamos que a utilização de novas tecnologias, com novos equipamentos, não implica, necessariamente, em mudanças substantivas na organização da empresa.

Quanto à implantação de novas tecnologias nas empresas, *Dias* apresentou os seguintes tipos:

"a) empresas que incorporam a automação microeletrônica sem modificações substantivas no processo produtivo;

b) empresas que, sem introduzir automação microeletrônica, mudam substantivamente o modelo organizacional que dispunham;

c) empresas que incorporaram a automação microeletrônica e modificaram a organização do processo produtivo".[9]

No próximo tópico, veremos o exemplo da indústria automobilística *Toyota* que transformou os modelos organizacionais tradicionais de produção industrial, tornando-se um marco no surgimento de empresas que incorporaram a automação microeletrônica e modificaram a organização do processo produtivo. Veremos ainda, mais adiante, o impacto dessas novas tecnologias nas relações de trabalho.

4.1.2.1. O novo modo de produção enxuta

Segundo *Jeremy Rifkin*, a indústria da ferrovia na década de 1850 deu origem à moderna administração industrial. Esta tinha como característica primordial a estrutura hierárquica. Em cada degrau desta estrutura, os funcionários tinham além de deveres específicos a obrigação de prestarem contas de seu trabalho aos seus superiores imediatos. Desta forma, informações relativas à produção, distribuição e ao *marketing* eram processadas em cada nível e depois levadas para o próximo nível acima até alcançarem o degrau mais alto (a gerencia). Esta utilizava as informações vindas da base do sistema de produção para dar suporte às decisões de comando. Os gerentes, por outro lado, transmitiam os comandos para os subordinados a fim de que estes implementassem suas ordens. Assim, na base desta pirâmide corporativa estava a mão-de-obra não

---

em um sistema de recolhimento, centralização e processamento de informações, especialmente as referentes ao processo de produção e aos inventários de matérias-primas, ainda que não se usem computadores, como no sistema Kam-ban; c) A inovação organizacional, que leva a uma modificação do esquema taylorista e fordista de organização do trabalho, com o objetivo de elevar a flexibilidade da produção e da força de trabalho. Isso implica novas concepções de engenharia produtiva, assim como de controle e planificação do processo de produção". Cf. DIAS, Álvaro. Crise e Modernização Tecnológica na Indústria Matalmecânica Brasileira. *In* SZMRECSÁNYI, Tamás (org.). *Automação e Movimento Sindical no Brasil.* São Paulo: Hucitec, 1988, pp. 26-27

(9) DIAS. *Op. Cit.*, p. 37.

qualificada (ou pouco qualificada); sendo que o trabalho desenvolvido por estes funcionários era bastante repetitivo. Este padrão estava de acordo com o modelo preconizado pela administração científica clássica, idealizadas por *Frederick Taylor* ("taylorismo"). No segundo escalão encontram-se uma equipe de gerentes até chegar-se ao grau mais elevado com um administrador geral ou presidente.[10]

Avançado um pouco mais, notamos que no início do século XX *Henry Ford*, tendo como base a administração "taylorista", tornou-se o primeiro fabricante de carros a produzir em massa um produto padronizado. Surgia, assim, o modo de produção conhecido como "fordismo". No modo de produção "fordista", com a adoção de peças intercambiáveis, os componentes individuais eram moldados e cortados sempre de forma igual. Desta maneira poderiam ser mais facilmente conectados. Não sendo mais necessária, assim, a habilidade do antigo artesão, o processo tornava-se mais acelerado. Desta maneira *Henry Ford*, por meio de uma linha de montagem móvel na fábrica, tornava possível que o carro fosse levado diretamente ao operário. Assim, além de reduzir o tempo na confecção do carro, tornava-se também possível o controle do o ritmo de produção. Inaugura-se, assim, um o modo de produção que possui como característica principal a produção em serie de produtos padronizados, ou em outras palavras: a produção em massa.

Após a Segunda Guerra Mundial uma empresa automobilística japonesa experimentava uma nova forma de produção. Segundo *Antunes* o toyotismo (ou ohnismo, de Ohno, engenheiro que o criou), como via japonesa de expansão e consolidação do capitalismo monopolista industrial, é uma forma de organização do trabalho que nasce na Toyota, no Japão pós-45. Surgindo, assim, um novo processo gerencial, denominado *produção enxuta*[11]. O princípio básico deste tipo de produção era aliar novas técnicas gerenciais com máquinas cada vez mais sofisticadas. Desta forma tinha como objetivos: a) produzir mais com menos recursos e menos mão-de-obra; b) afastar o alto custo da produção artesanal e, ao mesmo tempo, a inflexibilidade da produção de massa.

Hoffmann[12] nota que a reestruturação produtiva foi intensamente influenciada pelo novo conceito de produção enxuta, que se distinguia dos demais modos de produção ao combinar características das produções artesanais e de massa. Se, por um lado, na produção artesanal, os trabalhadores são altamente qualificados, fabricam cada produto de acordo com as "necessidades" e determinações dos consumidores e utilizam ferramentas manuais; por outro lado, na produção em massa, trabalhadores não qualificados são treinados para operar equipamentos sofisticados para atingir

---

(10) RIFKIN. Jeremy. *O Fim dos empregos: o declínio inevitável dos níveis de empregos e a redução da força global de trabalho*. Tradução de Ruth Gabriela Bahr. São Paulo: Makron Books, 1995, pp. 96-113.

(11) Sobre os fatores da crise do Fordismo e o surgimento do Taylorismo ver ANTUNES, Ricardo. *Os Sentidos do Trabalho: ensaio sobre a afirmação e a negociação do trabalho*. São Paulo: Boitempo, 2002, pp. 40-59.

(12) HOFFMANN, Fernando. *O Princípio da Proteção ao Trabalhador e a Atualidade Brasileira*. São Paulo: LTr, 2003, p. 152.

finalidades específicas, quais sejam aquelas planejadas por profissionais especializados. Este modo de produção é denominado de *enxuta* por que:

> "[...] usa menos de tudo se comparada com a produção em massa — a metade do esforço humano na fábrica, metade do espaço físico, metade do investimento em ferramentas, metade do tempo de engenharia para desenvolver um novo produto. Além disso, requer a manutenção de menos da metade dos níveis de estoque, resulta em significativa redução dos efeitos e produz uma variedade muito maior e uma quantidade sempre crescente de produtos".[13]

Jeremy Rifkin explica que o modelo de produção *enxuta* se distingue do "fordismo" basicamente pelos seguintes traços:

> "O modo japonês da produção enxuta começa com a eliminação da tradicional hierarquia gerencial, substituindo-a por equipes multiqualificadas que trabalham em conjunto, diretamente no ponto da produção. Na fábrica enxuta japonesa, engenheiros de projeto, programadores de computadores e operários interagem face a face, compartilhando idéias e implementando decisões conjuntas diretamente na fábrica. O modelo clássico de Taylor de administração científica, que defendia a separação do trabalho mental do trabalho físico e a retenção de todo o poder de decisão nas mãos da gerência, é abandonado em favor de uma abordagem de equipe cooperativa, projetada para aproveitar a capacidade mental total e a experiência prática de todos envolvidos no processo da fabricação do automóvel."[14]

Antunes observa que o Toyotismo apresenta como prioridade o modo de produção *just in time* (o melhor aproveitamento possível do tempo de produção). Nota-se que enquanto o sistema *just in case* (de fabricação norte-americana) tem como base a estocagem de equipamentos e materiais em toda a linha de produção, a fim se suprir a provável necessidade de substituição de equipamentos ou peças defeituosos; o sistema *just in time* (japonês) *tem como* base padrões de controle de qualidade rigorosos e administração da crise, com o objetivo de se evitar eventuais problemas que possam provocar a paralisação da produção. Neste sentido, *Antunes*[15] nota que o sistema japonês não trabalha com o estoque de peças ou de produtos, mas funciona segundo o sistema *kanban*, com placas ou senhas de comando para reposição de peças e estoque. Desta forma, o sistema japonês tornou a produção ao mesmo tempo menos onerosa e mais ágil às demandas do mercado. Mas, se por um lado, este sistema foi benéfico sob o ponto de vista econômico, por outro lado, o mesmo não se pode dizer quanto aos impactos que causou nas relações de trabalho.

---

(13) Womack, Jones e Roos In RIFKIN, Jeremy. *Op. Cit.*, p. 103.
(14) RIFKIN, Jeremy. *Op. cit.*, p. 103.
(15) ANTUNES, Ricardo. *Op. cit.*, p. 55

4.1.2.2. O impacto das novas tecnologias nas relações de trabalho

O babuíno saberia falar se quisesse; só não falava porque temia ser recrutado para o trabalho.(16)

Se por um lado as novas tecnologias incrementam a produção, por outro lado afetam direta ou indiretamente o tradicional modo de trabalhar. Dentre as conseqüências negativas advindas dos novos modos de produção poderíamos enumerar, inicialmente, quatro aspectos, dois no plano objetivo e outros dois no aspecto subjetivo. Seriam eles relativos: a) à quantidade de empregos; b) à qualidade dos empregos; c) às relações de poder entre os trabalhadores (dentro de sua própria classe) e entre trabalhadores e empregadores; e d) ainda, à subjetividade do trabalhador (o modo como este vê a si e o seu trabalho).(17)

Sob o título *reengenharia de produção,* o método da produção enxuta rapidamente foi absorvido pelas indústrias norte-americanas e européias.(18) Conforme já destacamos, se por um lado, esta transformação nos modos de produção implicou em uma gestão mais econômica, por outro lado, milhões de empregos estão sendo eliminados. Desta forma, trabalhadores não qualificados (ou pouco qualificados), que antes faziam parte da antiga base na pirâmide organizacional, vão sendo demitidos por causa do incremento das novas tecnologias nos novos métodos de produção industrial. Nota-se que não só os cargos "inferiores", mas também os integrantes intermediários da hierarquia tradicional, tais como gerentes, vão sendo extintos; e os trabalhadores, mesmo os mais especializados, vão sendo dispensados diante da introdução de computadores e novas máquinas para a realização de suas tarefas. Tornando, assim, o fenômeno do desemprego uma categoria "democrática", na medida em que não escolhe classe social.

Importante é notar que as novas tecnologias podem implicar em um duplo efeito, apresentando dupla face (tal qual *Jano*): a eliminação ou diminuição no número de empregos e, ao mesmo tempo, o aparecimento de novos postos de trabalho que exigiriam nova qualificação. Porém, *Álvaro Dias* observa que: "[...] o resultado é geralmente negativo, gerando-se assim um desemprego líquido".(19)

---

(16) KANT, Immanuel. In KRISIS, Grupo. *Manifesto Contra o Trabalho.* Tradução Heinz Dietermann. São Paulo: Conrad Editora do Brasil, 2003, p. 50.
(17) Outras conseqüências do Toyotismo ver em ANTUNES, Ricardo. *Op.cit.,* p. 40.
(18) ANTUNES, Ricardo (*Op. Cit,* p. 58*)* observa que: a vigência do neoliberalismo, ou de políticas sob sua influência, propiciou condições em grande medida favoráveis à adaptação diferenciada de elementos do *toyotismo* no Ocidente. Sendo o processo de reestruturação produtiva do capital a base material do projeto ideológico neoliberal.
(19) DIAS. Álvaro. *Op. cit..* p. 43. O fenômeno que Dias denomina de *desemprego líquido* Antunes chama de *desemprego estrutural.* Assim, para Antunes: a conseqüência mais evidente deste processo é o distanciamento pleno de qualquer alternativa *para além do capital,* à medida que se adota e postula uma ótica de mercado, da produtividade, das empresas, não levando sequer em conta a questão do *desemprego estrutural,* que atualmente esparrama-se por todo o mundo, em dimensões impressionantes, e que não poupa nem mesmo o Japão. Desemprego este que é o resultado dessas transformações nos processos produtivos. Cf. ANTUNES, Ricardo. *Adeus ao Trabalho: ensaio sobre as metamorfoses e a centralidade do mundo do trabalho.* São Paulo: Cortez, 2002, p. 40.

Se por um lado as novas tecnologias propiciam a diminuição dos trabalhos considerados pesados, por outro lado seus efeitos contribuem para diminuir, além da quantidade, a qualidade dos empregos.[20] Este fenômeno ocorre, pois as modificações trazidas pelas novas tecnologias representam: maior desgaste físico e mental devido ao aumento do ritmo e da intensidade da jornada de trabalho, pois a produção passa a ser ditada pelas máquinas. Desta forma o trabalhador fica excluindo qualquer participação do controle do ritmo de trabalho.[21] Neste sentido, *Maria Regina Gomes Redinha* observa que ao contrário das previsões mais lisonjeiras para o mérito da maleabilidade da força de trabalho, não se demonstra a sua virtualidade na criação mediata ou imediata de emprego, já que parece servir, na melhor das hipóteses, para a preservação parcial dos postos de trabalho. E se, pontualmente, se registra um decréscimo do desemprego, ele é, na maior parte dos casos, puramente estatístico, dado que provém apenas da transformação de empregos estáveis em empregos precários.

O balanço final das vantagens econômicas, todavia, é encoberto, a curto prazo, pelos elevados custos sociais que acarretam a degradação da qualidade do emprego, se não aumento do desemprego. E, ainda, a desaceleração dos investimentos na formação profissional, enquanto que, a médio prazo o seu peso se repercute a nível macroeconômico pelo aumento massivo e sem contrapartida dos encargos da segurança social induzido por uma razão cada vez menor entre população ativa e os "deixados por conta". Neste sentido, *R. Belous* nota que:

"[...] a preocupante diminuição da relação entre contribuintes e beneficiários da segurança social tem, igualmente, sido invocada na defesa da substituição total ou parcial dos subsídios de desemprego por prestações de trabalho a favor da comunidade numa tendência que ficou conhecida pela transformação do *welfare* em *workfare*".[22]

O que nos faz questionar até que ponto se é possível eliminar os "custos econômicos da rigidez" sem tornar as relações de trabalho ainda mais precárias? Ou, em que

---

(20) Neste sentido *Ricardo Antunes* nota que: o processo de produção do tipo *toyotista* supõe uma intensificação da exploração do trabalho, quer pelo fato de os operários trabalharem simultaneamente com várias máquinas diversificadas, quer pelo ritmo e a velocidade da cadeia produtiva dada pelo sistema de luzes. Cf. ANTUNES, Ricardo. *Op.cit.*, p. 56.

(21) *Carlos Minayo*, citado por *Abramo*, cita brevemente algumas conseqüências negativas criadas em função do uso de novas tecnologias: "Os agravos à saúde derivados dessas novas condições de trabalho estão relacionadas com: 1. o aumento do isolamento no trabalho; 2. o ritmo intenso a que é submetido o trabalhador que, no gesto ou esforço repetitivo, provoca um conjunto de lesões musculares e tendinosas (tenosinovite, tendinite...); 3. o aumento da tensão nos postos de trabalho de controle, que produz afadiga mental ou fadiga patológica, provocadas pelos esforços exigidos pelos acréscimo de carga mental e cognitiva. Cresce ainda o nível de exigência em função da utilização de equipamentos caros ou perante aspectos-chaves da produção, sem pausas suficientes, em espaço de tempo e duração, o que acaba por se refletir nas perturbações do sono, nas doenças psicossomáticas, na depressão e no alcoolismo.O uso de terminais de vídeo, sem uma regulação adequada, causa também problemas de visão, como cataratas, e falta de cuidados ergonométricos, ao se acoplarem mecanismos microeletrônicos às máquinas, provoca diversos distúrbios na coluna". Cf. ABRAMO, Laís Wendel. A subjetividade do trabalhador frente à automação. *In* SZMRECSÁNYI, Tamás. *Automação e Movimento Sindical no Brasil*. São Paulo: Hucitec, 1988, pp. 151-152.

(22) R. Belous *apud* REDINHA. *Op. cit.*, p. 61.

medida faz sentido o Direito do Trabalho aderir ao discurso neoliberal da desregulamentação e da "flexibilização"? Mas antes de tentarmos responder a estas questões voltaremos às outras conseqüências, geradas pelas novas tecnologias.

Quanto às relações de poder entre os próprios trabalhadores (inclusive a representação sindical) e entre estes e os empregadores, esta se encontra enfraquecida devido, principalmente, à desarticulação da organização sindical por parte dos próprios trabalhadores. São vários os fatores que contribuem para a desarticulação do movimento sindical obreiro, dentre eles poderíamos citar: a competição pelo poder no processo produtivo e, ainda, o processo de qualificação/desqualificação dos trabalhadores. Desta forma, notamos que as relações de poder entre os trabalhadores e o capital tendem mais a favor deste, uma vez que além do crescimento do desemprego ocorre também a desvalorização do operário nas linhas de produção. Neste sentido, Antunes observa que:

"Essas transformações afetam diretamente o operariado industrial tradicional, acarretando metamorfoses no ser do trabalho. A crise atinge também intensamente, como se evidencia, o universo da consciência, da subjetividade do trabalho, das suas formas de representação. Os sindicatos estão aturdidos e exercitando uma prática que raramente foi tão defensiva. Distanciam-se crescentemente do sindicalismo e dos movimentos sociais classistas dos anos 60/70, que propugnavam pelo controle social da produção, aderindo ao acrítico sindicalismo de participação e de negociação, que em geral aceita a ordem do capital e do mercado, só questionando aspectos fenomênicos desta mesma ordem. Abandonam as perspectivas que se inseriam em ações mais globais que visavam a emancipação do trabalho, a luta pelo socialismo e pela emancipação do gênero humano, operando uma aceitação também acrítica da social-democratização, ou o que é ainda mais perverso, debatendo no universo da agenda e do ideário neoliberal. A brutal defensiva dos sindicatos frente à onda privatista é expressão do que estamos nos referindo".[23]

Assim, conclui que:

"[...] os sindicatos operaram um intenso caminho de institucionalização e de crescente distanciamento dos movimentos autônomos de classe. Distanciam-se da ação, desenvolvida pelo sindicalismo classista e pelos movimentos sociais anticapitalistas, que visavam o controle social da produção, ação esta tão intensa em décadas anteriores, e subordinam-se à participação dentro da ordem. Tramam seus movimentos dentro dos valores fornecidos pela sociabilidade do mercado e do capital".[24]

Finalmente, quanto à subjetividade do trabalhador, em sua relação consigo mesmo, com suas habilidades e com a máquina, notamos que a introdução das novas tecnologias produz um fenômeno ambíguo: ao mesmo tempo, de qualificação e desqualificação do trabalhador. Se por um lado, a qualificação ocorre com o treinamento dos trabalhadores para operar as máquinas e equipamentos microeletrônicos; por outro

---

(23) ANTUNES. *Op. cit.*, p. 43.
(24) *Idem, ibidem*, p. 44.

lado, a desqualificação também ocorre, pois os profissionais qualificados acabam perdendo várias de suas habilidades diante da simplicidade na operação dos equipamentos. Assim, além da qualificação e desqualificação, ao mesmo tempo, dos trabalhadores, outros fenômenos ocorridos graças às transformações tecnológicas apresentarão reflexos na regulamentação das relações de trabalho. Surgindo, a partir daí, uma poliformia nas relações de trabalho. Fato que apresentará conseqüências também no Brasil.

4.2. A flexibilização nas relações de trabalho no Brasil

A palavra "flexibilização" é um neologismo, não sendo encontrada nos dicionários. Tem origem no espanhol *flexibilización*.[25] O termo "flexibilização", ao contrário da palavra corporativismo, é acompanhado de perto, em regra, de uma conotação positiva. O adjetivo "flexível" refere-se àquele "que se pode dobrar ou curvar". Enquanto o substantivo "flexibilidade" significa a aptidão para variadas coisas ou aplicações. Neste sentido, *Luiz Carlos Amorim Robortella* nota que "flexibilidade" é a qualidade de flexível; elasticidade, destreza, agilidade, flexão, flexura; faculdade de ser manejado; maleabilidade; aptidão para variadas coisas ou aplicações; é o que pode dobrar ou curvar; é o contrário de rigidez. Flexível vem do latim *flexibile*.[26] O imperativo da flexibilidade é a idéia tão repassada do discurso econômico, social e político. Todavia, *Maria Regina Gomes Redinha* observa que uma análise desapaixonada é reveladora de que a flexibilidade não é nem um objeto economicamente puro, nem uma estratégia de poder, nem sequer um fenômeno *a priori* definível, mas um conjunto de práticas que mudam freqüentemente de forma e desprovidas de conexão aparente. Neste sentido, *R. Boyer* entende por flexibilidade: "a aptidão de um sistema ou um sub-sistema para reagir a diferentes perturbações", o que vem a provar que, por carência de homogeneidade e excesso de amplitude, qualquer definição aquém da síntese inoperante é inviável e, porventura, indesejável.[27]

---

(25) MARTINS, Sérgio Pinto. *Flexibilização das Condições de Trabalho.* São Paulo: Atlas, 2002, p. 2.
(26) ROBORTELLA, Luiz Carlos Amorim. *O Moderno Direito do Trabalho.* São Paulo: LTr, 1994, p. 93.
(27) Diante do acervo inesgotável *Redinha* isola, para efeitos meramente expositivos, cinco vetores principais na topografia do conceito: "a) Em primeiro lugar, na sua maior latitude, deparamos com a elasticidade global da unidade produtiva aferida pelo grau de adaptação dos meios tecnológicos e das técnicas de produção à dimensão e intensidade do mercado. Este ponto de vista reporta-se, inclusive, ao momento da concepção da empresa, pois, em larga medida, da disposição dos fatores produtivos nasce o potencial de eficácia obtido;b) em uma segunda acepção temos a flexibilidade funcional, também designada mobilidade interna. Ou seja, a susceptibilidade de, em um dado sistema organizativo, os trabalhadores ocuparem, sem quebra de produtividade, vários postos de trabalho situados nos diferentes segmentos da cadeia produtiva; c) surgem depois as perspectivas quantitativas da flexibilidade na utilização da força de trabalho cuja incidência mais flagrante é o evitamento do complexo de imposições jurídicas que embaraçam a livre acomodação do contingente de emprego e de trabalho às necessidades instantâneas de produção. Numa vertente externa a finalidade reside na manipulação do contrato de trabalho, nomeadamente, através das suas modalidades mais favoráveis a este intento, como o contrato a termo e o trabalho temporário, e na dilatação da margem de manobra no que respeita à cessação do vínculo trabalhista. Por outro lado, na sua componente interna o objetivo é a variabilidade de duração efetiva do trabalho, pressupondo um quadro fixo e predeterminado de trabalhadores. É a área de atuação dos horários flexíveis, do trabalho suplementar, do trabalho intermitente ou do trabalho a tempo parcial; d) uma variação de importância

No entanto, tanto o emprego do adjetivo quanto do substantivo do termo apresentam-se de modo relativo tendo em vista que algo, ou alguém, que é "maleável" só pode sê-lo em relação a outro objeto ou pessoa. Assim, perguntamos o que significa "flexibilização" nas relações de trabalho? Ou ainda, em relação a quê ou a quem estas devem se dobrar ou se adequar?

É afirmação corrente que a regulamentação legal engessa as relações de trabalho no Brasil. Assim, a lei seria a principal responsável pela rigidez e pelo atraso no desenvolvimento econômico do País. Desta forma, torna-se necessário "flexibilizar" as relações de trabalho, diminuindo os custos da produção, para que ocorra o crescimento econômico. Contra a rigidez nada seria melhor do que a "flexibilização". Mas até que ponto este discurso é ideológico, no sentido pejorativo do termo ideologia? Ou seja, em que medida o termo, em sua conotação positiva, esconde a sua face oculta? Ou ainda, se ser flexível é uma virtude quando esta se tornará um vício?

Os críticos da doutrina neoliberal argumentam, por outro lado, que o termo "flexibilização" esconde uma outra face mais nefasta, a da "precarização", que nas relações de trabalho seria o outro lado desta mesma moeda. Desta forma, veremos a seguir, como o discurso do "economicamente possível", por meio do uso do termo "flexibilização", apresentaria um aspecto ideológico na medida em que "ocultaria" a realidade e o objetivo principal do capitalismo, qual seja: o lucro, por meio da exploração do trabalhador.

4.2.1. O discurso econômico como ideologia

Para que o desenvolvimento econômico possa tornar-se viável, atingindo níveis compatíveis, os instrumentos econômicos e jurídicos devem se ajustar ao modelo imposto por um padrão global. Notamos que este discurso está se tornando hegemônico, tendo em vista que esta doutrina, que repercute nos planos econômico, político e jurídico, é imposta de forma quase unânime, não sendo, muitas vezes, contestada. No entanto, *Pierre Bourdieu* observa que a "vulgata neoliberal" não resulta de uma geração espontânea. Neste sentido, nota que o discurso neoliberal:

> "[...] é produto do trabalho prolongado e constante de uma imensa força de trabalho intelectual, concentrado e organizado em verdadeiras empresas de produção, difusão e intervenção: por exemplo, apenas a Associação das Câmaras Norte-Americanas de Comércio – AMCHAM – publicou, somente no ano de

---

pouco mais que teórica é o que concerne à indexação dos salários reais ou monetários, à evolução do volume de negócios e às oscilações do contexto econômico. Para os que consideram a rigidez na redução das retribuições, como a principal causa de desemprego, a solução defendida passa, no limite, pelo retorno ao jogo da concorrência perfeita na determinação da remuneração; e) em um último sentido, a atenção centra-se na redução da diferença entre o montante líquido da massa salarial e o seu custo global para as empresas. Inscrevem-se neste objetivo as medidas que conduzem à atenuação do peso das contribuições sociais ou fiscais e, de um modo global, todas as prescrições que cerceiam a liberdade de gestão. É o previsto regresso ao Estado mínimo e o caldo de cultura da economia subterrânea". Cf. REDINHA. *Op. cit.*, pp. 55-58.

1998, 10 obras e mais de 60 relatórios e tomou parte de cerca de 350 reuniões com a Comissão Européia e o Parlamento. E a lista dos organismos dessa espécie, agências de relações públicas, *lobbies* da indústria ou de companhias independentes, etc, rechearia diversas páginas."[28]

Quando se trata de questões trabalhistas, no Brasil, é comum ouvirmos que "a CLT é vetusta", logo a sua "rigidez" engessaria a possibilidade de adequação do atual estágio de relacionamento entre empregados e empregadores à "nova ordem mundial". Desta forma, parece que o ideário econômico exerce considerável influência sobre o âmbito jurídico que, por meio de suas leis, ou pela ausência delas, deverá servir àquele para a concretização desta ideologia.

As crises, especificamente as de natureza econômica, foram, e ainda são, responsáveis pelos sentimentos de incerteza e medo, principalmente quanto ao futuro, que acompanham a humanidade. Como se fosse possível ao ser humano ter a segurança e o domínio sobre todos os aspectos da vida, mas mesmo não a tendo esta busca é incessante. Diante deste desconforto, buscamos saídas que resultam, muitas vezes, em projetos de construção de vida. Com este intuito, os juristas, em última instância, funcionam como os porta-vozes do discurso do "economicamente possível" e da "adequação" da lei aos fatos. Assim, se não existe a possibilidade de se garantir por meio da lei a concretização dos direitos trabalhistas far-se-ia necessária a conformação da lei, ou da ausência dela, às práticas do mercado. Logo, em nome do mercado, o ideário liberal, com o *pacta sunt servanda* e com a presença de um Estado mínimo, ou com a ausência do Estado do Bem-Estar-Social, estaria de volta, com o chamado neoliberalismo. Mas o que este "liberalismo" tem de novo, se as práticas de exploração da mão-de-obra barata já são quase tão antigas quanto a história que acompanha a humanidade? Não saberíamos responder, assim, o que seria *neo* ou fel, considerando-se as medidas que têm um sabor amargo para o trabalhador; que, se por um lado, beneficiam e aquecem a economia, por outro lado, precarizam, ainda mais, as relações de trabalho.

Diante deste embate entre o antigo e o "novo", entre a rigidez e a maleabilidade, e entre a "flexibilização" e a precarização, é possível mantermos a devida neutralidade, dita necessária ao cientista social, quanto ao objeto de nossa pesquisa, a fim de não corrermos o risco de sermos tachados também de ideólogos? Até que ponto é possível tal distanciamento? Ou, ainda, diante das mudanças na economia que implicaram mudanças nos meios de produção e conseqüentemente nas relações de trabalho, perguntamos: até que ponto o Direito do Trabalho deverá se curvar aos fatos sociais? O que significa perguntarmos em que medida é possível flexibilizar sem tornar ainda mais precária a vida do trabalhador? Diante da atual conjuntura econômica, deverá o trabalhador se conformar com os fatos e simplesmente aceitar que "é melhor qualquer trabalho do que nenhum trabalho", como vem pregando a ideologia neoliberal?

Tendo em vista tais questões, *Bourdieu* observa que, primeiro, objetividade científica não deve ser confundida com "neutralidade axiológica". Segundo, o cientista deve

---

(28) BOURDIEU, Pierre. *Contrafogos 2: por um movimento social europeu.* Tradução: André Telles. Rio de Janeiro: Jorge Zahar, 2001, p. 08.

sair de sua "torre de marfim" e resgatar o senso crítico aprisionado "dentro dos muros da cidade erudita", quebrando o seu isolamento e o seu cômodo silêncio, para que o seu trabalho deixe de funcionar como uma "justificação de políticas cientificamente injustificáveis e politicamente inaceitáveis". Neste sentido, nota que: "é preciso reatar hoje com a tradição consolidada no século XIX no campo científico que, recusando-se a entregar o mundo às forças cegas da economia, queria estender ao conjunto do mundo social os valores de um mundo científico sem dúvida idealizado".[29]

Quanto aos fatos, se, por um lado, a Constituição Federal brasileira de 1988 manteve, no plano coletivo, a estrutura sindical, por outro lado, curvou-se a estes tendo em vista que admite a "flexibilização" da jornada de trabalho e dos salários, bases de sustentação de toda a estrutura em que se assenta o Direito do Trabalho. Assim, se no plano coletivo o ideário corporativista da Era Vargas ainda está presente, mesmo que de forma mitigada, no plano individual, a palavra de ordem é "flexibilização" das relações de trabalho, termo que acompanha de perto a ideologia neoliberal propagada nos quatro cantos da terra. Diante desta ambigüidade, corporativismo, de um lado, e neoliberalismo, de outro, veremos também qual a relação entre a manutenção da estrutura corporativa estatal sindical e a possibilidade de "flexibilização" dos direitos individuais trabalhistas.

4.2.1.1. Ideologia e FGTS: um abalo na estrutura corporativista

A afirmação de que a CLT é "vetusta" e, conseqüentemente, engessa as "relações de trabalho" no Brasil não procede. Apesar de ser acusada de "corporativista", como se o corporativismo fosse um mal em si mesmo, a CLT hoje não é mais a mesma da época de sua criação, principalmente quanto trata de normas de caráter individual. Apenas para ilustrar tal transformação poderíamos citar: o Fundo de Garantia do Tempo de Serviço, além do "Banco de Horas", do trabalho a tempo parcial, etc.

Apesar de a onda neoliberal ter quebrado com maior força em praias brasileiras na década de 90, já na década de 60 o discurso do "economicamente possível" já se fazia sentir. Assim, o Fundo de Garantia do Tempo de Serviço (FGTS) foi criado pela Lei n. 5.107, de 13.09.66, tendo sido alterado pelo Decreto-lei n. 20, de 14.09.66. Foi regulamentado pelo Decreto n. 59.820, de 20.12.66. O objetivo do FGTS seria proporcionar uma reserva ao empregado quando este fosse dispensado da empresa. Neste sentido, a Constituição de 1967, inciso XIII, do art. 158, passou a prever: "estabilidade, com indenização ao trabalhador despedido ou fundo de garantia equivalente".

No entanto se até 1988 o FGTS era uma opção do trabalhador, a partir de então desapareceu o sistema alternativo que vigorava. Assim, por meio do inciso III do art. 7º da Constituição Federal de 1988 o regime do FGTS passou a ser único, extinguindo a estabilidade para os empregados.

Mas antes desta opção definitiva pelo FGTS, já na década de 60, *Vera Lúcia B. Ferrante*, em tese de doutoramento, notava que: "a legislação trabalhista é amplamente

---

(29) BOURDIEU, Pierre. *Contrafogos 2: por um movimento social europeu.* Tradução: André Telles. Rio de Janeiro: Jorge Zahar, 2001, p. 8.

determinada pela infra-estrutura, dada a própria necessidade de preservação das relações de produção correspondentes ao modo de produção capitalista".[30] Neste sentido percebia a inserção do FGTS na legislação pátria como um "conjunto de medidas tomadas pelos governos posteriores a 1964 no sentido de promover a reintegração do País no sistema capitalista mundial".[31] Logo, a despeito das "vantagens" apontadas pelo Governo e pelos empresários para a adoção de tal regime, *Vera Lúcia* destacava a manipulação ideológica subscrita na lei. E ainda, notava que diante dos mecanismos de manipulação os "dominados" (no caso, os trabalhadores) nem chegavam a questionar o porquê e o como da dominação. Desta maneira, observa que: "como a dominação política é considerada como 'dada', a mudança da legislação trabalhista foi encarada apoliticamente, como uma simples alteração formal".[32]

Assim, na década de 60 o governo utilizou a máquina publicitária pra formar uma opinião pública que fosse simpática à idéia de mudança da legislação trabalhista. Neste sentido, *Vera Lúcia* nota que: se a estabilidade, garantida por lei, fazia parte do ideário do paternalismo estatal-patronal vigente no período da democracia populista, ela teria que ser eliminada diante da perspectiva de maior flexibilidade no mercado de trabalho.[33] E assim o foi, sendo que na Constituição Federal de 1988 o legislador optou pelo FGTS banindo a estabilidade no emprego.[34]

Não há como negar que a opção do legislador pelo FGTS representa uma ruptura com o pacto corporativista do mercado de trabalho no Brasil, sendo considerado por *Eduardo Garuti Noronha*[35] como: "o instrumento-símbolo da transição do modelo corporativista para o modelo legislado de relações de trabalho".

4.2.1.2. A crise econômica e seus reflexos no Brasil

Vimos que a crise do petróleo em 1973 teve grande impacto na economia mundial. Em decorrência desta crise, os empresários passaram a pensar em uma forma de reduzir os custos da produção, por meio de um artifício denominado de reengenharia, ou seja, por meio da adequação do processo fabril às novas circunstâncias impostas pelo mercado. Mas, se por um lado a sustentação dos meios de produção em novos pilares trouxe vantagens econômicas para a classe empresarial, por outro lado estas mudanças acarretaram a degradação tanto na quantidade quanto na qualidade dos empregos. Neste sentido, *Maria Regina Gomes Redinha* observa que a demanda da flexibilidade e

---

(30) FERRANTE, Vera Lúcia B. *FGTS: Ideologia e Repressão*. São Paulo: Ática, 1978, p. 17.
(31) *Idem*, p. 19.
(32) FERRANTE. *Op cit.*, p. 23.
(33) *Idem, ibidem*, pp. 158-160.
(34) O FGTS rompeu com um pilar do sistema, a estabilidade — um símbolo da idéia de cooperação de classes fundada no Direito do Trabalho. Mesmo que a estabilidade, muitas vezes, não ocorresse de fato, já que os empregados eram demitidos antes de completar 10 anos de casa, o princípio estava instituído.
(35) NORONHA, Eduardo Garuti. *O Modelo Legislado de Relações de Trabalho e seus Espaços Normativos*. São Paulo: USP (tese de doutorado), p. 65.

da exteriorização prolifera na geração de formas plásticas de emprego da força de trabalho, especialmente, por meio do poliformismo da relação trabalhista. O saldo foi o alargamento da "epigenia[36]" do contrato de trabalho, quer pelo aparecimento de espécies genuinamente novas, quer pela reabilitação de figuras esquecidas ou marginais, quer ainda pela hibridação resultante do aproveitamento dos esquemas próprios de regulação do capital, como, por exemplo, o trabalho temporário, ou mesmo a "deslaborização" do vínculo de trabalho.[37]

Esta variedade de tipos na classificação quanto aos modos de trabalho terá reflexos no plano jurídico, mais especificamente no Direito do Trabalho. No entanto, considerando-se a falta de homogeneidade nestas classificações, *Redinha* observa que o tipo apenas é definível e identificável por contraposição, pois entre as manifestações de trabalho atípico ou precário a única afinidade é a que provém da falta de um dos elementos ínsitos na noção de emprego típico. No Brasil, a relação de emprego encontra-se definida no artigo 3º da CLT e apresenta os seguintes elementos: pessoalidade, subordinação jurídica, continuidade e onerosidade.[38]

As crises econômicas e as transformações no processo de produção são as responsáveis pelas mutações no mundo do trabalho, fazendo surgir novas espécies de contratos nas relações laborais. Apresenta-se uma acentuada eminência das relações trilaterais, não obstante as diferenças nas modalidades atípicas, a propagação da atipicidade quanto à duração do trabalho e, ainda, a transformação de antigas formas voluntárias em formas compulsivas. Veremos adiante, sem preocupação exaustiva, algumas das modalidades mais ilustrativas destas linhas de força, como a ideologia neoliberal tem prevalecido no plano individual nas relações de trabalho e como os sindicatos acabam por atuar como instrumentos a serviço desta nova ordem.

4.2.1.3. A década de 1990 no Brasil: recessão e desemprego

Se no plano mundial os efeitos da crise do petróleo foram sentidos na década de 1980, no Brasil estes surtiram na década de 1990, período marcado por recessão econômica e desemprego. Na década anterior, ao contrário do que aconteceu com o sindicalismo em outras partes do mundo, no Brasil este movimento ganhou força e expressão com o chamado "novo sindicalismo". Este movimento dos trabalhadores surgiu no País dentro de uma conjuntura política desfavorável, pois ainda vivíamos na época da ditadura militar, porém em um contexto econômico de certa estabilidade.

---

(36) Epigenia é a alteração da composição química de um mineral sem alteração da sua forma anterior.
(37) REDINHA. *Op. cit.*, p. 61.
(38) A noção de emprego típico em Portugal, segundo *Redinha*, compreende as seguintes características: "atividade dependente, com vínculo jurídico estável, que oferece possibilidades de carreira profissional, prestada a um único empregador, em um horário completo e um local determinado, que corresponde a um posto de trabalho exclusivamente ocupado por um trabalhador e cuja remuneração assegura a maior parte do rendimento familiar". Cf. REDINHA. *Op. cit.*, p. 62.

Diante deste quadro, os trabalhadores foram capazes não só de promover ações voltadas para a própria categoria, mas também ações que repercutiram no campo da política do País. Assim, no final da década de 70 e durante os anos 80 assistimos aos seguintes acontecimentos: 1978 – Greve na fábrica da "Scania" de São Bernardo do Campo se estende a toda a categoria metalúrgica na região e inicia um novo ciclo de greves em todo o País; 1981 – Conferência das Classes Trabalhadores (Conclat) cria a Comissão Nacional Pró-CUT; 1983 (agosto) – Congresso das Classes Trabalhadoras funda a Central Única dos Trabalhadores (CUT); 21 de junho de 1983 – Primeira greve geral no Brasil após o golpe militar de 1964; 1984 – Sindicatos participam da campanha das "Diretas Já"; 12 de dezembro de 1986 – Greve geral organizada pela CUT e CGT contra o descongelamento de preços anunciado dias antes; 1987 – Nova greve geral convocada pela CUT e CGT; 1988 – Nova Constituição cria novos direitos trabalhistas, extingue o poder de intervenção do Ministério do Trabalho sobre os sindicatos, acaba com o estatuto-padrão, libera a organização sindical do funcionalismo, mas mantém os demais elementos da estrutura sindical; 15 de março de 1989 – Greve geral pela reposição das perdas dos planos econômicos; 15 de novembro a 17 de dezembro de 1989 – Primeiras eleições diretas para Presidência da República desde 1960. Lula, o líder das greves do ABC dez anos antes, pela legenda do Partido dos Trabalhadores, disputa o segundo turno com Fernando Collor de Mello, mas é derrotado.[39]

Com a eleição de Fernando Collor é inaugurada uma política neoliberal, responsável por importantes transformações no capitalismo brasileiro. Neste sentido, *Armando Boito Junior* observa que não só no Brasil, mas também na América Latina, em geral, no plano da política de Estado, o neoliberalismo assentou-se sobre quatro eixos, quais sejam: "abertura comercial, privatização da produção de mercadorias e de serviços, desregulamentação do mercado de trabalho e redução dos gastos sociais do Estado".[40]

A política neoliberal, quanto às privatizações de empresas estatais, iniciada no governo Collor foi seguida por Fernando Henrique Cardoso, sendo ampliada e aprofundada por este. Além destas medidas, *Armando Boito Jr.* nota que:

> "[...] a abertura comercial, iniciada por Collor com a drástica redução das tarifas alfandegárias e com a remoção dos obstáculos legais às importações, foi ampliada por FHC nos quatro anos em que ele manteve a sobrevalorização do real, provocando um déficit comercial crescente com o exterior e destruindo empregos no Brasil."[41]

Neste contexto, a década de 90, no Brasil, foi marcada pelo crescimento acelerado das taxas de desemprego. Estes, além de terem diminuído em quantidade, também sofreram com a queda na qualidade. Assim, ao mesmo tempo, agravaram-se as condições de trabalho, com expansão de contratos fora dos marcos legais, extensas jornadas de trabalho, modificação na legislação trabalhista, entre outras medidas.

---

(39) MATTOS. *Op. cit.*, pp. 75-76.
(40) BOITO JR. *Op. cit.*, p. 61.
(41) *Idem, ibidem*, p. 62.

Segundo Pesquisa de Emprego e Desemprego (PED) realizada pelo Departamento Intersindical de Estatística e Estudos Socioeconômicos (DIEESE), nas regiões metropolitanas do País, entre 1989 e 1999, o desemprego cresceu até 1992, retrocedeu ligeiramente entre 1993 e 1995, para voltar a crescer a partir de então. O mesmo comportamento foi observado quando o levantamento começou a ser realizado em outras regiões. O pior período ocorreu entre 1998 e 1999, (tabela 1). Em 1989, o número de desempregados na região metropolitana de São Paulo ficava em 614 mil trabalhadores. A partir de 1992, o número ultrapassou um milhão e alcançou, em 1999, 1.715.000 desempregados, tabela 2.

Em todas as localidades pesquisadas, o desemprego não escolheu vítimas, ou seja, aumentou para jovens, homens, mulheres, trabalhadores com menor nível de instrução que, tradicionalmente, já tendem a ter mais dificuldades para encontrar uma ocupação. Para aqueles na faixa etária entre 25 a 39 anos, para a parcela mais madura e experiente (40 anos e mais), entre os chefes de família e até entre os que tinham níveis de instrução elevados (ensino médio completo ou ensino superior). Neste sentido, os técnicos do DIEESE, concluem na cartilha sobre o Mercado de Trabalho no Brasil que: "a difusão do mito que diz que investimento social e pessoal em educação é o principal meio de superação do desemprego parece ter caído por terra".[42]

Tabela 1 – Taxas de desemprego total (em %)
Regiões Metropolitanas – 1989-1999

	1989	1990	1991	1992	1993	1994	1995	1996	1997	1998	1999
B.H.								12,7	13,4	15,9	17,9
D.F.				15,5	15,1	14,5	15,7	16,8	18,1	19,4	21,6
P.Alegre					12,2	11,3	10,7	13,1	13,4	15,9	19,0
Recife										21,6	22,1
Salvador									21,6	24,9	12,7
São Paulo	8,7	10,3	11,7	15,2	14,6	14,2	13,2	15,1	16,0	18,2	19,3

Fonte: DIEESE/SEADE, MTE/FAT e convênios regionais PED – Pesquisa de Emprego e Desemprego.
Elaboração: DIEESE.

Tabela 2 – Taxas de desemprego total (em 1.000 pessoas)
Regiões Metropolitanas – 1989-1999

	1989	1990	1991	1992	1993	1994	1995	1996	1997	1998	1999
B.H.								222	245	297	342
D.F.				116	115	112	124	137	153	167	189
P.Alegre					174	159	155	191	197	246	309
Recife										306	321
Salvador									290	344	394
São Paulo	614	738	879	1.175	1.156	1.113	1.085	1.277	1.375	1.585	1.715

Fonte: DIEESE/SEADE, MTE/FAT e convênios regionais PED – Pesquisa de Emprego e Desemprego.
Elaboração: DIEESE.

---

(42) DIEESE. *O Mercado de Trabalho no Brasil*. São Paulo: DIEESE, 2001, p. 09.

O crescimento do desemprego foi agravado pela elevação da duração média da procura do trabalho. Segundo o DIEESE, em algumas regiões, como o Distrito Federal e Salvador, a busca por emprego chegou a levar um ano ou mais. Na região de Porto Alegre e de Belo Horizonte, em 1999, a média ficou em onze meses. Na Grande São Paulo, passou de quatro meses, em 1989, para oito, em 1998, e atingiu dez meses em 1999; devido a tais circunstâncias, parcela significativa da população se viu obrigada a realizar trabalhos avulsos, ocasionais, enquanto procurava nova colocação no mercado de trabalho. Neste sentido, o DIEESE informa que em Salvador e em Recife foram registradas as taxas mais expressivas deste tipo de desemprego, chamado de "desemprego oculto pelo trabalho precário".[43] Além do desemprego, as novas e difíceis condições do mercado de trabalho desencorajaram os trabalhadores a continuar procurando nova colocação, devido aos altos níveis de exigência. Como se vê, o quadro que se desenhou dos anos 90 não foi nada favorável à classe trabalhadora. Diante destas novas circunstâncias os sindicatos começam a assumir uma postura defensiva, em virtude do desemprego e da recessão econômica. Fatos que tiveram influência não só no tipo de atuação realizada pelos sindicatos da classe trabalhadora, mas também nas negociações coletivas.

4.3. Sindicatos e neoliberalismo

Vimos que as crises econômicas e as transformações no processo de produção foram as responsáveis pelas transformações nas relações de trabalho. Nesta metamorfose estão compreendidas novas espécies de contratos laborais. Além destas mudanças, no plano individual, quanto aos contratos de trabalho; no plano coletivo, os sindicatos assumiram nova postura, mais defensiva. E, diante destas novas linhas de força, veremos como a ideologia neoliberal tem prevalecido e como os sindicatos acabam por atuar como instrumentos a serviço desta nova ordem, e, ainda, como a atuação destes se reflete nas relações individuais de trabalho, fomentanto reformas que, atuando pelas "margens", acabam por minar direitos trabalhistas, conquistados com muita luta.

Vimos que na década de 90, a quantidade de horas trabalhadas aumentou. Neste sentido, o DIEESE informa que de acordo com as convenções coletivas analisadas: "pouquíssimas categorias profissionais conquistaram a redução do tempo de trabalho — como reivindica o movimento sindical para aumentar a oferta de empregos".[44] Pelo contrário, foram raras as cláusulas que tratavam de proibir ou reduzir horas extras, ao passo que quase todos os instrumentos coletivos pesquisados tratavam da remuneração da jornada extra. Assim, diante dos baixos salários, as horas trabalhadas além do limite legal, ao invés de serem "extraordinárias" acabaram por se transformar na regra e não na exceção. E, ainda, tendo como base as convenções e acordos coletivos da década de 90, o DIEESE notou que:

---

(43) DIEESE. *Op. cit.*, p. 11.
(44) DIEESE. *As Negociações Coletivas no Brasil*. São Paulo: DIEESE, 2001, p. 13.

"[...] a partir de meados da década, foi introduzida, por iniciativa empresarial, a negociação da flexibilização da jornada de trabalho, de forma a adequá-la ao fluxo da produção. Algumas convenções coletivas passaram a incluir cláusulas referentes à flexibilização da jornada, sinalizando a possibilidade de sua negociação nas empresas da base ou estipulando regras pra a sua implantação. Desde então, passou a ocorrer a disseminação da negociação da flexibilização da jornada de trabalho."[45]

Dentro deste contexto, a norma trabalhista permite a flexibilização da jornada de trabalho não só na Constituição Federal de 1988, mas também em leis infraconstitucionais. Coincidentemente, ou não, prevê em todas estas hipóteses a participação obrigatória dos sindicatos de trabalhadores como intermediários deste processo de maleabilidade.

4.3.1. O neoliberalismo e as negociações coletivas no Brasil

Vimos que, diante do quadro de recessão e desemprego crescentes, os sindicatos de trabalhadores adotaram uma postura defensiva de atuação. O confronto, da década de 80, deu lugar a certo conformismo, na década de 90. Da ação para a resignação. De certa forma, os sindicatos acabaram adotando o discurso de que: "qualquer emprego é melhor do que nenhum" (Bill Clinton, 1998), justamente para evitar que os trabalhadores dissessem: "nenhum emprego é tão duro como nenhum" (lema de uma exposição de cartazes da Divisão de Coordenação Federal da Iniciativa dos Desempregados da Alemanha, 1998).[46]

Quanto ao plano real, o economista *Horn*[47], em palestra proferida no dia 05 de agosto de 2005, no Instituto dos Advogados do Brasil, IAB, na cidade do Rio de Janeiro, analisou o seu impacto nas negociações coletivas nos anos 90. Verificou, tendo como base dados do DIEESE, para o Estado do Rio Grande do Sul, que: a) em relação ao que denominou de "espaço normativo", houve uma estagnação não só em relação ao número de acordos, mas também quanto ao número de cláusulas; b) quanto à taxa de judicialização, verificou que do total dos instrumentos coletivos a parcela destes que transitou na Justiça do Trabalho até o ano de 1994 correspondia à taxa de 28%, ou seja, apenas 1/5 do total. Deste ano em diante observou uma tendência brutal de queda na tentativa de se resolver os conflitos coletivos na Justiça. Diante destes dados, passou a questionar as razões para este declínio, e notou que a partir da Instrução Normativa número 4, os Tribunais regionais em conjunto com o Tribunal Superior do Trabalho, TST, começaram a dizer "não" aos dissídios coletivos. Esta mudança normativa implicou em uma mudança de conduta. Desta forma, os sindicatos começam a desistir de ir à Justiça e passam a

---

(45) DIEESE. *Idem, ibidem.*
(46) KRISIS. *Op. cit.,* p. 25.
(47) Professor do Departamento de Ciências Econômicas da UFRGS, PhD pela *London School of Economics.*

preferir resolver diretamente os seus conflitos; c) quanto à evolução do escopo temático das normas coletivas, verificou que estas tratavam dos seguintes temas: salários, condições de trabalho; relações de trabalho e relações sindicais.

Em relação ao número de cláusulas nas normas coletivas, segundo os dados do DIEESE, foi observada, no plano nacional, a mesma tendência notada por *Horn* no Estado do Rio Grande. Assim, houve um crescimento de cláusulas, relativas a todos os temas, nos anos 80, até meados dos anos 90. Porém, a partir daí houve uma constância não só no número, mas também no tipo de cláusulas. Observando-se que nos anos 90, devido à conjuntura econômica, houve uma mudança na direção das cláusulas que passaram a tratar de "vantagens" ao invés de salários. Observou-se ainda que no governo FHC ocorreu uma reforma trabalhista "na margem", e cita, a título de exemplo, a Participação nos Lucros e Resultados, PLR. Para que possamos confirmar o impacto das medidas neoliberais no plano jurídico, mais especificamente quanto às negociações coletivas, apresentaremos a seguir os dados do DIEESE, sobre a redução da abrangência e do conteúdo das convenções coletivas no Brasil (Tabela 3).

Além da estagnação, relativa ao número de cláusulas, na década de 90, quanto à qualidade, ou seja, quanto aos temas tratados, estas refletem a postura defensiva adotada pelos sindicatos de trabalhadores, diante da recessão econômica e da crescente onda de desemprego. Assim, a título de exemplo, veremos que houve um maior "cuidado" no tratamento dos seguintes temas: emprego, flexibilização salarial e remuneração variável, condições de trabalho e inovações tecnológicas.

Tabela 3 – Comparação do número médio de cláusulas acordadas por categoria selecionada

Categoria	1979	1989	1999
Marceneiros	14	74	77
Têxteis	14	70	55
Químicos	25	59	77
Vidreiros	19	59	63
Papeleiros	19	87	60
Gráficos	10	50	82
Jornalistas	13	38	51
Bancários	10	43	50
Professores Rede Privada	17	43	52
Condutores	11	92	74
Média Cláusulas	15	62	64

Fonte: DIEESE – Sistema de Acompanhamento de Contratações Coletivas.
Nota: as categorias acima são todas do Estado de São Paulo.

Quanto ao nível de emprego nos anos 90, o DIEESE informa que as convenções e acordos coletivos revelaram que:

"[...] embora a grande maioria das categorias profissionais inclua em seus acordos e convenções cláusulas referentes à demissão, estas são de cunho defensivo, assegurando apenas garantias adicionais aos trabalhadores demitidos. São pouquíssimos os registros de garantia de preservação do nível de emprego ou de estabilidade temporária aos trabalhadores."[48]

A questão salarial também sofreu uma mudança de rumo durante os anos 90. Se, nos anos 80, este tema manteve-se como um dos principais pontos de reivindicação dos trabalhadores, devido às altas taxas de inflação e a conseqüente perda do poder aquisitivo, na década de 90, com a abertura do mercado às exportações, começa-se a discutir sobre a flexibilização salarial, mediante a vinculação dos salários à produtividade. Neste sentido, a Constituição Federal de 1988 prevê no art. 7º, inciso VI, a: "irredutibilidade do salário, salvo o disposto em convenção ou acordo coletivo"; e ainda no inciso XI a: "participação nos lucros, ou resultados, desvinculada da remuneração, e, excepcionalmente, participação na gestão da empresa, conforme definido em lei". No mesmo sentido o art. 621 da CLT determina que: "as convenções ou acordos poderão incluir, entre suas cláusulas, disposição sobre a constituição e funcionamento de comissões mistas de consulta e colaboração, no plano da empresa e sobre participação nos lucros [...]". Embora a participação nos lucros e resultados já fosse prevista desde 1967, por meio do Decreto-lei n. 229, foi a Constituição Federal de 1988 que a elevou à categoria de direito fundamental. Porém, a nosso ver, esta é mais uma medida "ideológica", no sentido pejorativo do termo. Tendo em vista que uma vez que a negociação da produtividade passa a ocorrer no âmbito da PLR esta, contudo, a descaracteriza como elemento fundamental para a redefinição do padrão de distribuição de renda do País, dado que passa a compor a parcela não incorporável aos salários. Assim, a instituição da PLR ao mesmo tempo em que serve para desviar o foco sobre os baixos salários praticados no Brasil, serve como um "incentivo" a mais para que o trabalhador possa colaborar com a "mais valia" do empregador, pois passa a ser visto como mais uma "liberalidade" do empregador. Assim, esta medida, além de refletir quanto ao aspecto objetivo (que é a questão salarial), acaba interferindo na subjetividade do trabalhador que fica muito "grato" por vislumbrar a possibilidade de participação dos eventuais lucros da empresa, mesmo que não possua instrumentos para dimensioná-lo. Ainda quanto a este tema, a Constituição Federal legitima a participação dos sindicatos de trabalhadores para que estes possam atuar "sem constrangimento", por meio de acordos

---

(48) Esta postura defensiva difere daquela adotada no final da década de 70 com a introdução nas negociações coletivas das cláusulas referentes à garantia no emprego aos trabalhadores em situações especiais, como gestantes, trabalhadores em idade de prestação de serviço militar, vítimas de doenças profissionais e de acidentes de trabalho e cipeiros. Com a recessão do início da década de 80, os instrumentos resultantes das negociações coletivas passaram a incorporar garantias adicionais em casos de demissão, que se disseminaram nos anos seguintes, como, por exemplo, ampliação do aviso-prévio e para a homologação da rescisão do contrato de trabalho e critérios para dispensa, além de referência à regulamentação da mão-de-obra temporária. Cf. DIEESE. *As Negociações Coletivas no Brasil*. São Paulo: DIEESE, 2001, p. 06.

ou convenções coletivas, quando se trata da possibilidade de redução dos salários. Desta forma, os sindicatos podem colaborar, mais uma vez, com o discurso de que "qualquer emprego é melhor que nenhum".

Quanto às condições de trabalho, vimos que diante das inovações tecnológicas ocorreu uma intensificação do aproveitamento da mão-de-obra. A "reengenharia" nas empresas implicou redução dos custos, via corte de pessoal. Assim, os trabalhadores foram submetidos a uma maior carga de trabalho, aumentando a sua exposição e vulnerabilidade. Neste sentido, segundo o DIEESE, os problemas de saúde e segurança do trabalho agravaram-se no Brasil. No entanto, segundo o próprio DIEESE: "as negociações coletivas não conseguiram tratar e resolver questões relativas à regulamentação de procedimentos envolvidos no processo de trabalho, como ritmo e intensidade".[49]

Quanto à jornada de trabalho, o DIEESE informa que em 1985 generalizou-se um movimento pela redução desta, que resultou em inúmeros acordos coletivos firmados em empresas metalúrgicas e químicas no Estado de São Paulo. No entanto, apesar do aumento do desemprego, na década de 90, a quantidade de horas trabalhadas aumentou, passando a superar muito a jornada legal, segundo o DIEESE.[50] No próximo tópico, trataremos, mais especificamente, da relação entre os sindicatos e a possibilidade de flexibilização da jornada de trabalho. Ou seja, veremos como os sindicatos podem servir como instrumentos de conformação à ideologia neoliberal no que diz respeito ao número de horas trabalhadas.

4.3.1.2. Os sindicatos e a possibilidade de flexibilização da jornada de trabalho

A partir de 1988, a norma trabalhista passou a prever a "flexibilização" da jornada de trabalho. Assim, a Constituição Federal, no art. 7º, inciso XIII, determina a: "duração do trabalho normal não superior a oito horas diárias e 44 horas semanais, facultada a compensação de horários e a redução da jornada, mediante acordo ou convenção coletiva de trabalho". Além da compensação semanal, prevista na Constituição, a lei criou a possibilidade de "flexibilização" na jornada de trabalho por um período de um ano, por meio da instituição do chamado "banco de horas". Assim, por meio da Lei n. 9.601, de 21 de janeiro de 1998, durante o governo de Fernando Henrique Cardoso, foi alterado o art. 59 da CLT sendo incluídos neste os §§ 2º e 3º que determinam, respectivamente que:

> "[...] poderá ser dispensado o acréscimo de salário se, por força de acordo ou convenção coletiva de trabalho, o excesso de horas de um dia for compensado pela correspondente diminuição em outro dia, de maneira que não exceda, no período máximo de um ano, à soma das jornadas semanais de trabalho previstas, nem seja ultrapassado o limite máximo de dez horas diárias."[51]

---

(49) DIEESE. *As Negociações Coletivas no Brasil*. São Paulo: DIEESE, 2001, p. 12.
(50) DIEESE. *Idem*, p. 13.
(51) Parágrafo 2º com a redação determinada pela MP n. 2.164.

E ainda,

"[...] na hipótese de rescisão do contrato de trabalho sem que tenha havido a compensação integral da jornada extraordinária, na forma do parágrafo anterior, fará o trabalhador jus ao pagamento das horas extras não compensadas, calculadas sobre o valor da remuneração na data da rescisão".

É importante destacarmos que tanto em uma modalidade quanto na outra, é imprescindível a participação dos sindicatos de trabalhadores, que por meio de acordos ou convenções coletivas poderão autorizar a "flexibilização" na jornada de trabalho. Assim, os sindicatos acabam por se transformar em instrumentos indispensáveis da nova ordem liberal, na medida em que, ao invés da luta em prol do trabalhador, assumem uma postura defensiva diante do capital. O que nos faz inferir que a manutenção do "imposto sindical", por um lado, e conseqüentemente, a manutenção, em parte, da antiga estrutura sindical nos moldes do corporativismo estatal, de outro lado, acabam por beneficiar a alguns poucos dirigentes, que diante da falta de autonomia, acabam por ficar "vendidos" às políticas que visam a minar os direitos dos trabalhadores no plano individual. Assim, sem um sindicato independente e verdadeiramente representativo, a classe trabalhadora fica refém de políticas que, de forma lenta e silenciosa, têm como objetivo "flexibilizar" os seus direitos. A falta de autonomia gera a dependência e esta a subserviência daqueles que não têm a coragem de pagar o alto preço exigido pela liberdade. Assim, defendemos a tese de que ao Estado interessa a manutenção da estrutura sindical, pois uma vez dependentes mais "maleáveis" serão. Desta forma, sem autonomia, que consiste no poder de ditar as suas próprias normas, os sindicatos dos trabalhadores se dobrarão mais facilmente aos novos ventos. E quanto menos representativos, mais flexíveis serão. Porém, apesar da defesa do fim do "imposto sindical", na prática este discurso acaba tomando outra direção, como veremos adiante. Mas antes disso, iremos verificar, ainda, dentro desta perspectiva de flexibilização da jornada de trabalho a instituição do regime de tempo parcial no Brasil.

4.3.1.3. Os sindicatos e o trabalho a tempo parcial

No Brasil, o trabalho a tempo parcial foi regulamentado pela Medida Provisória n. 2.164-41/2001, que acrescentou à CLT o art. 58-A, bem como os parágrafos 1º e 2º a este. O *caput* deste artigo considera como trabalho em regime de tempo parcial: "aquele cuja duração não exceda a vinte e cinco horas semanais". Tendo em vista a redução na jornada de trabalho, o § 1º determina que os salários sejam pagos proporcionalmente à jornada. Notamos que a referida MP não foi a responsável pela possibilidade de redução na jornada, considerando-se que a legislação pátria não impedia a contratação por tempo parcial, sendo que o trabalhador já poderia ser contratado à base horária. Neste sentido, *Sérgio Pinto Martins* nota que: "o salário mínimo é fixado à base horária à razão do divisor 220 (§ 1º do art. 6º da Lei n. 8.542/92), que corresponde ao número de horas mensais, observado o módulo semanal de 44 horas".[52]

Destacamos, no entanto, o § 2º que prevê, de forma expressa, que a instituição deste regime só poderá ocorrer mediante "instrumento decorrente de negociação coletiva", tornando, assim, obrigatória a participação dos sindicatos dos trabalhadores que, por meio de acordo ou convenção coletiva, funcionarão como um instrumento para a "flexibilização" da jornada de trabalho. Ou seja, a lei torna imprescindível a participação dos sindicatos, que funcionarão como porta vozes do ideário neoliberal, defensora da "maleabilidade" nas relações de trabalho. Neste sentido, os sindicatos serviriam para impulsionar o discurso de conformação à "nova" ordem.

Se, por um lado, como nota *Sérgio Pinto Martins*[53], o trabalho a tempo parcial: "é bom para pessoas que não podem laborar a jornada completa, como estudantes, que precisam trabalhar e estudar; mulheres, que têm seus afazeres domésticos; idosos, que têm algumas horas para trabalhar por dia e receber uma renda adicional", por outro lado, o caráter voluntário deste tipo de trabalho esconde a face nefasta do capitalismo neoliberal, qual seja a do subemprego e do desemprego. Notamos, assim, que a aceitação de um horário reduzido é, freqüentemente, motivada pela falta de acesso a um emprego com horário completo.

No Brasil o trabalho a tempo parcial foi regulamentado e o § 4º do art. 59 da CLT determina que: "os empregados sob o regime de tempo parcial não poderão prestar horas extras". Caso o empregador venha a descumprir a norma, estas deverão ser pagas acrescidas do respectivo adicional, ficando o empregador, ainda, sujeito à multa de caráter administrativo. Previsão que não impede, na prática, as fraudes ou o descumprimento da lei.

Considerando-se que o trabalho a tempo parcial, antes da Medida Provisória em 2001, não era proibido por lei, notamos que a sua instituição funciona como mero paliativo, dose homeopática diante da chaga do desemprego.

4.4. A falta de consenso e a dificuldade na mudança da estrutura sindical no Brasil

Entende-se por consenso:

"[...] a existência de um acordo entre os membros de uma determinada unidade social em relação a princípios, valores, normas, bem como quanto aos objetivos almejados pela comunidade e aos meios para os alcançar [...] Se se considera [...] a variedade dos fenômenos em relação aos quais pode ou não haver acordo, e, por outro lado, a intensidade da adesão às diversas crenças, torna-se evidente

---

(52) MARTINS, Sérgio Pinto. *Comentários à CLT.* São Paulo: Atlas, 2004, p. 110.
(53) *Idem, ibidem*, p. 111.

que um Consenso total é um tanto improvável mesmo em pequenas unidades sociais, sendo totalmente impensável em sociedades complexas. Portanto, o termo Consenso tem um sentido relativo: mais que de existência ou falta de Consenso, dever-se-ia falar de graus de Consenso existentes de uma determinada sociedade ou subunidades. É evidente, além disso, que se deveria atender principalmente às questões relativamente mais importantes e não a aspectos de pormenor."[54]

Verificamos que, a despeito do discurso em prol de mudanças, a estrutura sindical no Brasil mantém-se praticamente igual àquela estruturada na Era Vargas. Mas se os próprios sindicatos de trabalhadores advogam a transformação, por que esta não acontece? Ou ainda, quais as razões para os sindicatos permanecerem como estão? Talvez o conceito a respeito do que seja "consenso" possa indicar pistas para a solução deste problema, tendo em vista a dificuldade para alcançá-lo. Neste sentido, *Horn* observa, a partir dos dados de Relatórios para o Fórum Nacional do Trabalho (FNT), em julho de 2003, sobre "a difícil busca de um consenso para a mudança nas Conferências Estaduais do Trabalho".[55] Antes mesmo do encaminhamento do projeto de lei com propostas de mudanças no sistema brasileiro de relações de trabalho, foram realizados debates tendo como base uma estrutura tripartite, composta por trabalhadores, empregadores e Governo. De forma breve, a título de ilustração, iremos verificar cada uma das proposições, segundo o tema e o resultado dos debates, e, ainda, segundo estes critérios, pesquisaremos o índice de consenso (quando houve concordância das três partes), de recomendação (concordância de duas partes) e sugestão (proposição feita por apenas uma das partes), para que possamos verificar porque é tão difícil mudar uma estrutura já sedimentada e tão complexa quanto as relações de trabalho no Brasil.

Horn observou que de 921 proposições em todos os debates estaduais, 251 obtiveram consenso, 351 recomendações e 319 sugestões. Assim, diante das propostas, observou que o tão sonhado "consenso" em média não atingiu o percentual de 30%. Dentre as propostas efetuadas, destacou apenas quatro tendo em vista o alto grau de controvérsia delas. Estas foram as seguintes: "a oposição 'pluralismo *versus* unicidade', os meios de financiamento das entidades, a relação entre as normas estatais e as normas coletivas e o poder normativo da Justiça do Trabalho".[56]

Quanto ao primeiro tema, "pluralismo *versus* unicidade", observou um alto grau de controvérsia. No entanto, quando o objeto da proposta tratava da ratificação da Convenção 87, notou-se uma tendência da maioria a favor desta proposta. Neste sentido, infere-se uma tese implícita no sentido de vislumbrar a "possibilidade de combinar o princípio da liberdade sindical da Convenção 87 com o monopólio de representação herdado do modelo corporativo estatal brasileiro".[57]

---

(54) SANI, Giacomo. "Consenso". *In:* BOBBIO, N.; MATTEUCI, N.; PASQUINO, G. *Dicionário de Política.* Vol. 1. 12ª ed. Brasília: UNB, 1999, pp. 240-242.
(55) HORN, Carlos Henrique. "A Difícil Busca de um Consenso para a Mudança nas Conferências Estaduais do Trabalho". *In DMT, Democracia e Mundo do Trabalho. Sindicato, Cidadania e Democracia.* Editor: Rogério Viola Coelho. Porto Alegre: Ed. Nota Dez. Ano 1, n. 1 – Jan./Jun. 2005, pp. 35-42.
(56) *Idem, ibidem,* p. 37.
(57) *Idem, ibidem,* 39.

Em relação ao segundo tema, os meios de financiamento da estrutura sindical, mais especificamente sobre a manutenção ou não de fontes compulsórias de financiamento, com especial destaque para o imposto sindical, observou que: "os dados indicam uma taxa de consenso próxima ao zero neste tema". Apesar de pequena divergência, o cientista observou que: a opinião em favor da extinção do imposto sindical não equivale, entretanto, à tese de que não deve haver contribuição compulsória garantida em lei. Esta é claramente minoritária".[58]

Relativo ao terceiro tema, o "legislado *versus* negociado", nota que a norma mais benéfica, independentemente da sua fonte, tem prevalecido; fato que comprova a tradição histórica brasileira. No entanto, percebe que o critério da "norma mais benéfica" não deve ser confundido com a defesa da primazia do legislado.

Quanto ao último aspecto relevante (poder normativo da Justiça do Trabalho) os dados mostram quão intensa foi a polêmica sobre a extinção deste tipo de poder. Neste sentido, aponta que pouco mais da metade das proposições defende a sua continuidade, mas com restrições, que foram as seguintes: "quando ocorrer greve em atividade essencial (1 proposição); em caso de interesse público (3); limitado à lide (1); não aplicável a matérias de natureza econômica (2); quando a lei é omissa (2); e nos conflitos de natureza jurídica (4)".[59]

Diante dos dados apresentado por *Horn*, notamos o quanto é difícil se alcançar o "consenso", quando se trata de relações de trabalho no Brasil, parecendo mesmo uma utopia a sua busca. Assim, atingir o "consenso" já seria difícil, esta dificuldade aumenta quando as partes envolvidas na questão parecem apresentar pouca, ou quase nenhuma, disposição a alcançá-lo. Neste sentido, quanto aos resultados das Conferências Estaduais do Trabalho, já observava que a Coordenação do FNT enfrentaria problemas "na busca de um consenso para mudar o sistema de relações de trabalho. Isso porque a mudança não figura dentre os objetivos de uma parte apreciável dos atores deste sistema".[60]

O que nos faz concluir que não basta "força de vontade" para mudar, para tanto se torna imprescindível, principalmente, vontade de fazer força; e não nos parece que os atores sociais tenham realmente o desejo da mudança. Almejam sim a liberdade, mas parece que o preço que devem pagar por ela é alto demais, principalmente quando se trata da obrigatoriedade das "contribuições" sindicais. Neste sentido, *Armando Boito Jr.* nota que:

> "[...] esses contingentes de trabalhadores e os sindicatos que os representam não abriram mão de todos os recursos legais e financeiros da velha estrutura sindical corporativa de Estado. Ainda se mantêm apegados ao monopólio legal da representação sindical e às taxas sindicais obrigatórias, a despeito do discurso contrário."[61]

---

(58) HORN. *Op. cit.*, p. 40.
(59) *Idem, ibidem*, p. 41.
(60) *Idem, ibidem*, p. 41.
(61) BOITO JR. *Op. cit.*, p. 85.

Assim, os sindicatos de trabalhadores se conformam em "reclamar" da falta de autonomia, quando de forma contraditória se acomodam aos benefícios oferecidos pelo sistema. Quanto aos trabalhadores, observa que:

> "[...] o setor mais moderado ou conservador do movimento sindical, representado por Centrais como a CGT e a Força Sindical, faz a defesa doutrinária e prática da estrutura sindical corporativa. O movimento sindical, na sua vertente mais ativa representada pela CUT, tem se afastado, de modo espontâneo e prático, do sindicalismo de Estado. Porém, procura conviver com ele e se nega a assumir a luta contra essa estrutura como um objetivo político imediato."[62]

O que nos faz concluir que falta a devida coragem para se romper um "casamento" fracassado, porém longo. Mas, se por parte dos sindicatos dos trabalhadores seria, de certa forma, conveniente manter-se a estrutura sindical, por que o Estado não toma esta atitude e "reforma" de cima pra baixo este sistema, quando lhe seria possível fazê-lo? Diante desta questão, nota-se, por um lado, que tanto o governo Collor como o governo FHC cogitaram alterar a estrutura sindical, no entanto tais propostas não vingaram. Por outro lado, destaca "a função política e ideológica" que estes projetos desempenham. Neste sentido verifica que: "é tradição, no Brasil, cada governo burguês apresentar um projeto de reforma agrária e um projeto de implantação da liberdade sindical. Apesar disso, o latifúndio já comemorou [...] quatro séculos de existência e a estrutura sindical está para completar setenta anos".[63] As propostas de mudança ainda não foram executadas também durante o governo de Luiz Inácio da Silva, e, provavelmente, até o término deste não serão efetuadas, ficando mais uma vez apenas no plano da retórica.

Assim, parece-nos que a manutenção da antiga estrutura sindical é conveniente tanto para alguns sindicatos de trabalhadores, quem sabe para a maioria, principalmente para aqueles que carecem de representatividade, quanto para o Estado que insiste, por meio da lei, em mantê-la. Parece-nos, assim, que tal "conveniência" se daria basicamente por dois motivos, quais sejam: porque os sindicatos de trabalhadores continuariam a beneficiar-se das receitas sindicais sem a necessidade de captação de novos sindicalizados, que contribuiriam de forma espontânea para aquele sindicato que fosse verdadeiramente representativo de sua classe; e porque o Estado continuaria tendo os dirigentes sindicais ao seu lado, uma vez que a falta de autonomia gera a dependência e esta, por sua vez, a subserviência. Desta forma, os sindicatos de trabalhadores poderiam continuar a ser instrumento de colaboração do Estado, ao invés de serem efetivamente instrumentos de uma luta que deve ir para além do capital, a fim de servir como meio de libertação da classe trabalhadora. Neste sentido, uma vez "reféns", os sindicatos de trabalhadores funcionariam como meros instrumentos na manutenção do *status quo*, que se esconde nas entrelinhas do discurso ideológico, que assim como *Jano* é ambíguo e contraditório.

---

(62) *Idem, ibidem*, p. 86.
(63) *Idem, ibidem*, p. 86.

CONCLUSÃO

Nesta obra procuramos mostrar que existe uma estreita relação entre ideologia e Direito do Trabalho. Isso significa que a ideologia, ou o conjunto de idéias, em um sentido mais amplo, é importante para explicar ou interpretar o comportamento social. Assim, as idéias predominantes em uma determinada época são hegemônicas, tendo em vista que não só os governos as seguem, mas também o povo. Neste sentido, aquilo que os homens acreditam acerca do poder do mercado ou dos perigos do Estado tem muita influência sobre as leis que eles promulgam ou deixam de promulgar.

O Direito não deve ser compreendido apenas como um conjunto de leis sem que se observe em que contexto estão inseridas. Assim, deve ser visto sob um enfoque *zetético*, ao invés do *dogmático;* tendo em vista que o primeiro, ao contrário do último, busca desintegrar, dissolver as opiniões, por meio da especulação e não como uma "verdade" dada, mas a ser construída.

A ligação entre os elementos simbólicos contidos em uma mensagem jurídica levou-nos à discussão sobre o papel e a importância da ideologia para o Direito. Assim, buscamos entender como as idéias ajudam a moldar a própria história, e dentro deste contexto, o Direito, mais especificamente o Direito do Trabalho. Porém, tendo em vista que nem sempre os discursos ideológicos chegam com a mesma intensidade com que foram produzidos, verificamos como estes influenciam as normas jurídicas, muito embora de forma quase imperceptível, dando a impressão de que não existem.

Para tanto, vimos no Capítulo I: as concepções e alcance do termo ideologia e, ainda, a transformação deste. Vimos que na multiplicidade do termo ideologia duas tendências estão presentes, quais sejam: a de "significado fraco" e aquela de "significado forte". O significado de ideologia como "uma crença falsa", foi atribuído por *Marx*. No entanto, na Ciência e na Sociologia Política contemporânea, predomina nitidamente o significado fraco de ideologia. Porém, aquilo que é "ideológico" é normalmente contraposto, de modo explícito ou implícito, ao que é "pragmático". Tendo em vista tal separação, muitas vezes, não se percebe a importância do conceito de ideologia para as práticas cotidianas. Diante desta consideração verificamos qual a importância da ideologia para o mundo do trabalho, qual a influência que este conceito apresenta hoje na regulamentação das relações de trabalho.

Verificamos, ainda, como o conceito de ideologia se relaciona com a Ciência Jurídica, em geral, para que no Capítulo II pudéssemos analisar a relação entre ideologia e Direito do Trabalho. Assim, na segunda parte, analisamos o surgimento e a evolução histórica das normas trabalhistas e a influência tanto do liberalismo quanto do corporativismo, neste ramo do Direito. Assim, foi possível concluir que o conceito de ideologia ainda se aplica hoje, a despeito dos argumentos no sentido contrário. E ainda, o êxito da ideologia está no fato de não sentirmos nenhuma oposição entre ela e a realidade, ou seja, quando a ideologia consegue determinar o modo de nossa experiência cotidiana da própria realidade. Fato que ocorre com a "naturalização" do discurso da necessidade imperiosa da "flexibilização" das relações de trabalho por meio da lei, por exemplo. Assim, diante da naturalidade de tal discurso não percebemos que este é ideológico. E não só não o percebemos, mas também o reforçamos.

No Capítulo III, buscamos traçar algumas considerações sobre a relação entre a ideologia e o Direito do Trabalho no Brasil, a partir da Era Vargas. Para que pudéssemos entender melhor o que foi a ideologia do trabalhismo fez-se necessária a análise deste período histórico e suas repercussões no plano jurídico. Para tanto, buscamos verificar quais foram os fatores que geraram a Revolução de 30 sob o ponto de vista econômico, político e social, e, conseqüentemente, a mudança que este paradigma apresentou no plano jurídico, e na elaboração da norma trabalhista. Assim, nos detivemos sobre o ideário corporativista, considerando a influência deste, ainda nos dias atuais, tanto nas normas de caráter coletivo quanto nas normas de cunho individual, buscando compreender, ainda, o que significa o corporativismo hoje no Brasil, e em que medida influencia as normas trabalhistas. Vimos que o corporativismo na América Latina, incluindo-se o Brasil, é tido como "bifronte e segmentário", por manifestar-se de forma diferente quanto às organizações de empregados e empregadores. Assim, a ideologia embutida nas normas trabalhistas não tem uma única feição. Tal qual *Jano* ela é bifronte. Desta forma, ainda que se classifiquem as relações de trabalho como corporativas, mesmo assim, estas não apresentariam só um lado. Assim, o corporativismo brasileiro pôde ser apresentado com suas duas faces, tendo em vista a sua dualidade.

No Capítulo IV, verificamos que a estrutura sindical brasileira ainda mantém resquícios do corporativismo estatal da Era Vargas. E que, em certa medida, esta manutenção é conveniente tanto para alguns sindicatos de trabalhadores, quanto para o Estado que prefere, por meio da lei, mantê-la. Inferimos que tal "conveniência" se daria basicamente por dois motivos, quais sejam: pelo lado dos sindicatos dos trabalhadores, porque continuaram a se beneficiar das receitas sindicais compulsórias; pelo lado do Estado porque este continuaria, em certa medida, tendo os dirigentes sindicais ao seu lado, uma vez que a falta de autonomia gera a dependência e esta, por sua vez, a subserviência.

Porém, quanto à regulamentação das relações individuais de trabalho, vimos que outro discurso torna-se influente no Brasil, qual seja: de que é necessária a flexibilização contra a "rigidez" da legislação trabalhista. Neste sentido, percebemos que diante do culto ao extremo individualismo faz-se necessário resgatarmos a noção de empatia e solidariedade de classe. Porém, diante do auxílio que o capital global recebe, da fragmentação e do impacto divisivo do 'desenvolvimento desigual' e da divisão internacional do trabalho pudemos perceber que o surgimento da "consciência comunista de massa", esperada por *Marx*, tornou-se uma expectativa bastante problemática nos dias atuais.

Porém, mesmo diante dos fatos, não se pode deixar de reconhecer a importância da teoria de *Marx* quanto à construção de uma consciência de massa socialista. No entanto, é preciso resgatar a consciência de classe dentro das mediações materiais reais para a superação da fragmentação do trabalho existente. Diante do quadro atual, concluímos que a fragmentação do trabalho não pode ser eliminada pela 'socialização da produção' capitalista. Eis que a redução das determinações materiais herdadas só poderá ocorrer ao longo de um período histórico de transição. E durante este processo o discurso ideológico continuará, quer queiram, quer não, a existir de forma explícita ou subliminar, influenciando as práticas políticas, econômicas e jurídicas, sendo assim, não há como negar a importância e a influência do discurso ideológico para o mundo do trabalho. Fato que foi destacado ao longo de todo esta obra.

Quanto ao discurso neoliberal, vimos, no último capítulo, que a própria Constituição Federal de 1988, acabou por aderir, em certa medida, a este ideário ao permitir a "flexibilização" da jornada de trabalho e dos salários. Mas já na década de 60, o Estado brasileiro, por meio da lei do FGTS, buscava a adequação das normas trabalhistas às leis do mercado, eliminou-se a estabilidade no emprego. Não há como negar que a opção do legislador pelo FGTS representou uma ruptura com o pacto corporativista do mercado de trabalho no Brasil. Porém, vimos que hoje não se discute mais a implementação de tal fundo, mas a sua manutenção. Desta forma, um argumento que está se tornando hegemônico no Brasil é o de que o FGTS seria um dos principais responsáveis pela alta rotatividade da força de trabalho na economia brasileira. Assim, o FGTS passou a ser o "vilão", um dos responsáveis pela alta rotatividade no emprego no País, como se a lei tivesse o condão de mudar a realidade social; o FGTS transformou-se em um "bode expiatório" da precariedade nas relações de emprego no Brasil. A nosso ver tal atitude tem como objetivo desviar a atenção de uma discussão verdadeiramente importante, qual seja: a que giraria em torno do debate sobre a falta de políticas públicas de emprego ou, ainda, a importante discussão sobre alternativas ao desemprego estrutural que hoje assola o país.

Neste sentido, observamos que a afirmação de que a CLT é "vetusta" e, conseqüentemente, engessa as "relações de trabalho" no Brasil não procede. Apesar de ser acusada de "corporativista", como se o corporativismo fosse um mal em si mesmo, a CLT hoje não é mais a mesma da época de sua criação, principalmente quanto trata de normas de caráter individual. Apenas para ilustrar tal transformação, além do FGTS, poderíamos citar o "Banco de Horas", o trabalho a tempo parcial, etc.

Verificamos, desta maneira, que ainda que se mantenha um resquício do corporativismo quando se trata de unicidade e imposto sindical, por exemplo, parece que este discurso não é o único a influenciar as relações de trabalho no Brasil. Assim, tal como *Jano*, a ideologia trabalhista apresenta duas faces: uma a olhar para o passado, quando insiste em manter o corporativismo, e a outra a mirar o neoliberalismo.

   Desta maneira, procuramos concluir que existe um discurso embutido na norma jurídica, ainda que de forma subliminar; fato que reforça a relação entre ideologia e poder, na medida em que se constata que o Estado faz uso daquela ao impor a força por meio da lei. E ainda, que este discurso ideológico apresenta-se, tal qual *Jano*, bifronte e ambíguo, como é a própria vida.

REFERÊNCIAS BIBLIOGRÁFICAS

ABRAMO, Laís Wendel. "A subjetividade do trabalhador frente à automação". *In* SZMRECSÁNYI, Tamás. *Automação e Movimento Sindical no Brasil.* São Paulo: Hucitec, 1988.

ALBUQUERQUE, Manoel Maurício. *Pequena História da Formação Social Brasileira.* Rio de Janeiro: Graal, 1986.

ANTUNES, Ricardo. *Adeus ao trabalho: ensaio sobre as metamorfoses e a centralidade do mundo do trabalho.* São Paulo: Cortez, 2002.

ARAUJO, Ângela Maria Carneiro. *A Construção do Consentimento: corporativismo e trabalhadores nos anos trinta.* São Paulo: Edições Sociais, 1998.

AZEREDO, Beatriz. *Políticas Públicas de Emprego: a experiência brasileira.* São Paulo: ABET, 1998.

BAZÁN CABRERA, José *et al. Ideologías Jurídicas y Relaciones de Trabajo.* Sevilha: Universidade de Sevilha, 1997.

BELMONTE, Alexandre de Souza Agra. *Os limites do controle da correspondência eletrônica e acessos à internet nas relações de trabalho.* Rio de Janeiro: UGF, 20/10/2003 (Tese de Doutorado em Direito, Orientador: Leonardo Greco).

BOBBIO, Norberto *et al. Dicionário de política.* Brasília: Editora Universidade de Brasília, 12ª ed., 1999.

BOITO JR., Armando. "Neoliberalismo e Corporativismo de Estado no Brasil". *In* ARAUJO, Ângela (Org.). *Do corporativismo ao neoliberalismo: Estado e trabalhadores no Brasil e na Inglaterra.* São Paulo: Boitempo, 2002.

BOURDIEU, Pierre. *Contrafogos 2: por um movimento social europeu.* Tradução: André Telles. Rio de Janeiro: Jorge Zahar Editor, 2001.

BULFINCH, Thomas. *O Livro de Ouro da Mitologia: histórias de deuses e heróis.* Rio de Janeiro: Ediouro, 2002.

CAMACHO, Ildefonso. *Doutrina Social da Igreja: abordagem histórica.* Tradução: J. A. Ceschin. São Paulo: Loyola, 1995.

CAPRA, Fritjof. *O Ponto de Mutação: a ciência, a sociedade e a cultura emergente.* São Paulo: Cultrix, 1987.

CARDOSO, Adalberto Moreira. *Sindicatos, Trabalhadores e a Coqueluche Neoliberal: A Era Vargas acabou?* Rio de Janeiro: Fundação Getúlio Vargas, 1999.

_____. *A Década Neoliberal e a Crise dos Sindicatos no Brasil*. São Paulo: Boitempo, 2003.

CHAUÍ, Marilena. *O que é Ideologia?* São Paulo: Brasiliense, 2003.

COELHO, Luiz Fernando. *Saudade do Futuro: transmodernidade, Direito e utopia*. Florianópolis: Fundação Boiteux, 2001.

COLOMBO, Eduardo (org.). *História do Movimento Operário Revolucionário*. São Paulo: Imaginário, 2004.

COMIN, Álvaro. *A Estrutura Sindical Corporativa: um obstáculo à consolidação das centrais sindicais*. USP, 1995 (Dissertação de Mestrado em Sociologia).

COSTA, Vanda Maria Ribeiro. *A Armadilha do Leviatã: a construção do corporativismo no Brasil*. Rio de Janeiro: Ed. UERJ, 1999.

D'ARAUJO, Maria Celina. *A Era Vargas*. São Paulo: Moderna (Coleção Polêmica), 2004.

DIAS, Álvaro. Crise e Modernização Tecnológica na Indústria Metalmecânica Brasileira. *In* SZMRECSÁNYI, Tamás (org.). *Automação e Movimento Sindical no Brasil*. São Paulo: Hucitec, 1988.

DIEESE. *As Negociações Coletivas no Brasil*. São Paulo: DIEESE, 2001.

_____. *O Mercado de Trabalho no Brasil*. São Paulo: DIEESE, 2001.

EAGLETON, Terry. *Ideologia*. São Paulo: Boitempo, 1997.

ELIAS, Norbert. *A Sociedade dos Indivíduos*. Rio de Janeiro: Jorge Zahar Editor, 1994.

FAORO, Raymundo. *Os Donos do Poder: formação do patronato político brasileiro*. São Paulo: Globo, 2001.

FAUSTO, Boris. *Brasil em Perspectiva*. Organização: Carlos Guilherme Mota. Rio de Janeiro: Difel, 1975.

FERRANTE, Vera Lúcia B. *FGTS: Ideologia e Repressão*. São Paulo: Ática, 1978.

FORRESTER, Viviane. *O Horror Econômico*. Tradução de Álvaro Lorencini. São Paulo: Ed. Universidade Estadual Paulista, 1997.

GADAMER, Hans-George. *Verdade e Método: traços fundamentais de uma hermenêutica filosófica*. Tradução de Flavio Paulo Meurer. Petrópolis, RJ: Vozes, 1997.

GALBRAITH, John Kenneth. *A Era da Incerteza*. São Paulo: Pioneira, 1977.

GRAMSCI, Antonio. *Concepção Dialética da História*. Rio de Janeiro: Civilização Brasileira, 1964.

_____. *Obras Escolhidas (vol. 1)*. Lisboa: Estampa, 1974.

GRECO, Leonardo. *Garantias Fundamentais do Processo: o processo justo*. Revista Novos Estudos Jurídicos.

GUSMÃO, Paulo Dourado. *Introdução ao Estudo do Direito*. Rio de Janeiro: Forense, 2004.

HARVEY, David. *A Condição Pós-Moderna*. São Paulo: Ed. Loyola, 1992.

HERKENHOFF, João Batista. *Como aplicar o Direito*. 3ª ed., Rio de Janeiro: Forense, 1994.

HOBSBAWM, Eric J. *Mundos do Trabalho: novos estudos sobre história operária*. Rio de Janeiro: Paz e Terra, 2000.

HORN, Carlos Henrique. "A difícil busca de um consenso para a mudança nas Conferências Estaduais do Trabalho". *In DMT, Democracia e Mundo do Trabalho. Sindicato, cidadania e democracia*. Editor: Rogério Viola Coelho. Porto Alegre: Ed. Nota Dez. Ano 1, n. 1 – Jan./Jun. 2005.

IHERING, Rudolf Von. *A Luta pelo Direito (1872)*. Rio de Janeiro: Lúmen Júris, 2003.

JUNG, Carl Gustav. *Psicologia do Inconsciente*. Petrópolis: Vozes, 1987.

KRISIS, Grupo. *Manifesto contra o Trabalho*. São Paulo: Conrad Editora do Brasil, 2003 (Coleção Baderna).

LACAU, Ernesto. *Política e Ideologia na Teoria Marxista: Capitalismo, Fascismo e Populismo*. Rio de Janeiro: Paz e Terra, 1978.

LAFER, Celso. *Ensaios Sobre a Liberdade*. São Paulo: Perspectiva, 1980.

LAMPEDUSA, Tomasi di. *O Leopardo*. Tradução: Leonardo Codignoto. São Paulo: Abril Cultural, 2002.

LEÃO XIII. *Rerum Novarum, encíclica sobre a condição dos operários, de 15 de maio de 1891, n.01*.

LYRA FILHO, Roberto. *O que é Direito?* São Paulo: Brasiliense, 1995.

MACEDO, Ubiratan Borges. *Liberalismo e Justiça Social*. São Paulo: IBRASA, 1995.

MANNHEIM, Karl. *Ideologia e Utopia*. 4ª ed., Rio de Janeiro: Guanabara, 1986.

MANOILESCO, Mihail. *O Século do Corporativismo: doutrina do corporativismo integral e puro*. Tradução: Azevedo Amaral. Rio de Janeiro: José Olympio, 1938.

MANUS, Pedro Paulo Teixeira. *Direito do Trabalho*. São Paulo: Atlas, 2002.

MARANHÃO, Délio (com a colaboração de Luiz Inácio B. Carvalho). *Direito do Trabalho*, 17ª ed. Rio de Janeiro: Fundação Getúlio Vargas, 1993.

MARQUES, Claudia Lima. *Contratos no Código de Defesa do Consumidor: o novo regime das relações contratuais*. 4ª ed.. São Paulo: RT, 2002.

MARTIN VALVERDE, Antonio. "Ideologias Jurídicas y Derecho del Trabajo" *in AAVV. Ideologías Jurídicas y Relaciones de Trabajo*. Sevilha: Universidade de Sevilha, 1977.

MARTINS, Sérgio Pinto. *Comentários à CLT*. São Paulo: Atlas, 2004.

_____. *Direito do Trabalho*. São Paulo: Atlas, 2005.

_____. *Flexibilização das Condições de Trabalho*. São Paulo: Atlas, 2002.

MARX, Karl e ENGELS, Friedrich. *A Ideologia Alemã*. Tradução: Luis Cláudio de Castro e Costa. São Paulo: Martins Fontes, 1988.

_____. *O Manifesto Comunista*. Rio de Janeiro: Paz e Terra, 1998.

MARX, Karl. *O Capital: crítica da economia política*. Livro I. Tradução: Reginaldo Sant'Anna. 20ª ed., Rio de Janeiro: Civilização Brasileira, 2002.

MATTOS, Marcelo Badaró. *Sindicalismo brasileiro após 1930*. Rio de Janeiro: Jorge Zahar, 2003.

MÉSKÁROS, István. *O Poder da Ideologia*. São Paulo: Boitempo, 2004.

MORAES FILHO, Evaristo de. *O Problema do Sindicato Único no Brasil: seus fundamentos sociológicos*. São Paulo: Alfa-Omega, 1978.

NASCIMENTO, Amauri Mascaro. *Compêndio de Direito Sindical*. São Paulo: LTr, 2003.

_____. *Curso de Direito do Trabalho*. São Paulo: Saraiva, 2001.

NORONHA, Eduardo Garuti. *O Modelo Legislador de Relações de Trabalho e seus Espaços Normativos*. São Paulo, FFLCH-USP, 1998 (Tese de doutorado em ciência política).

O'DONNELL, Guillermo. *Acerca del'Corporativismo'y la cuestión del Estado*. Buenos Aires: Cocumento Cedes/ G.E. Clacso/ n. 2, 1975.

OLIVEIRA VIANA, Francisco José de. *Problemas de Direito Sindical*. São Paulo: Max Limonad, 1943.

_____. *Problemas de Direito Corporativo*. Rio de Janeiro: José Olympio Editora, 1938.

PALOMEQUE LOPEZ, Manuel-Carlos. *Derecho del Trabajo e Ideologia: Medio siglo de formación ideológica del Derecho español del trabajo (1873-1923)*. Madri: Tecnos, 1989.

PARANHOS, Adalberto. *O Roubo da Fala: origens da ideologia do trabalhismo no Brasil*. São Paulo: Boitempo, 1999.

PRIETO, Luis Sanchís. *Ideologia e Interpretación Jurídica*. Madri: Tecnos, 1993.

REDINHA, Maria Regina Gomes. *Relação laboral fragmentada*. Coimbra: Coimbra, 1995.

RIFKIN. Jeremy. *O Fim dos empregos: o declínio inevitável dos níveis de empregos e a redução da força global de trabalho*. Tradução de Ruth Gabriela Bahr. São Paulo: Makron Books, 1995.

ROBORTELLA, Luiz Carlos Amorim. *O moderno Direito do Trabalho*. São Paulo: LTr, 1994.

RODRIGUES, José Rodrigo. *Dogmática da Liberdade Sindical: Direito, Política, Globalização*. São Paulo: Renovar, 2003.

RODRIGUES, Leôncio Martins. *CUT: os militantes e a ideologia*. Rio de Janeiro: Paz e Terra, 1990.

ROMITA, Arion Sayão. *O Princípio da Proteção em Xeque e outros ensaios*. São Paulo: LTr, 2003.

_____. *O Fascismo no Direito do Trabalho Brasileiro: influência da Carta del Lavoro sobre a legislação trabalhista brasileira*. São Paulo: LTr, 2001.

_____. *Sindicalismo, Economia, Estado Democrático: Estudos*. São Paulo: LTr, 1993.

_____. *Competência da Justiça do Trabalho*. Curitiba: Gênesis, 2005.

ROSADO, João de Barros Couto. *O Direito do Trabalho no Corporativismo Italiano*. Lisboa: Livraria Portugalia, 1945.

SAMIS, Alexandre. "Pavilhão Negro sobre Pátria Oliva: Sindicalismo e Anarquismo no Brasil", *in* COLOMBO, Eduardo (org). *História do Movimento Operário Revolucionário*. São Paulo: Imaginário, 2004.

SANI, Giacomo. "Consenso". *In:* BOBBIO, N.; MATTEUCI, N.; PASQUINO, G. *Dicionário de Política*. Vol. 1. 12ª ed. Brasília: UNB, 1999.

SKIDMORE, Thomas E. *Uma Historia do Brasil*. São Paulo: Paz e Terra, 2003.

_____. *Brasil: de Getúlio a Castelo*. Rio de Janeiro: Paz e Terra, 1982.

SMITH, Elisa A. Mendez de. *Las Ideologias y el Derecho*. Buenos Aires: Astrea, 1982.

SNACHIS, Luis Pieto. *Ideologia e Interpretacion Jurídica*. Madrid: Tecnos, 1993.

TRACY, A.L.C. Destutt de. *Projet d´élémentes d´idéologie (1881)*. Introdução de Serge Nicolas. Paris: L´ Harmattan, 2004.

VARGAS, Getúlio. *A Nova Política do Brasil*. Vol. I, Rio de Janeiro: José Olympio, 1938.

VIANNA, Luiz Werneck. *Liberalismo e Sindicato no Brasil*. Belo Horizonte: UFMG, 1999.

VILLAS BÔAS, Gláucia e MOREL, Regina Lúcia (orgs.) *Evaristo de Moraes Filho, um Intelectual Humanista*. Rio de Janeiro: TopBooks, 2005.

WOLKMER, Antonio Carlos. *Ideologia, Estado e Direito*. São Paulo: Revista dos Tribunais, 2003.

ŽIŽEK, Slavoj. "O espectro da ideologia". *In:* ŽIŽEK, Slavoj. (Org.). *Um Mapa da Ideologia*. Rio de Janeiro: Contraponto, 1999.

ZOLA, Émile. *Germinal*. Tradução de Francisco Bittencourt. São Paulo: Abril Cultural, 1981.

Produção Gráfica e Editoração Eletrônica: **PETER FRITZ STROTBEK**
Capa: **DANIEL GALVÃO PASCHOAL** (danielpaschoal@gmail.com)
Impressão: **CROMOSETE**